湛庐文化
Cheers Publishing
a mindstyle business
与 思 想 有 关

卓越领导之道书系
GREAT LEADERSHIP

经典版

The Nature of Managerial Work

管理工作的本质

[加] 亨利 · 明茨伯格 (Henry Mintzberg)◎著
方海萍 等◎译

浙江人民出版社
ZHEJIANG PEOPLE'S PUBLISHING HOUSE

主编的话

杨斌 教授
清华大学副校长兼教务长

开设 leadership 类的课程伊始，我就打定主意，认真地称呼它作“领导之道”。倒不是为了简单地省“力”求异，而是包含些许自己的念想在里头。

一是想突出 TO BE（是）与 TO DO（做）的不同。听者习者，是想有些即刻好用的法子、技艺，能够克敌制胜，佳绩可期。送他们来念课参训的法人、大人们，也有不少抱有希望收获回去更趁手的兵器。这都再正当不过了。“力”掌握于个体，服务于集体，可以度量，可以培养，可以作价，可收可发。但正当，不代表正确。那些后缀着“ship”的名堂，常常因为它忘怀了知识（K），超越了技能（S），融进了品性（A）。你所变成的，你所就是的，于他人可以发见、欣赏，但却不那么容易迁移，或迁移成了却了无生意。“成为领导者”，“作为领导者”，与“具备领导力”“谙熟领导学”不同。其不同，我想先从不用“力”做起。

二是想坦陈“坐而论道”的局限，为师的难。看成是本事，提高得靠实践、历练；看成是心性，则需要更长时间的积淀，抑或机缘遭逢的悟到、绽放。而写出来，讲出来，lost in words，几乎是一定的。开个诗歌课是个多难的事儿呢？诗歌鉴赏课上的七嘴八舌，或读几句就走心呆坐，但还没有逼到要叫人“写出诗句”或“活出诗意”。所以，要认命。也就是自说自话的说道（也最好还别布道），不敢轻易说有多少科学，但经过了组织与梳理，遵从逻辑，有所体系，不怕人说是 well organized common sense（精装常识）——这年头常识常遭忽视。总有“听者有心”并愿意起而行之，反求诸己，自我修炼，把看到听到的“常识道”，与本身的使命、本心化成，内化调制为自己的“非常道”。谁之功？回首向来萧瑟处，百姓皆谓我自然。

再说千遍又何妨？领导这个词，在这里，在我所选的这些书里，不是职位，不是功绩，不是命令链条，不是炫目浩荡。它是一个或是一些人，让人更是人，让组织更向上，让社会更向前，让这些变化更有机地发生的实践。

为什么用卓越？讨论领导，常用的是有效，充满着还原论的机械；说伟大，又太多 Kitsch 表达。卓越各不同，横看成岭侧成峰。如果说领导像爱情一样，是世界上最容易观察到的却又最不容易理解的现象的话，卓越则更是多维多样，甚至，很多时候领导者之卓越、之所以卓越，与你“纯朴真挚、劝人向善”的意识形态存在矛盾。所以，我特意编选的这个“卓越领导之道”书系中的书，都有些思想上的耐人寻味，而不怎么是用力地鼓吹感召，都有些无心栽柳的边缘意识，却正合了这不确定时代的道道。

希望你通过阅读而享受思考，通过领导而获得解放。

THE
NATURE
OF MANAGERIAL
WORK

作者寄语

管理似乎是这个世界上最司空见惯的事情之一，但我们其实对其知之甚少，而我们的一知半解常常也是片面的。比如说，我们经常以为管理就是“御下之道”，而看不到与组织之外的人员保持联系的重要意义。

管理者水平的高低，全在于他们对自己的工作是否有清楚的认识、能否恰如其分地对他人施加影响。近年来，中国的经济发展一日千里，管理者的人数也急剧增长，所以我很高兴湛庐文化把本书翻译成中文。

这是我的第一本书，对我有着特别的意义。

写作这本书的渊源其实应该追溯到27年前，我还是个小孩子的时候。当时我就在琢磨：父亲每天在办公室里做什么？他是一家小型制造企业的总裁。在一个6岁大的孩子眼里，他的工作很奇怪。有人操作机器，有人打印文件，可他呢，好像就只管在办公室里坐着，偶尔签个字，再有就是跟人说说话。管理者到底是干什么的？

在我后来的19年学习生涯中，包括两年的管理学硕士以及博士课程的第一年，我都没有再想过这个问题。我一直都没有意识到（我的很多导师显然也没有意识到）：没人探讨过管理者的工作本身——尽管这门课号称是为培养管理者而设计的！到我为自己的论文选题目时，这个老问题才又冒了出来。我的导师拜访了一位知名的政府官员，那位官员有兴趣让别人研究一下他的工作。导师跟我谈到了这个想法，但我有些犹豫——在现代以科学为基础的管理学院里，这个课题似乎有点风险。

不过出于童年的好奇心，以及我日益感到并非只有6岁的孩子才不了解管理者的工作，于是我终于拿定主意去做这项研究。在第1章中我提到了一次关于“计算机对管理者的影响”的研讨会，那次研讨会我也参加了，会后我马上就确定了自己的论文主题。在会上我看到，就连管理领域中极优秀的思想家也因为不了解高层管理者的工作而遭遇困扰。1968 年在麻省理工学院的斯隆管理学院，根据对 5 位首席执行官工作的研究，我完成了《工作中的管理者：通过结构式观察判定其活动、角色和计划》(*The Manager at Work: Determining His Activities, Roles, and Programs by Structured Observation*) 这篇论文。

在随后的两年，我没有再接触过这个课题，直到 1970 年才重又拾起。此时，我可以用大学教授审查博士论文的眼光来看待这篇文章。如果觉得这个学生的论文太过肤浅，或者根本不着边际，我可以毫不犹豫地把它毙掉。而且事隔多日再来看，也能够更好地理解文中的结论，更清楚地看到这些结论与管理者及管理学家之间的关系。然而此时，我是要写一本书，而不仅仅是发表一篇论文。它应该是一部全新的著作，不仅包括我自己对 5 位首席执行官工作的研究，还包括很多其他管理者的实证研究。**我决心把这本书写得更具有普遍意义，既可供管理者及其员工在工作中借鉴，又能对学者和学生有所裨益。**我感觉，这个领域中有太多的错误概念，管理者已经受够了不切实际的天才理论，他们需要对自己的工作有一种全新的理解，而这种理解是建立在系统研究的基础上的。

在写作的过程中，你只需要集中精力，一次解决一个问题，一切就都可以按部就班地完成了。可现在书写完了，我坐下来回想整个过程，却惊讶地发现，原来这是件多么复杂的事情，有许多人给了我莫大的帮助。最早是内德·鲍曼 (Ned Bowman)，主动帮我在麻省理工学院开了这个有些不合传统的博士研究课题；还有吉姆·海基曼恩 (Jim Hekimian)，一路帮助我直到课题完成。吉姆、查尔斯·迈尔斯 (Charles Myers) 和唐·卡罗尔 (Don Carroll) 是我课题组的成员，无论是在论文写作过程中，还是在论文完稿后，他们每个人都对我帮助良多。多亏了这些人，我的课题才终于顺利完成。我还必须要感谢那 5 位首席执行官，他们给了我一周的时间，让我整天如影随形地跟着他们，而且他们随时愿意抽出时间来与我分享他们的想法。很遗憾，在此不便提及他们的姓名。

写作过程中，也有很多人提出了有益的建议。在此，我必须特别感谢麦吉尔大学管理学院的3位同事：普拉迪普·康德瓦拉（Pradip Khandwalla）、斯坦·夏皮罗（Stan Shapiro）和哈维·汤姆森（Harvey Thomson）。特别是哈维，帮助我完成了结语有关技术和特长的部分。我在麦吉尔大学的一些学生也提供了建设性意见。我在本书中引用了欧文·肖兰（Irving Choran）、王龙（Liong Wong）、丹尼·米勒（Danny Miller）和托尼·弗雷恩（Tony Frayne）的一些文章。英国菲利普斯工业公司的约翰·贝克斯（John Bex）、汉斯·维尔德尼斯（Hans Wirdenius）和他的同事谢尔·马特沃尔（Kjell Martvall），以及斯德哥尔摩人力资源管理委员会的马茨·卡尔斯泰特（Mats Kullstedt）在本书成稿之初提出的意见，让本书大为改观。

我特别感激艾米娜·拉贾贝利（Amina Rajabalee）。这份书稿到底反复录入了多少次，我和她都记不清了。不论压力多大，她都从无怨言，始终保持着较高的工作质量。我还要特别感激哈珀与罗出版社（Harper & Row）的吉姆·坎贝尔（Jim Campbell）所提供的支持。从更正论文语法到印前校样，比尔·利特瓦克（Bill Litwack）总是欣然相助。可能除了笔者外，没有人比他更熟悉这部书稿了。

我在博士论文中表达了对伊薇特（Yvette）的感激和爱意。她放下自己的工作，远离波士顿的城市生活，到圣艾格莎山的“湖滨小屋”休长假，而她丈夫则在孜孜不倦地写一份400页的论文。比起写论文来，写书要慢很多，作家的妻子总是会在种种细微之处给丈夫以支持。然而伊薇特给予了我特别的，也是更重要的帮助——她为我们营造了一种思维开放的生活，让我们满怀激情，并且永远也不觉得枯燥无味。我相信这对我的书有着重大意义。

最后，这本书要献给两位小姑娘，我要说的只是，她们从不会好奇自己的父亲在干什么。她们很清楚他在地下室里写书，不能打扰。轻一点……

THE NATURE OF MANAGERIAL WORK

目录

第一部分

管理工作的思考

THE NATURE OF MANAGERIAL WORK

THE NATURE OF MANAGERIAL WORK

第01章

管理者是做什么的

研究者：

总裁先生，我们已经简单讨论过了贵公司的运作方式。现在您能否告诉我，您自己都做些什么呢？

总裁：

我做些什么？

研究者：

是的。

总裁：

这可不是三言两语就能说清楚的。

研究者：

没关系，说说看嘛。

总裁：

作为总裁，我当然要负责很多事情。

研究者：

嗯，这我知道。但您究竟做些什么呢？

总裁：

我要保证一切顺利运行。

研究者：

您能举个例子吗？

总裁：

比如，我要确保公司财务的健康运行。

研究者：

那么为此您具体要做哪些事情呢？

总裁：

那很难讲。

研究者：

让我们换个角度。您昨天都做了些什么？

管理者是做什么的？管理者的子女、为他们工作的专家，以及希望有朝一日能替代他们的大学生们，都不约而同提出了这样一个简单的问题。对于这个问题，你得到的答案很可能是——管理者负责规划、组织、协调和控制。这是亨利·法约尔（Henri Fayol）于 1916 年提出来的。你或许会说："很好……那管理者到底是干什么的？"如果你决心要刨根问底，你可能需要在美国最好的管理图书馆待上大半年。等你读过 200 本书和无数管理文章后，你大概会有所感悟，也许还会引用一些最新管理著作中的定义：

> 管理者负责规划、组织、激励、指挥和控制。这是管理工作的几大方面。管理者让其他人的工作有了前瞻性、秩序性和目标性，让工作得以整合，并取得成效。这就是"管理"一词的精要。这就是管理者的工作。

此后我们的理解再也没有什么进步。管理者是当代美国社会的精英，但我们对他们的所作所为却知之甚少。据说管理者身上凝聚了高效率的天赋——人民在物质和组织方面所取得的成功，全要归功于成千上万的管理者。因此我们仰赖管理者的领导能力，对管理者领导众人的能力极为关注。"对于个人而言，高管人员的职权是不是太重了？"一份非常畅销的期刊曾提出过这样的问题。众多政府部门和企业机构对这一问题同样关注。

管理者往往都参加过一些国内外的 MBA 或 MPA 课程，还频频在《财富》和《商业周刊》之类的杂志上抛头露面，《管理学季刊》（*Administrative*

Science Quarterly）和《管理研究杂志》（*The Journal of Management Studies*）之类的期刊也经常对他们进行报道。他们尝试过数以百计据说可以帮助他们提高管理水平的课程。如果是在大型组织中工作，他们可能还参加过组织内部的培训课程。此外，管理者身边还围满了管理专家——规划师、信息系统设计师、运筹师等。这些人存在的目的就是为了帮助组织，尤其是为组织的管理者提高工作效率。尽管如此，我们还是不知道管理者到底都做些什么。

几年前，麻省理工学院的斯隆管理学院曾召开过一次关于“计算机对管理者的影响”的研讨会。在这次会议上，这一问题成为关注的焦点。一些管理学界的著名人物进行了若干小时不得要领的讨论，然后有一名与会者[①]提出了一个切中要害的问题，也是所有希望对管理者的工作有所影响的管理学家们都必然会遇到的问题：

> 在我看来，我们恐怕必须先搞清楚“管理者都做些什么”或者“管理者的职能是什么”这个问题，这样才能摆脱层出不穷的难题。到目前为止，还没有人真正回答了这个问题。能否总结出一套规范，以界定一名高层管理者的工作？

他的问题在会议上没有得到回答，在迄今为止的管理学文献中，这个问题依然悬而未决。

如果我们不知道高层管理者的工作内容是什么，那又如何评估计算机对他们工作的影响呢？我们又怎么为他们设计实用的管理信息系统和规划系统呢？如果我们对管理者所做的工作一无所知，又怎么有资格向商学院的学生教授管理课程呢？制定出来的管理培训课程又怎么可能提高管理者的绩效呢？如果我们无法影响管理者的工作方式，又怎么能使那些大型机构处理好

① 此人为伊曼纽尔·梅塞纳（Emmanuel G. Mesthene），哈佛大学技术与社会研究项目主任。

现在看来无法超越的问题呢?

我们必须能够回答这样一系列的具体问题，然后才可能让管理培训和管理学发挥实践作用：

- 管理者要进行哪些活动？要处理哪类信息？要和谁一起工作？在哪里？频率如何？
- 管理工作的特征是什么？管理者所使用的媒介、喜欢参与的活动、日常工作中这些活动的流程，以及他对时间的使用和对工作压力的处理，又有什么特别之处？
- 在所参加的活动中，管理者所扮演的角色是什么？在传达信息、进行决策以及与人交往的过程中，又扮演怎样的角色？
- 管理工作有多少种？这些基本差别在多大程度上是由具体情况、职责、工作内容、组织和环境所造成的？
- 管理在多大程度上是一门科学？管理者的工作在多大程度上是程序性的（即具有重复性、系统性和可预见性）？在多大程度上可以程序化？管理学家在多大程度上能够将管理工作重新“编程”？

本书旨在抛砖引玉，希望有人能对这些问题做出更精确的回答。这是一本关于管理者的书，包括总统、首相、总裁、院长、系主任、部门主管等。

本书并不讲述高效的管理者要做什么或他们的管理风格是什么，而是专注于一个基本问题：**管理者到底做些什么？**换句话说，就是替那些相信管理是一门科学的人得出一个有意义的管理者工作描述。

与以往出版的同类书不同，本书完全建立在对管理工作的实证研究之上，而大多数关于管理者的书都没有什么系统化的论据。我们不同意这些书中的结论，不仅仅是因为它们没有依据，而是因为很多结论与事实相背离。

因此，本书在写作时对于管理者的工作没有任何先入之见，纯粹以实证研究的结果为依据，也就是对公司中的高层和中层管理者的日常工作展开研究：对街头帮派大哥、医院院长、生产经理的广泛观察，对美国总统工作记录的分析，对总裁参与活动的取样，对首席执行官工作的结构式观察。这是第一次有人将这些结果融合在一起。这样做有助于我们形成对管理者工作的全新看法，并得出一些重要的结论。其中包括：

1. 管理者的工作惊人地相似。

总裁、政府官员等管理者所从事的工作可以用10种基本角色和6类工作特征来描述。

2. 管理者的工作中存在的差别主要体现在角色及其特点方面。

例如，不明显的特点和明显的特点有所不同；对某些角色的关注程度相异。

3. 管理者的大部分工作确实是充满挑战且非程序化。

这一点和人们的普遍看法吻合，但是，每位管理者都要履行一些常规性的、一般性的责任，特别是在传达信息和维护等级制度方面。此外，将一些很多管理者都会做的具体工作（比如，接待客户、合同谈判等）视为非管理工作的归类法未免有些武断。管理者参加的所有活动最终都与他们作为管理者的角色相关联，尽管其中有些似乎是属于组织的常规性工作。

4. 管理者既是通才又是专才。

对于他所在的组织而言，他是一位通才，他的关注点是总体的信息流和对各种干扰因素的处理；但作为管理者个人而言，他又是一位专才。管理工作需要一些特定的角色和技能。然而令人遗憾的是，我们对这些技能知之甚少，因此，目前我们的商学院很少有系统地教授这方面的知识。

5. 管理者的权力大部分源自他所掌握的信息。

他可以接触很多的信息来源，而其中有些是不向组织内其他人开放的。可以说，管理者建立起了一个数据库，使得他可以比员工做出更有效的决策。不无遗憾的是，这些得到的信息有很多都是口头的，难以有效地传达给别人，因而也就很难将决策的重任委以他人。所以，管理者必须全面负责组织的战略决策系统。

6. 管理者面临的最大危险是对事物的看法流于表面。

由于管理工作的开放性以及管理者肩负信息处理和决策制定的责任，所以他们往往承担了过多的工作，而又不得不对其中大多数都浅尝辄止。管理者的工作节奏始终是连续不断的，其特点是短暂、多样和零碎。管理工作无法培养出善于思考的计划制订者，而是培养出喜欢“刺激–反应”型环境、有适应能力的信息处理专家。

7. 管理工作中没有科学。

管理者基本上是以自己惯有的方式进行工作，往往口头传达信息，工作流程直观而含糊。管理学家对管理者的工作方式几乎没有影响。

8. 管理者身处某种循环怪圈。

工作上的压力迫使他们形成了一些工作特征（活动的零碎性、强调口头沟通等），这些特点使得他们很难接受管理学家的帮助。这就会导致其工作流于表面，从而又使他们工作中的上述特点进一步强化，工作压力进一步提高。由于大型组织所面对的问题更加复杂，因此其高层管理者所面临的工作压力也就更加的大了。

9. 管理学家可以帮助管理者打破这个怪圈。

如果管理学家能更好地理解管理者的工作，获取管理者口头沟通的大量信息，就可以在信息处理和战略决策方面提供更大的帮助。

10. 管理工作是相当复杂的，比传统的管理文献中所写的要复杂得多。

我们必须对其展开系统的研究，不可投机取巧。只有准确理解了各种难点，才能进行实质性的改善。

本书从四个方面来分析管理者的工作。其中，第 3 章描述了管理工作的 6 大特征；第 4 章讲述了管理活动的 3 大分类与管理者扮演的 10 种角色；第 5 章提出了管理工作的 4 大变量和 8 种类型；第 6 章讨论了管理工作中的科学改进；结语总结了这些研究结果以及它们的含义；第 2 章评论了当前的一些相关文献，讨论了 8 大学派的观点，并在这一章的最后部分定义了在第 3~6 章中要讲述的理论的 4 个主体：特征、角色、差别和科学。

致读者

我希望管理者、管理专业的学生、普通员工、管理教育者和管理研究者都能从头到尾读完此书。此外，我认为，一本关于管理的书应该完全可以让学术界人士和普通人都能读懂。为了实现这两个目标，我把一些详细资料放在书后的附录里，包括对重要研究的评述和我本人的研究。

如果读者只是想随手翻翻，那么可以阅读4个基本章节（第3~6章）末尾的小结。此外，第2章的最后部分详细介绍了本书的理论框架，建议仔细阅读。在第4章的后半部分“管理者的6大基本目标”以及第5章的后半部分“管理工作的8种类型”中，有更多的总结性材料。

结语的开始部分对所有的研究结果做了一个综合性概述，将第3～6章中的所有理论串联起来。然后，简单介绍了管理者的工作压力和工作特征的循环怪圈。最后，用四个小节的篇幅来分析这些研究结果针对管理者、管理教育者、管理学家以及管理研究者的含义。

THE NATURE OF MANAGERIAL WORK

第02章

管理工作的8大学派

对于新几内亚等地土著人的行为举止、生活习惯和思维方式，我们还能略知一二，但是对于联合利华大厦高管办公室的主人们，却知之甚少。

罗伊·李维斯
(Roy Lewis)
罗斯玛丽·斯图尔特
(Rosemary Stewart)

导 读

与管理者的工作有关的出版物浩如烟海，可我们对这些工作仍然知之甚少。大多数资料只是含含糊糊的老生常谈，没多大用处。最近古德曼（Goodman）还写道：“必须承认，大多数管理者不但进行管理，而且还事事亲力亲为，可他们亲自做事的时候，就不能进行有效管理了。”多年来，尽管不断有人警告说，我们对管理者的工作几乎是一无所知，但此类缺乏实证研究资料支撑的“空对空”抽象概括还是屡见不鲜。

实际上，任何学者只要研读过此类文献，或认真研究过管理者的工作，都会特别指出这种知识上的欠缺。

目前的管理书籍，即使是有系统研究作为其基础，也都存在另一个问题，那就是集中关注于管理者工作的某一方面，而不涉及其他方面。尤其是在我们对于管理者的领导力和决策力都已经有了很多有价值的资料后，都从未把这两个方面结合起来，来全面理解管理工作。

我给自己这本书设定的目标，就是从大量的论著中汲取有用的成果，并结合我自己的研究成果，对管理工作进行全面梳理。作为开篇，先介绍研究管理者工作的 8 个主要学派。在附录 A 中列出了本章提及的一些重要研究。

古典学派

对于管理者的工作,最早也最流行的观点都来自于“古典学派”(Classical School)。他们认为：**管理工作是一套职能组合。**1916 年，古典学派创始人法约尔提出了 5 种基本管理职能——计划、组织、协调、指挥和控制。20 世纪 30 年代,卢瑟·久利克(Luther Gulick)在法约尔的理论基础之上又有所发挥，用首字母缩写概括了管理者的工作：POSDCORB。

当然，这是个臆造出来的词，其实是首席执行官工作的各项职能要素的英文首字母缩写，因为“行政管理”(administration)和“管理”(management)这两个词的含义都太宽泛含糊。

管理术语

POSDCORB 代表以下活动：

计划(Planning)：为了实现企业的既定目标而从总体上确定要完成的工作及工作方法。

组织(Organizing)建立正式管理机构，设置、界定和协调各个下属部门，实现既定目标。

人员配置（Staffing）：属于人力资源职能，即招募和培训员工，维持良好的工作条件。
指导（Directing）：是一个连续过程，不断做出决策，发布特定或一般命令和指令来执行决策，扮演企业领导者的角色。
协调（Coordinating）：是一种将工作各个部分连接起来的重要职责。
报告（Reporting）：管理者要让自己的上级了解公司的情况，也包括通过报告、研究和检查，让自己和下属了解情况。
预算（Budgeting）：所有财务方面的计划、报告和控制。

对首席执行官工作的这种概括，来自于法约尔在《工业和一般管理》（*Industrial and General Administration*）中的职能分析。对管理工作有亲身体会的人都会在这种分析中发现有效而有帮助的模式，任何一位首席执行官的各种主要活动和职责都能分门别类地归入其中。

POSDCORB至今仍广受认同，频频出现在当今的各种管理文章中。如《哈佛商业评论》在20世纪60年代出版过一个"3-D管理流程"系列专题，其中最后一期收录了一篇文章，称其"将所有普遍认可的管理活动皆囊括其中"。在法约尔之后半个多世纪，该文仍然告诉读者，管理者的工作就是计划、组织、人员配置、指导和控制，并做了详细论述。如"指导"职能由以下活动组成：授权、激励、协调、差异管理和变革管理。有意思的是，该文声称"这是向术语标准化迈出的一步"，而从文章中可以清楚看出，这个缩写源自法约尔1916年的著作。在备受推崇的理论家如彼得·德鲁克和工业领袖如拉尔夫·科迪纳（Ralph Cordiner）的著作中，时时可以见到POSDCORB；当你让管理者谈谈自己的工作或工作描述时，POSDCORB也总会被提及；现在大量的文章、报告和教科书里也都提到POSDCORB。显然，POSDCORB已经在管理者、管理教育者和管理专业学生的头脑中根深蒂固了。

这个说法到底有多大用处？把管理者的特定工作活动跟 POSDCORB 中的各项职能做个比对，答案就不言自明了。

管理实践

假设一群心怀不满的员工找到首席执行官，威胁说，如果不开掉某个高层主管，大家就要集体辞职。这位首席执行官在接下来的几天里就得收集信息，找出办法解决危机。或者假设有位首席执行官去外面参加一个董事会议，给下属带回一些有用的信息。

在这些活动中哪些可归为计划？哪些又可归为组织、协调或者控制呢？这 4 个词跟管理者的活动之间到底有什么联系？其实这 4 个词根本就没有表达出管理者的工作，只是含混描述了管理工作的某些目标，指出了我们需要解释什么。

那些系统研究管理工作的人，对 POSDCORB 做出了一针见血的批判。苏内·卡尔森（Sune Carlson）在日记中写道：

> 如果你问一位总经理，他何时在进行协调，或者他一天做了多少协调工作，他可能根本答不出来，即使是最高明的观察者也同样说不清楚。计划、协调、组织和控制这些概念，以及巴纳德在管理职能分析中使用的大多数概念也都一样。①

戴维斯（R. T. Davis）研究了区域销售经理的工作后，对计划发表了如下看法：

① 巴纳德（Barnard）在《管理人员的职能》（*The Functions of the Executive*）一书中，将管理职能定义为：首先是提供沟通系统，其次是促进主要工作，最后是形成和定义目标。

有些销售经理认为，计划是现场管理活动。可是跟分析、技巧和人际技能相比，难道计划更有资格作为一种"活动"吗？管理者真的会定期坐下来说"现在我要做计划了"，而毋需理会诸如培养和管理销售人员、预测产品需求、办公室管理等具体问题吗？

我们由此可以确定，**古典学派的著作没有太大帮助**。这些文章说明了我们还欠缺哪些领域的知识，还能够告诉管理者他们应该做些什么，但却妨碍我们更深刻地理解管理者的工作。

伟人学派

有些读者厌烦了 POSDCORB 笼统的概述，于是转而阅读管理者的传记和自传。这些书中有大量的细节逸事，但极少涉及管理工作的一般理论。你也可以去读《财富》《福布斯》之类的杂志，它们都属于"伟人学派"（Great Man School）。读者若想更深入地了解，还可以去研读有关历史上伟大领袖的书籍，包括商界、军界和政界领袖，从中可以了解一些管理精英——在我们社会的主要组织活动中，那些指导和控制了现有关系网的人们。

这些出版物可以分为两类。一类是讨论管理者群体的，他们的家庭、教育、社会关系、事业和个性等。值得一读的有梅布尔·纽科默（Mabel Newcomer）的《大公司管理者》（*The Big Business Executive*），讲的是美国公司管理者的故事；还有罗伊·李维斯和罗斯玛丽·斯图尔特的《老板》（*The Boss*），讲的是英国公司管理者的故事。这类书中提出的很多观点都值得研究。只可惜此类书籍虽读来生动有趣，但却因为没有讨论管理者的工作本身，因而对我们的用处不大。

比较切题的是对管理者的个案研究。此类著作的代表有艾尔弗雷德·斯隆（Alfred P. Sloan）的《我在通用汽车公司的日子》（*My Years at General Motors*）。这类书的作者通常着重描写危机时刻：当整个世界都在注视着他们的时候，主人公是如何采取行动的。书中也会谈及一些个人习惯，从他如何利用自己控制的大量资源，到为什么不吃早餐，不一而足。这类书数量众多，引人入胜，可是对这些管理者真正做的工作只是一笔带过，而主要着眼于他们的个人风格和战略，以趣闻逸事为主，往往缺乏普遍性。偶尔我们也能读到对管理者工作时间内的活动的描写，他如何获得信息、如何做出决策，也许还会谈到一天工作的细节。不过这些都太笼统，不足以帮助我们构建一个管理工作描述框架。

“伟人学派”的出版物对一般读者更有吸引力，对历史学家甚至心理学家也都有帮助，但并未触及管理工作的内容。**这类学派的作品长于生动的细节描写，却不具备普遍理论意义。**

企业家学派

前面提到的两个学派都把管理者当成了单纯的决策者，我们现在要说的是经济学家的观点。按照传统微观经济学理论，管理者的决策无关英明睿智。在需要做决策时，他只是“合理”地追求利润最大化而已。

> 尽管理论经济学家也承认企业家的决策地位及其在经济事务中的作用，但却往往把企业家套入“理性人”的模子，认为他是在有条件限制和特定维度的环境下做出最优选择的人。因此，企业家的职能局限于一点，即一边是客观的因素，一边是意料中的必然结果，他就是这二者之间的桥梁。

当管理者明确了问题、确切的目标和可能的行动路径后，当然也包括各个行动路径的结果，决策过程便开始了。他只要评估所有的结果，根据目标实现的情况给各种方案排序，从中选择最好的一个就可以了。模糊的问题、不恰当且相互冲突的目标，还有不可预测的结果，所有这些都不存在了。于是在经济学家看来，管理者根本无足轻重。他所关注的只是企业创始人，因为这个人有一定自由度——能够创建一个组织。

我们最熟悉的莫过于经济学家约瑟夫·熊彼特对企业家的观点，他强调企业家的关键作用在于起步阶段的创新："只有真正'实现新的组合'，一个人才能成为企业家，而一旦建立起自己的公司，这个特性就失去了。"其他经济学家的文章还谈到风险承担问题，于是一时间各种争论见诸笔端。企业家仅仅是创新者吗？这似乎尚难定论。不单是因为理论家在术语上无法达成一致，还因为这些作者对于企业家职能的运营方面毫不关心。都说企业家会创新，可就是不知道他到底怎样创新。于是企业家就有了某种神秘色彩，如柯林斯（Collins）、穆尔（Moore）和安瓦拉（Unwalla）所说：

> 在某些方面，企业家属于英雄人物，大概跟民间传说中的史诗人物一般——坚强独立、翻山越岭、伐木开荒、建立起新的社区、白手起家成就事业，经历所有美国英雄必须经历的一切，建设一个伟大的国家。

"企业家学派"（Entrepreneurship School）对创新（创建新的资源组合）进行了定义而不是描述，这对于我们理解管理者工作的部分内容有所帮助。

决策理论学派

很多管理理论家都把注意力集中在研究非程序化（unprogrammed）决策上，认为这是高层管理者普遍面临的问题。"非程序化"决策的意思是，复杂且相关的决策信息很少，管理者在决策过程中不能运用既定方法。马丁（N. H. Martin）研究了 4 个不同层级的管理者，得出的结论是：高层管理者的决策更具长远眼光，更不连续，时限更有弹性，数据更抽象，关系更随意，不确定性更大。

管理者要自行判定是否具备变革的环境条件，他必须找出并创造出可能的行动路径，必须制定一定的管理程序来执行决策，这样的情况可以称为“非结构化”（unstructured）。

赫伯特·西蒙（Herbert Simon）创建并推动了“决策理论学派”（Decision Theory School）（也叫卡内基学派）的发展。1947 年，西蒙在巴纳德早期著作的基础上出版了《管理行为》（*Administrative Behavior*）一书。此后他在卡内基理工学院[①]组织了一批研究人员，其中较为重要的有詹姆斯·马奇（James G. March），他与西蒙在 1958 年合著了《组织》（*Organizations*）一书。

此外，理查德·西尔特（Richard M. Cyert）和马奇合作出版的《企业行为理论》（*A Behavioral Theory of the Firm*），可能是迄今为止有关组织决策最重要的专著了。

从根本上讲，**这些研究者对决策的看法不同于经济学家**。他们认为，决策不是从已知的选项中做合理选择，而是力求更准确地反映管理者所面临的实际限制条件。他们还认为，管理者并没有确定的目标系统或职能偏好，决策过程最重要又最容易被忽视的一步是定义问题，以及可选方案及其结果很少能一目了然。最后，选择是为了满足限制条件的要求，而不是实现最大化

① 现在的卡内基梅隆大学。

的目标[1]。管理者所面对的世界错综复杂，他们往往要根据形势做出反应，目的通常是要避免不确定性。管理者所在的组织也面临着不同利益集团出于不同目的所施加的各种压力。所谓最大化根本就是不可能的，管理者能避免冲突就不错了。这一点是通过“对目标的连续关注”来实现的。

> 政治组织经常故意搞一些声东击西的小手腕，先是“向左”，然后再掉头“向右”，以缓解两种互相冲突的压力。企业也会用这种手法来缓和“顺利生产”和“满足客户需求”两种互相冲突的压力，这样可以在不同目标之间形成缓冲时间，从而让组织能够逐一解决问题，逐一实现目标。

理论家将这种理论框架进一步扩展，将组织描述成一组松散组合的程序（已创建的流程），这些程序按照等级排列，高级程序可以构建和修改低级程序，而后者负责执行基本工作。这就意味着，管理者的工作基本上属于“程序化”（programming）工作——设计和修改程序，供下属执行。用克拉尔（Klahr）和莱维特（Leavitt）的话来说：

> 这个概念（高层的任务定义不明确、低层的任务定义明确）跟任务流入和流经组织的过程相一致。任务进入组织高层时，通常是不确定的新形式。高层首先处理这些任务，对其进行定义，使之具备可操作性，之后如果任务是连续性的，则依照层级结构将其传达到下层。任务在组织的下层从部分可执行状态转变成定义明确的状态，并再次被传递给特别设立或经过调整的机构。而此时高层和中层可能已经将注意力转移到其他新的不明确任务上了。

正如本节开头引用的马丁的话，这就意味着**管理者的工作基本上是非程序化的**。在组织最基层，工作有着常规性，或者说是程序化的，熟悉的刺激因素（比如客户订单）会带来可预测的、有条不紊的反应。而管理工作则比

---

① 即管理者“满足化”（satisfice）而不是最大化（maximize）。

较复杂，因为给他们的刺激因素往往很模糊，因而反应基本上就是摸索解决方案。正如西蒙所说：

> 问题出现时，我们并没有既定方案，因为这些问题以前都没有出现过，或者因为问题真正的性质和结构要么难以把握，要么十分复杂，还有可能是因为问题意义重大，值得专门制订应对方案。

但是在旁观者看来，那些所谓的混乱和“非程序化”的东西，可能根本就是因为他们的理解不充分。换言之，实际上管理者可能是在工作中采用了一种高级程序——可以定义问题、搜索可选方案、做出选择的程序①。这种可能性令人振奋，促使一些管理研究者考虑是否可能为管理工作编程，即将其描述为一套系统程序。

到目前为止，**大多数针对复杂决策过程程序化的研究都是在设计好的或简化过的决策环境中进行的**，就如同下国际象棋或证明几何定理。然而，也有一些人试图用程序来描述管理工作本身。这在第 6 章会详细论及。

总而言之，卡内基一派的理论家将管理者看作是非程序化的决策者，为其他人的工作编程。由此也引出了一种引人注目的观点：**管理工作乍看上去似乎一点都不规范，但实际上是有可能给出精确描述的，即是可以程序化的。**

对该学派还有一种特别有意思的说法，来自耶鲁大学的经济学家查尔斯·林德布卢姆（Charles Lindblom）。他就管理者的决策者角色问题，为卡内基一派的理论做了补充。林德布卢姆在一系列著作中提出了“断续渐进主义”

① 这跟西蒙的决策行为三分法对应：智能活动（intelligence activity），搜索需要做出决策的环境条件；设计活动（design activity），发明、建立和分析可能的行动路径；选择活动（choice activity），从可选方案中选择一个特定的行动路径。

一说[1]，以此作为公共部门管理者的政策决策系统。林德布卢姆采用的论证方法与卡内基一派相同，他首先批判了经济学家的理性或“纲要式”观点。在林德布卢姆看来，这种理论的失败在于，它没有认识到人无法应对复杂问题，没有意识到通常情况下的信息缺失、分析成本、时间调配问题，以及设定现实目标的困难问题。

林德布卢姆认为，管理者的行为是补救式的，是摆脱不健康状态，而不是实现目标。只有边际选项，即不会带来不可知变化的选项，才能列入考虑范围，而选择的后果通常并不在考察范围之内。目标是灵活可变的，根据可供选择的手段而不断调整修改。最重要的是，管理者的行为是步进式的，做出渐进调整，解读反馈，然后进行变更，如此反复。林德布卢姆认为：“政策制定是一个无休止的渐进过程，是小口不断地吃，而不是一下子咬一大口。”林德布卢姆对管理者的看法跟前面经济学家的观点形成了鲜明对比：

> 人必须要有强大的创造力，才能应对种种难题。他所采用的分析方法不能局限于中规中矩的学术程序。零星修补式的渐进主义者，或者竭力让各方满意的人，看起来可能不够英雄，但他精明机智，能够解决问题。虽然他清楚自己无力掌控整个世界，但还是能与之勇敢角斗。

林德布卢姆的观点虽未经系统的验证，却足以发人深思，意义重大。特别是在经济学家有关理性人的观点仍旧广为流传的时候，就更是如此。很多技术至上论者（如运营研究者或做长期计划者）头脑中的观念根深蒂固，认为管理者就是追求利润最大化的理性人。显然这种观念必须改变，而那种管理者“摸着石头过河”的理论，还必须跟企业家学派的观点结合起来，才能得出现实的决策理论。

---

① “断续渐进主义”（Disjointed Incrementalism）后又叫做“边际调适科学”（Science of Muddling Through）。

领导有效性学派

上述两种观点着眼于决策制定，排除了其他管理活动。**以下谈到的三个学派，则集中讨论领导力，而未涉及决策等其他活动。**

对领导力的研究，其实是对人际行为，特别是领导者与被领导者之间关系的研究。“领导力是一个关系概念，涉及两个方面：施加影响的一方和受到影响的一方。没有追随者，也就不可能有领导者”。[①]“领导有效性学派”（Leader Effectiveness School）的研究者大多是社会心理学家，他们更关注工作中的人，而不是管理工作。他们力图揭示什么样的人格特质或管理风格才能让管理者实现有效的领导。

> 该领域早期的研究者寻求的是所有成功领导者所共有的某些特质。总体来说，这些研究都没什么成果，许多特质之间找不出明显的关联，而有关联的往往又是太过普遍的东西（如移情、自信），对预测管理绩效的帮助不大。

20 世纪 60 年代，另一派专家——姑且称之为“人文主义者”，集中探讨了管理风格，他们批判独裁式和以任务为中心的管理，鼓吹参与式和以人为本的管理。而更近一些的实验社会心理学家，则在论证领导有效性的情景理论或权变理论。按照他们的观点，没有哪种管理风格始终是最好的；无论是独裁式还是参与式，某种管理风格的有效性总是依赖于特定的环境因素，包括组织的特定薪酬奖励制度、管理者的权力、管理者所负责的工作的性质、所属组织的大环境，以及他自己的技能、个性和期望。[②]

---

① 语出卡茨（Katz）和卡恩（Kahn）。

② 塞西尔·吉布（Cecil Gibb）在《社会心理学手册》（*The Handbook of Social Psychology*）中，全面研究了有关领导力的文献，特别关注了领导有效性理论。有关人文主义理论，可以参阅麦格雷戈（McGregor）和利克特（Likert）等人的著作；有关权变理论，可以参阅菲德勒（Fiedler）和坎贝尔等人的著作。

总之，领导有效性学派刚刚开始触及成功领导者的某些因素。对独裁式和参与式两种基本风格的过分关注，以及对领导者的人际行为理解不足，阻碍了该学派的发展。

领导权力学派

跟前面的领导有效性学派不同，“领导权力学派”（Leader Power School）关心的是权力和影响力，关心的是领导者所掌握的特权。此派学者关注的问题是：领导者在多大程度上能够控制他所处的环境？为了找到答案，他们研究了领导者运用权力唤起下属和同级预期反应的能力。他们的有些研究侧重于在职者的地位和决断权，有些则侧重于研究特定的个人如何运用这种决断权。

梅尔维尔·道尔顿（Melville Dalton）对中层管理者的研究广为人知，他的研究就属于前一种。道尔顿是一位社会学家，曾经在组织中以参与观察者的身份收集数据资料。他的主要结论是：官僚主义的非正式社会力量可以左右个人的行为。

> 大型组织或流动社会中的个人，就像毫无防卫能力的动物，他们身边蛰伏着看不见的威胁，为求自保只好施奸耍滑。

另一项著名的研究，是政治科学家理查德·诺伊施塔特（Richard Neustadt）对美国总统和三位总统办公室负责人的分析。他得出的结论多少有些不同。他有一本著作《总统权力：领导力的政治学》（*Presidential Power: The Politics of Leadership*），其书名就已经一语道破了主题。书中揭示，对待权力需要种种非常规的狡猾和诡诈。但他同时也说明，总统权力的有效性在很大程度上依赖于个人风格以及如何对待工作。[①]有关领导权力还有一些有趣

① 附录 A 中简单介绍了诺伊施塔特的研究。

的一般性理论。在达尔文·卡特赖特（Darwin Cartwright）的《组织手册》（*The Handbook of Organizations*）一书中，有一章题为“影响力、领导力和控制力”，对此进行了总结。他主要研究一个人（O）如何影响另一个人（P）。文章冗长艰涩，充斥着权威、说服、权力、影响、控制和领导这样的字眼。文章反复重申主题，即对权力形式的分类。他引用弗伦奇（French）和雷文（Raven）的五点论，恐怕是其中最容易理解的内容了：

- **奖赏权力**（Reward Power）基于P相信O有能力为他争取回报。
- **强制权力**（Coercive Power）基于P相信O有能力对他进行惩罚。
- **参照权力**（Referent Power）基于P对O的认同。此处认同的意思是“P对O怀有的同一感，或者是认同需要”。
- **法定权力**（Legitimate Power）源于P内心的价值观，认为O有权影响P，而P有义务接受影响。在正式组织中，办公室经常象征法定权力，办公室的主人有权对特定人群和某些事件施加影响。
- **专家权力**（Expert Power）基于P相信O有某种专门知识或者专门技术。

显然，要理解领导者的工作就必须研究他的权力来源，以及他在多大程度上能够控制自己的工作。有关领导力的一些著作划分出非正式领导和正式领导，非正式领导由下属选出（比如街头帮派推举自己的头目），正式领导或“首长”则由上级任命（大多数企业组织的做法）。非正式领导仰赖参照权力，而正式领导必须主要依靠法定权力以及由此带来的奖赏和强制权力（如提升、加薪和解雇）。

领导行为学派

一些学者和研究者通过研究在职者的行为来分析管理工作的实际内容，这里将他们统称为“领导行为学派”（Leader Behavior School）。不过这些著作其实千差万别，唯一相似之处仅在于，他们关注的都是同一主题。他们的研究方法各不相同，彼此也没有关联。最重要的是，**这些研究没有一个核心主题或脉络一致的结论**。因此我们必须逐一考察，从中吸取有益的内容。

在此要简略介绍其中一些值得关注的研究，让读者感受到这一学派的特点。附录 A 中对各研究都有较为详细的介绍。

在乔治·霍曼（George Homan）的领导行为分析中，他根据威廉·怀特（William F. Whyte）对街头帮派的研究得出了一些有趣的结论。例如，他发现领导者是群体中掌握信息最多的人，即使在街头帮派里也会出现领导权威的等级。从本书第 3 章和第 4 章对管理者工作的分析中可以看到，对正式管理者的研究所得出的结论，与对这些极端非正式领导者所做的研究得到的结论极为接近。

> 霍奇森、莱文森和扎莱兹尼克（Hodgson，Levinson，Zaleznik）分析了一家医院的三人高层管理团队，得出了有关团队成员在分担工作、分享情感的方式方面的有趣结论。他们的研究为第 5 章中的工作形式（job variation）提供了理论基础。斯蒂格利茨（Stieglitz）采访了不同国家的 280 名首席执行官，提出管理工作涉及 8 个方面的内容。这不禁让人想起 POSDCORB。例如，他谈到制定政策，确定整体目标和计划。维克斯特伦对基层管理者的行为做了两项研究，介绍了基层管理者权威的削弱以及扭转手段。此外，沃克、格斯特和特纳也对基层管理者工作的各个具体方面做了深入研究（应对突发事件、员工安置等）。

在附录 A 中还特别详细介绍了两项研究。俄亥俄州领导力系列研究是迄今为止对管理行为最为全面的考察了。该研究历时 30 年，涉及企业、军队、工会以及很多其他环境下的管理者。所有研究都采用类似的方法——向管理者发放调查问卷，其中有大量的工作陈述，要求管理者根据自己的工作排序。然后研究者利用统计技术将答案分类，用以描述领导行为的不同方面。**这项工作耗费了大量精力，可是相对而言，对管理者工作的阐释却作用甚微。**如附录 A 所言，他们提出的分类很少有超越 POSDCORB 那几项的。也许这反映了问卷问题设定的方式，也许反映的是一个现实：**研究人员研究的是管理者对自己工作的认知，而不是工作本身。**

最后要提到的是伦纳德·塞尔斯（Leonard Sayles）所进行的领导行为研究（1964）。塞尔斯在组织中生活了一段时间，他记录下一切有意思的东西，从不“故做科学研究状”。**他后来对基层和中层管理者的行为研究无疑是我们所讨论的这些研究中对管理工作最有价值的陈述了。**塞尔斯将管理者视为监控者、领导者和外部工作流的参与者。他最有意思的一个分析课题是“变动的均衡”（moving equilibrium）。塞尔斯认为，管理者必须要对压力做出应对，进行短期的调整或长期的结构改革，在稳定和变革之间求得平衡，以实现“动态稳定”。在第 4 章管理者的角色中我们将多次引用他的研究。

尽管这些研究的方向和结论不尽相同，然而如果将它们纳入一个管理角色的框架中，就可以看出其中很多结论都指向管理者工作内容的某些基本特点。第 4 章讨论管理者工作角色时会用到这些结论。

工作活动学派

“工作活动学派”（Work Activity School）代表了与古典学派相对的另一个极端。研究者使用归纳研究法，系统分析管理者的工作活动，只根据实证证据推导结论。而且跟领导行为学派不同，这类研究彼此联系紧密，所用方法大多类似，在得出新结论的时候，都力图综合以前研究的成果。

很多重要的研究都采用了“日记法”，管理者在事先备好的便笺上记录下每项活动的各个方面（时间、地点、参与者）。附录 A 中介绍了一些关于日记法的研究，其中两项特别值得关注：卡尔森对 9 名瑞典总经理的研究，为后来的工作确立了一种模式；而斯图尔特对英国 160 名中高层管理者的研究，则最充分有效地利用了日记法。图 2-1 是卡尔森日记便笺的一个样本。

日期：　　　　电话：　　　　打入☐　　　　拨出☐

时间：______

地点（除自己办公室外）：______

人员：______

______

生产总监	☐	竞争对手	☐	广告总监	☐
工人A	☐	财务	☐	人力资源总监	☐
工人B	×	销售总监（国内）	☐	助理	☐
组织总监	☐	销售总监（海外）	☐	秘书	☐

A. 处理的问题		活动类型	
金融，法律	☐	获取信息	×
财务	☐	信息系统化	☐
采购	☐	做决策	☐
生产	×	确认或修正他人的决策	☐
产品调查	×		☐
销售	☐	发出命令	☐
个人	☐	建议，解释	☐
公共关系	☐	检查，审查	☐
组织规划	☐	执行	☐
______	☐	______	☐
______	☐	______	☐
______	☐	______	☐
私人	☐	个人发展	☐

B. 处理的问题		C. 处理的问题	
发展	×	政策	☐
当前运营	☐	应用	×

资料来源：卡尔森，1951 年，第 246 页。

图 2-1　卡尔森为管理者设计的日记便笺

还有些研究用到两种观察技术，一种是活动抽样，研究者随机记录管理者的活动；另一种是结构观察法（structured observation），由研究者而不是管理者来记录日记便笺中的数据（也许还有其他数据）。附录 A 中提到的观察法研究的结论基本上跟日记法结论相同。

表 2-1 中列出了很多已经发表的记录，共包括了 10 项日记法研究和 4 项观察法研究。至少有 579 名管理者接受了调查，他们主要来自企业或组织，涵盖了不同的管理层级，而研究的时间从 1 天到 1 个月不等。

在讨论工作活动研究的结论时，我们首先必须区分管理工作的内容（前面曾经提到）和特点。研究管理者工作的人可能希望了解管理者在哪里工作、跟谁一起工作、工作多久、运用什么媒介（如电话）这类问题。而**这类问题的答案是管理工作的特征**。研究者也可能希望了解管理者在工作中都干些什么，也就是说他们做什么事情、为什么要做。对这些问题的解答则给出了**管理工作的内容。对工作内容和目的分类，可以说明职能或角色**。例如，通过第一种分析方法可以知道，管理者在某一周工作了很长时间，而第二种方法可能显示他这样做是因为正全力投入劳工谈判中。

画出这样一条线后，我们一眼就可以看出：**对管理者的工作进行的工作活动研究提供的很多重要结论都与管理工作的特征有关，但几乎不涉及工作内容。**

包括卡尔森在内的不少研究者都想收集有关工作内容的数据。在他们的日记便笺里也有相关的部分，像“获取信息”和“调节”，以便管理者可以把自己的活动归类。可是他们得出的结论却太过简单，所以到 20 世纪 60 年代中期，斯图尔特开始用日记法大范围调查工作，有意不去记录工作内容。她对此的解释是：

表 2-1　　管理工作活动的实证研究

研究人员	报告时间	使用方法	研究对象	研究历时（天）	研究课题
卡尔林	1951 年	日记法	9 名高层管理者（总裁）	216	寻找总裁工作行为模式的共同之处（特别是沟通方面）
伯恩斯	1954 年	日记法	4 名中层管理者	103	部门集体内管理者之间的关系
伯恩斯	1957 年	日记法	76 名中层管理者	1 520[a]	管理者如何安排时间
科普曼	1963 年	日记法	58 名中层管理者	290（?）	首席执行官和部门主管的工作对比
迪宾，斯普雷	1964 年	日记法	8 名中高层管理者	80	管理者如何安排时间
布鲁尔，汤林森	1964 年	日记法	6 名高层管理者	105	决策行为
霍恩，勒普顿	1965 年	日记法	66 名中层管理者	330[b]	管理者如何安排时间
托马森	1966—1967 年	日记法	各类经理	未报告	沟通中心
劳勒，波特，特南鲍姆	1968 年	日记法	105 名基层和中层管理者	525	管理者对互动情况的反应
斯图尔特	1967 年	日记法	160 名中层管理者	3 200[b]	管理工作中的变量
凯利	1964 年	活动抽样	4 名基层管理者（部门经理）	60[b]	部门经理如何安排时间
旁德	1957 年	观察法	24 名基层管理者	48	基层管理者的效力
兰茨贝格尔	1962 年	观察法	3 名中层管理者	6	横向关系
格斯特，亚辛斯基	1956 年	观察法	56 名基层管理者	56	基层管理者如何安排时间

注：a. 估计值；伯恩只说明对每个人的研究持续了 3 周、4 周或 5 周。
　　b. 假设为 5 天工作制。

问一些明确的问题是可以的，比如“他在哪里工作”“他是一个人还是跟别人一起”“他跟谁在一起”等。这样的调查可以让人了解，管理者一天的时间都是怎么安排的，可是别人却不能知道他的工作内容，而这正是其工作中最让人感兴趣的部分。有人也想对此有所解释，不过都是采用传统管理职能的思维方式，例如计划和组织、提供信息或制定决策等诸如此类的说法。问题在于，你无法给活动下个明确的定义，所以不同的管理者在记录同一项任务时，可能使用不同的分类标准。即便对于生产或销售这类看似不难归类的工作也是如此。实际工作内容可能是二者兼具，或者从这个角度看属于生产，从那个角度看又属于销售了。

看来问题就在于日记法本身了。管理者在做记录时首先得有编制好的便笺表格，这样他们才可以快速划分每项活动（参见图 2-1）。要设计这个表格，就必须先有若干个明确的类别供管理者来选择。正如伯恩斯（Burns）所言：

这种日记表格过于简单化，每个表中包含的信息量受到极大的限制；用于行为描述的动词和名词加起来必须少于 50 个。

这样来设计表格，研究人员的头脑中对管理者的工作必须先有一些概念。如果是“工作地点”的选项，那么只需列出：自己办公室、助手办公室、工厂、公司以外等。可是用什么来描述管理活动的内容呢？实际上除了 POSDCORB 这样模糊的词语以外，没有办法可以给内容分类。因此工作活动研究者所面临的挑战就是要找到适合日记表格的语言，即用言之有物的内容描述来说明管理者的活动。霍奇森、莱文森和扎莱兹尼克对调查问卷法的观点一致，用他们的话来说：

要设计问卷，我们就必须了解研究现场的大体环境。而要了解这些大概需要一年的现场工作，可到那时候，我们已经掌握了大量的信息，调查问卷已经没多大价值了。

我自己对5位首席执行官的研究在附录B中有详细介绍，我的研究也属于工作活动学派。不过因为我的基本目标是描述工作内容，而日记法研究对此无能为力，所以我用了另一种方法。这种方法可算是结构观察法，但跟以前所使用的又有一个重要区别。我的类别是在观察中和观察后形成的。在进行观察的时候，我尽量用当时觉得最合适的词语来记录每个观察事件（以及其他信息，如地点、参与者和历时）的“目的”。等到日后所有数据齐备，也有时间仔细思考时，再进行正式归类。这种方法保持了日记法的主要优点——可以系统地记录下现场数据，同时也具备相当的灵活性，便于归纳出工作内容的类别。这样做的结果是对管理工作内容有了新的说明，同时也在工作特征方面得到一些结论，证实了早先工作活动学派的一些研究成果。

第3章详细介绍管理工作特征研究的一些结论。此处需要说明的是，研究中发现的一些证据表明，**从首席执行官到基层管理者，整个管理层上上下下都有着一些惊人的相似之处**。例如，所有的研究都表明了面对面沟通的重要性，研究还表明管理工作中横向和纵向沟通的发生频率非常高。卡尔森和格斯特分别指出，首席执行官和基层管理者的工作都很零碎，时常被打断。格斯特和斯图尔特通过对各级管理者的研究发现，管理工作非常多样化，很少重复。格斯特和卡尔森研究了管理层级的两极，发现他们的工作节奏都非常快。当然，并非所有管理者的工作都符合这些特点，不过研究人员得出的结论总会有例外情况。如果不允许有例外的话，恐怕这世上的社会科学理论也剩不下几条了。

研究也发现了不同管理者之间的差异。托马森（Thomason）提出了专业化信息中心的存在。卡尔森发现，首席执行官的工作时间特别长，这跟霍恩和勒普顿（Lupton）对中层管理者的研究结果形成了对比。伯恩斯指出，高级别管理者的专业化程度要弱于低级别的管理者。

现有的一些研究著作也曾就不同管理工作之间是同中存异，还是异中有同进行过讨论，最终答案显而易见：**所有管理者的工作都有着某种共性，同时每种管理工作又都有自己的独特之处，因此才彼此区别**。我们首先要区分出共性，对管理工作做一个基本描述，然后才能理解其差异。幸运的是，工作活动研究提供了大量翔实的数据，为区分管理工作特征的主要共性和差异提供了坚实的基础。

管理工作的 4 大维度

前面已经介绍了有关管理者工作的 8 大学派。这些学派采用不同的途径和研究方法得出了多种结论。大多数研究并不能告诉我们管理工作都有哪些内容，不过我们还是可以从中抽取一些合理的东西。接下来的 4 章是本书的核心，综合了现已出版的文献资料和我自己的研究数据，从 4 个维度对管理者的工作做出说明。

第 3 章讲述管理工作的特征，吸收了工作活动研究的一些成果，提出所有管理者工作都具备的 6 大特点。

第 4 章用 10 种基本角色来描述管理者工作的内容。这一章的框架来自我自己对 5 位首席执行官的研究，以对各类管理者行为的大量实证研究作为佐证，特别是引用了管理工作两大决策学派和三大领导学派的成果。

第 5 章关注的是管理者工作的多样性。这一章在共同角色和特点的基础之上研究差异。本意提出了权变理论，即管理者工作的多样性来自于工作环境、工作本身（在组织中的级别和职能）、工作中的人以及特定情况。这一章还囊括了几乎所有能找到的管理工作实证研究，提取出一些关于工作差异的观点。

第 6 章探讨了管理者工作程序化这个有趣的话题，这是由决策理论学派提出的。这一章深入讨论了程序化的概念，并初步介绍了管理者已经在使用的一些程序。同时还用一定的篇幅来谈论管理学家的角色及其能从哪些方面来影响管理者工作的有效性①。

最后一章的开始部分首先综合讨论了理论的 4 大部分——**特征、角色、多样性和程序**。在该章结束时，我们为自己的研究成果对于管理者、管理教育者、管理学家和管理研究者的意义做出评估。

① 我们在附录 B 的末尾部分说明了这 4 个方面的关系，并提供了详细的研究数据。

第二部分

管理工作的本质

THE NATURE OF MANAGERIAL WORK

THE NATURE OF MANAGERIAL WORK

第03章

管理工作的6大特征

我不要你把它做得尽善尽美，我要你星期二把它交给我！

当代管理者格言

导 读

本章讨论管理者工作的特征，并以此作为深入分析的第一步。我们将考察 6 个方面的特点：

- 管理者的工作量和工作节奏。
- 管理者的活动模式。
- 工作中行动与效果的关系。
- 对不同沟通媒介的运用。
- 与各方面的联系。
- 权利和义务的相互作用。

本章的结论是在上一章结尾提到的工作活动实证研究成果的基础上得出的。这些研究主要采用直接观察法，要求管理者在日记便笺上记录自己的活动。而工作活动研究的对象涉及基层管理者、中高层管理者和总裁级别的管理者。很多研究结果都表明，不同级别的管理者之间存在着惊人的相似之处。此外，还有一些例证和事实材料是来自我自己对 5 位大中型组织的首席执行官所做的研究。

有一点要请读者注意，本章及下一章中所用的“组织”一词，是指直接处于管理者正式领导之下的单位。因此，所谓“管理者”和他的“组织”，可能是指“总裁”和他的“公司”“主管”和他的“部门”，或者“店长”和他的“店铺”。某位管理者的组织实际上可能是一个大型组织的下属单位（例如，某家公司的一个部门），“外部人员”可能是这个大型组织中的其他成员，只是跟我们提到的管理者没有直接的上下级关系。

工作量大，工作节奏快

管理者工作很卖力吗？对一些首席执行官的研究表明，他们几乎无时无刻不在想着工作。怀特在《高管工作卖力否》（*How Hard Do Executives Work?*）一文中介绍，他访问过的总裁们称自己五天中有四个晚上都在工作。一个晚上在办公室；一个晚上有应酬；“另外两个晚上他回了家，但在家里跟在办公室没什么两样”。卡尔森提到这种工作节奏的效果：

> 对这些首席执行官来说，过大的工作量带来了很多负面效应。这就意味着他们跟家人相处，或跟朋友见面的机会大大减少；经常要乘坐夜班火车回家，夜晚和周末也不在家。有时候还可能造成智力隔离……除了一些技术和经济读物外，他们几乎没有时间去读任何东西，也没时间去剧院，或者去听音乐会。

对于基层和中层管理者的研究，并没有发现他们长时间工作的证据。但是从这些研究中可以发现，他们想要赶在正常工作时间内完成的工作量非常大，而且节奏特别快。

惊人的数据

格斯特发现，基层管理者每天要马不停蹄地处理 237~1 073 件事情。

很明显，基层管理者没有多少空闲时间。他们得快速处理许多紧迫问题，必须“接受”不断的打扰，头脑里同时装着好几个问题，掂量孰先孰后。

迪宾（Dubin）和斯普雷（Spray）在对中高层管理者的研究报告中说：“他们全天的工作活动始终保持着相当的强度。”戴维斯引述了自己一位学生对一位区域销售经理的描述：“他怎么有那么多屁事要做，一件接一件没个完！”

我自己对首席执行官的研究也证明，他们办公时间里的工作节奏从无停顿。

惊人的数据

首席执行官从早上一进办公室到晚上离开，邮件（平均每天36封）、电话（平均每天5个）和会议（平均每天8个）几乎占满了每一分钟。

很少有真正的休息时间，咖啡是在会议间隙喝的，午饭时间也都安排了正式或非正式的会面。终于有点空闲了，无处不在的下属很快就会找来。

如果这些管理者想要改变一下工作节奏，他们只有两个办法可用——巡视和会议开始前的闲聊。就连这个也不一定能实现，即便实现了，往往也还是离不开他们手头的工作——管理组织。

管理组织的工作不可谓不繁重。一天内需要完成的工作量，或者管理者给自己选定的工作量，非常之大，而且没有停歇。白天若干个小时的工作之后，管理者仍无法摆脱那个给了自己权力与地位的身份，而且他们的头脑已经习惯了不断搜索新信息，也已经停不下来了。

为什么管理者要接受这样的工作量和工作节奏呢？其中一个主要原因是

因为这项工作本身具有开放性。管理者的责任是让组织成功，可实在没有一个明确的里程碑能让他停下脚步说一声“现在我的工作完成了”。工程师早晚有一天能把铸件的设计完成，律师的官司不论输赢也总有结束的一天，而管理者却必须一直前行，从来也说不准自己何时成功了，也说不准什么时候一旦失误，整个组织就要在他的手上垮掉。因此，管理者面前有一个永远紧迫的任务。他片刻也不能忘记自己的工作，也不会有那种知道自己工作已经做完的幸福感。不管做的是哪种管理工作，他心里总是有那么一点放不下，觉得自己还能再为组织多做那么一点。于是他一刻不停地工作着。

短暂、多样、零碎的活动

社会中的大多数工作都需要分工和集中。机器操作员可能先学会做一个零件，然后几个星期都做这种零件；工程师和程序员经常花上几个月来设计一座桥梁或一个计算机程序；销售员可能一辈子都在销售同一个产品线的产品；而管理者的工作则不可能这样专注于某一个方面。他的工作活动往往短暂、多样而又零碎。①

惊人的数据

格斯特研究发现，基层管理者一天平均要处理 583 件事。

格斯特说：

非常有意思的是，基层管理者的工作有着这样一些特点：经常被打断、具有多样性和非连续性，跟大多数连续工作的操作员恰恰相反，

① 格斯特（1955—1956）、旁德（Ponder，1957）、卡尔森（1951）和斯图尔特（1967）在各自的实证研究中都注意到了这一点。

后者的工作有条不紊、重复、从不中断，完全取决于传送带稳定不变的传动节奏。

惊人的数据

根据我自己的研究，每位首席执行官平均每天有36次书面联系和16次口头联系，而且几乎个个都关系重大。

图3-1列出了口头和邮件联系涉及的各方面内容。[①]

一个下属打电话来报告，有一个设备着火了；接着是处理邮件，大部分都无关紧要；又一名下属来打断工作，汇报说可能很快要爆发一场公关危机；一个即将退休的员工被带进来接受纪念章；晚些时候参加讨论会，涉及数百万美元的合同；接下来，管理者对某个部门浪费办公空间的现象进行批评。每天从头到尾的活动都是这么纷繁。最让人惊讶的是，**重要活动跟琐碎小事掺杂在一起，这就要求管理者必须能迅速而频繁地转换心态。**

为了确定这些活动有没有什么固定模式，我分析了研究得出的数据，可是除了一些无足轻重的共性之外[②]，并没有发现什么特别的模式。换言之，根据现有的数据，不能说上午跟下午有什么不同，也不能说某些活动总是发生在一天的特定时候，更不能说一周的某些天跟其他时间不一样。某些管理工作当然也存在某种月度和季度模式，可是无论是我的研究还是别人的研究，都没有证据表明有短期模式存在。

不过，可以将工作日分为5种。

---

① 参见附录B中对每种工作内容类别的说明。

② 例如，一天的工作一般开始和结束于案头，而历时较长的活动之后几乎总是案头工作。

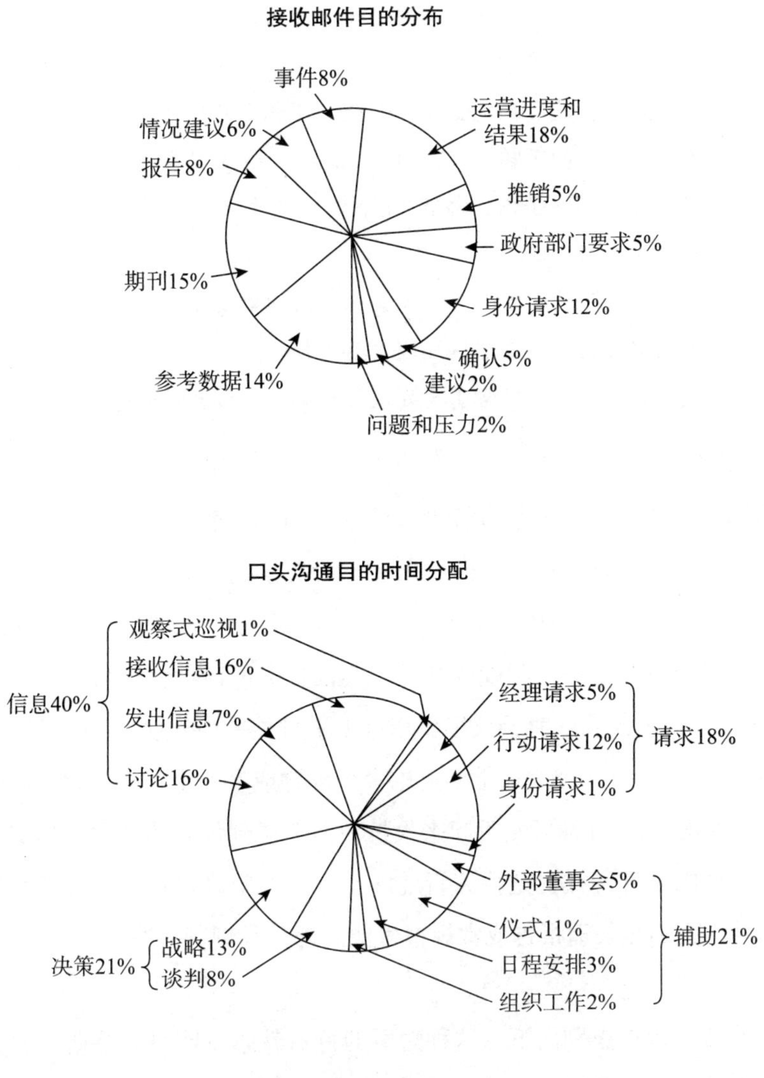

图 3-1　管理活动目的

注：数据来自对首席执行官工作的为期 5 周的研究。

- **"赶工日"**，一般在出差或极度忙碌之后，管理者花大量时间在办公桌前，看邮件、回电话、安排约会，并不时要接见想找他的下属。
- **"危机日"**，管理者尽可能推迟一切活动，好集中精力处理某个影响重大的突发事件。
- **"空闲日"**，没有预定会议，而是处理积压的邮件、巡视，接见看不得他空闲的下属。（有一位主管，他 25 天里最忙的一天，虽然只有 3 个预定会议，却有 14 个案头工作会议、17 个临时会议和 5 次巡视。）
- **"计划排满日"**，管理者一天大部分时间都安排了预定会议，只在会议间隙接重要电话、处理重要邮件。
- **"正常工作日"**，通常需要处理大量邮件、接待访问者和参加会议（预定的和临时的）。

同样令人吃惊的是，很多管理者活动的时间短暂。图 3-2 是我们通过研究得到的首席执行官活动历时的分布图。所观察到的活动大部分在 9 分钟内完成，只有 1/10 的活动用时超过 1 小时。实际上，管理者很少能够或愿意把大量的时间花在某一个问题或某一个会议上。电话都言简意赅（平均 6 分钟），案头工作会议和临时会议很少超过 1 小时（平均分别为 15 分钟和 12 分钟）。只有预定会议，因为通常要讨论多个议题或者一个复杂问题，所以往往要超过 1 小时。68 分钟虽然听起来很长，但考虑到议题的性质，其实并不算长。对邮件的处理同样也是快刀斩乱麻。有些人明确表示，自己不喜欢冗长的备忘录，大多数长篇报告或常规报告他们都只是浏览一遍了事。

从首席执行官级别向下，这种短暂的特点就越发明显。格斯特和旁德对基层管理者的研究都发现，其活动历时极其短暂，格斯特的研究结果是平均用时 48 秒，旁德的结果则是平均近 2 分钟。

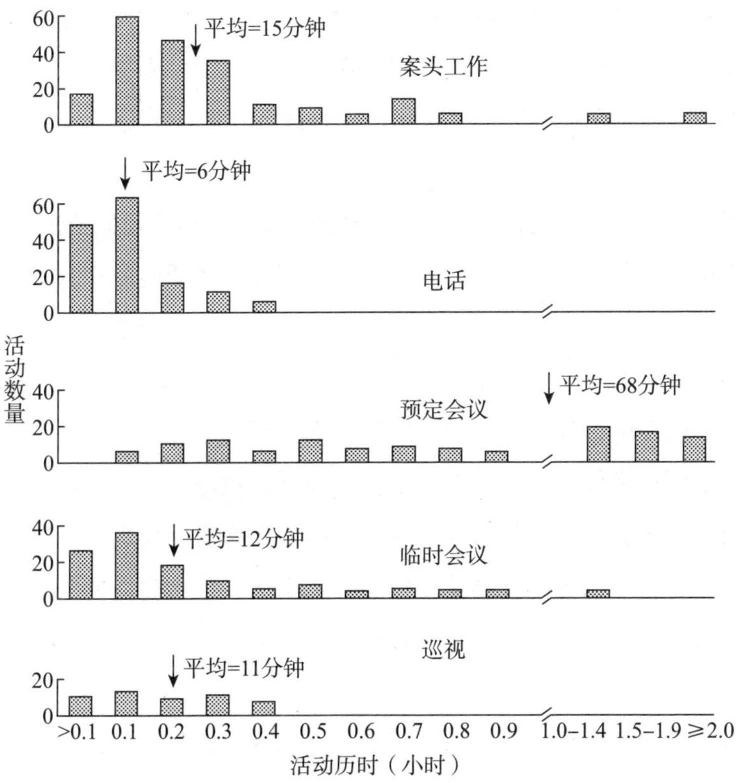

图 3-2 管理活动按活动时间的频率分布（小时）

注：数据来自对首席执行官工作的为期 5 周的研究。

卡尔森和斯图尔特都强调管理工作非常零碎，经常被打断。斯图尔特用日记法对 160 名管理者做了 4 周的研究，结果发现，不被打断的记录在一个半小时以上的平均每人只有 9 次。她的日记记录表明，每天 25 次联系中，有 12 次是属于“快速联系”。卡尔森还特别研究了一位总经理的工作，发现在 35 天内，他只有 12 次在自己办公室里工作 23 分钟以上没有受到打扰。“他们知道，只要一开始着手新任务，或者坐下来点支烟，就肯定会有人进来，或者有电话打过来。”

卡尔森得出结论，**管理者可以很容易拖长平均活动时间。**这很简单，只需要请秘书帮忙，或者把工作更多地分派出去。但卡尔森提出了一个重要问题：管理者工作短暂、多样和零碎，是他们自己故意如此吗？

对于我所调查的5位首席执行官，他们的秘书都能为他们挡掉一些事务，也没有理由相信他们不善于授权。实际上，有证据表明他们是自己愿意被打扰，愿意少些自由时间。在很大程度上，活动的时间长短是由管理者自己掌控的。例如，巡视是不可能被电话打断的，可是巡视的时间平均也只有11分钟。此外，很多电话都是对方先挂断的，而且管理者经常不等会议结束就中途离开。他们经常停下案头工作打电话或叫下属进来。一位首席执行官的办公桌正对着走廊，办公室的门经常开着，所以不断有下属进来。这位管理者完全明白，自己可以将办公桌挪个位置，关上门，或者告诉秘书对来访者进行一下筛选，这样就可以很容易地消除许多打扰。

那么，为什么管理者更倾向于短暂工作活动，选择被打扰呢？当然，**在一定程度上，管理者容忍打扰是为了不影响最新信息的流动。**而且管理者可能也已经习惯了多样化的工作，发现自己很容易对当前的工作产生厌倦。不过这只能部分地解释管理者的行为。

更重要的原因可能是，管理者已经习惯于自己的工作量。他对时间的机会成本，即做一件事而不做另一件的利益损失，十分敏感。他意识到自己对于组织的价值，所以才担负起大量工作。此外，他也知道自己在工作中时时担负着多种责任——邮件不能拖着不处理，来访者必须接待，会议必须参加。换句话说，**无论正在做什么，管理者心中总是在盘算着他本该做什么和必须做什么的问题。**

实际上，现实促使管理者形成一种特别的个性——超负荷工作，行事果断，不浪费时间，明显值得参与时才参与，避免过于投入任何一个问题。毫无疑问，流于表面对于管理工作是不利的。可是要想成功，管理者大概也必须要精通表面化的艺术才行。

如果是从技术骨干转做管理者，可能会遇到一些适应的问题。例如在我的研究中，学校校长就表示，他很遗憾不能深入参与课程制定过程。毫无疑问，那些仍旧做着管理工作的人，具备或形成了一些特定的个性特点，这值得仔细研究。

要求即时应对

很明显，管理者更注重工作中较为积极的要素——当下的活动、具体明确的活动以及非常规活动。

我的研究从很多方面证明了这一点。例如，处理邮件。尽管 5 位首席执行官的案头工作时间只占 22%，但他们却常常表示处理邮件是个负担。其中至少有一部分原因是由于邮件中的信息太过陈旧，而邮件这种媒介本身又不具备及时反馈性；还有一点会在后面谈到，研究表明，只有一小部分邮件对管理者有着明确直接的用途。管理者这样来看待邮件，表明他们不太关注常规信息。

惊人的数据

5 周内管理者收到 40 份常规运营报告，只有两份得到了他们的书面答复；其间收到的 104 份期刊，也只有 4 份得到了回复邮件。

相比而言，对书面要求的答复，则占了管理者发出邮件总量的大约一半。最后还需要提到，“情况建议”类邮件，即跟当下问题和机会相关的邮件，得到的回应总是最积极的。总之，首席执行官会更多回复积极的、有针对性的邮件，这些邮件涉及的是眼前真实的情况，对常规报告、期刊之类的邮件则不太注意。

管理者需要的是最新信息，这一点确定无疑。一个突出的例子就是，有位首席执行官在公司所赞助的电视节目播出后不到 24 小时，就拿到了收视率数据。最有趣的现象则是“即时沟通”——最新最“热”的信息，通过电话或临时会议这些非正式方式频繁流动。这种沟通得到了优先对待，经常可以打断会议，而且秘书也可以为此随时进入首席执行官的办公室。他们常常为了某些“即时沟通”而重新安排日常工作或会议。

由此可见，管理者对最新信息强烈的渴求；相反，他们对组织所提供的很多常规报告，却不太重视。他要求迅速获得信息，因此愿意接受很高程度的不确定性。换句话说，闲言碎语、猜测甚至道听途说，构成了管理者信息的主要来源。

管理者对时间的安排，也表明了他们倾向于明确而非常规的活动。

惊人的数据

研究得出了一项令人惊讶的统计数据，14 个口头联系中，只有 1 个是定期或“按时”进行的，其他 13 个都是临时发生的。

卡尔森和诺伊施塔特在对首席执行官进行的实证研究中注意到，这些人首先会完成明确具体的日程安排。诺伊施塔特说“最后期限决定了他的个人日程表”，而卡尔森则说：

企业高管有可能变成日程表的奴隶——他们有某种“日程表情结”。你很少能看到两个企业高管在一块谈话时，手里没拿着记事本的。这个东西一定要在触手可及的范围内，否则他们就会感到茫然若失。一天工作开始时，他们先要查看日程安排，不管上面有什么，他们都按时有效地完成。如果谁有什么事想让这种人做的，就要确保他们把这事记到日程表里。要求一位事务繁忙的高管做一件事时，让他承诺“下周完成”，甚至“下周五完成”都没用。这样含糊的要求是不会进入他的日程安排的。你必须给出确定的时间，比如星期五下午 4:15，这样他才会记下来，按时完成。时间定得越具体，才越有可能去做。

最后，在我的研究中，管理工作无一例外都涉及具体而非一般性的问题。工作时间里很少见到首席执行官参加抽象的讨论，或者做一般性的计划①。“观察式巡视”是该研究中一项开放性的活动，只占了管理者时间的 1%。

传统观念中把管理者看作是计划制订者，这显然跟现实不符。如果管理者真要制订计划，那也不是关上门点燃烟斗，天马行空地思考，而是如塞尔斯所言：

我们认为，规划与决策并非明显独立的活动。它们跟基本互动模式密不可分，因此把它们割裂开来是错误的抽象做法。

迪安·艾奇逊（Dean Acheson）就曾经描述过当时新任国务卿杜勒斯（Dulles）对工作的天真想法：

他告诉我，他不想象我一样工作，他要摆脱他所谓的个人问题和

① 5 周里只有 1 次，管理者跟一群教师一起开定期会议，讨论一般教育问题和思路。

行政问题，好有更多时间来思考。

我没有说什么，不过惊异于他同时有这两个念头。我不知道他是如何做到的。依据我的经验，如果得不到知识和指导，思考也没什么用处。至于谁能给我知识和指导，他们的能力如何，则要看是谁来选择、接触、任命和提拔这些人，并且为他们所在的组织确立形式。

在该文章的随后部分，对于总统（当时是艾森豪威尔）也需要更多独处时间来进行思考的看法，艾奇逊批评道：

如果说高官应该成为爱默生所说的“思想之人”，然后让内阁一班人团团围坐，大家摆好“思想者”雕像的姿势，开始冥想。对我来说，这不太自然。思考可能没有这么困难，没这么难以投入，也没这么庄严神圣。

总之，有资料进一步表明，由于工作性质，管理者建立了特殊的行为模式。管理环境的压力不会产生富于思考精神的计划制订者，因此传统观点是站不住脚的。管理工作培养出来的是信息处理者，他更愿意了解当下具体的环境情况。**管理者的工作环境是“刺激–反应”型的，他在工作中形成了明显的即时行动的习惯。**

注重口头沟通

管理者运用5种基本媒介：邮件（文件沟通）、电话（口头沟通）、临时会议（非正式面对面沟通）、预定会议（正式面对面沟通），以及巡视（实地考察）。这几种媒介之间存在着重大差别。文件沟通要求使用正式用语，而且反馈时间长；各种口头沟通除了能表达语言信息外，还可以通过语调变化和应答延迟来传达信息；此外，面对面沟通的方式还可通过面部表情和肢体语言来传达信息。一位管理者讲述了一个有趣的故事，这个故事可以说明面对面沟通和文件沟通的差异。

> 总部有一些人不太喜欢一名瑞士员工，她在备忘录中总是使用“要求”（demand）而不是“请求”（ask）。等到她来到总部后，这个问题才得以解决。在面对面的交流中，大家发现她之所以用这个词，只是因为这个词在她看来是最合适的。因为在法语里“请求”（to ask）这个动词的意思是“要求”（demander）！

关于媒介最重要的发现是，管理者特别注重口头沟通。几乎所有对管理时间分配的实证研究都注意到，花在口头沟通上的时间占了很大比例。

惊人的数据

> 据估计，基层管理者进行面对面沟通的时间占 57%，而制造企业中层管理者的面对面沟通比例则达到了 89%。斯图尔特所收集的数据最为广泛，她发现，中高层管理者的独处时间平均只有 34%，其余大多数都用于非正式沟通；伯恩斯则发现，中层管理者的时间有 80% 用于交谈。

我自己的研究也证明了这一点。从图 3-3 可见，那 5 位管理者 67% 的活动都是口头沟通，占去了 78% 的时间。

现在我们来逐一分析各种媒介。以下引用的数据来自我对 5 位首席执行官的研究。

1. 邮件。最显著的一点是对于接收到的邮件，管理者的处置经常是相当草率的。处理邮件好像只是一桩非做不可的杂事，但是很没有意思。有时候，他们的处理速度快到让人怀疑他们可能只是在例行公事。

时间分布

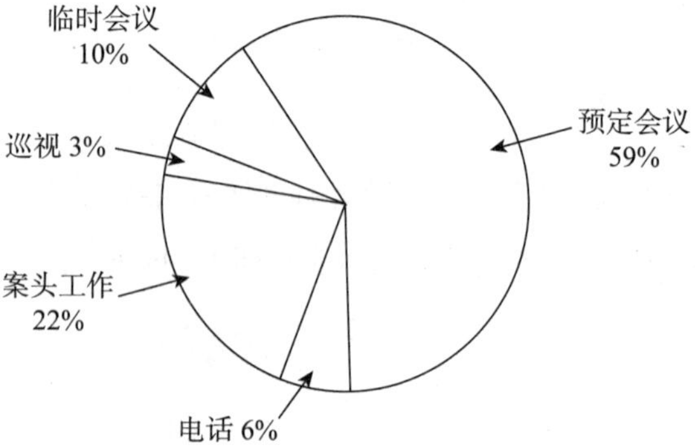

活动数量分布

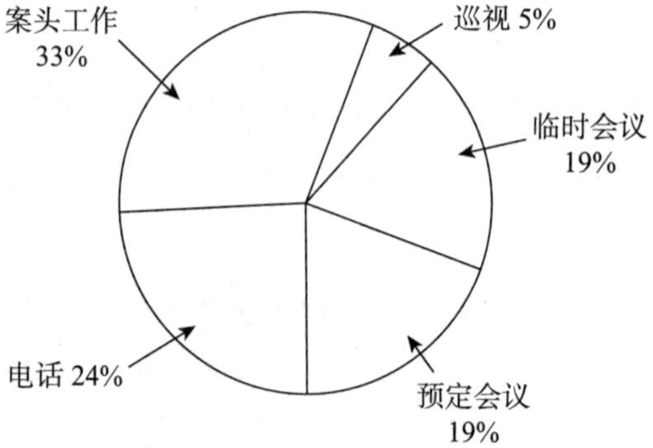

图 3-3　时间和活动的媒介分布

注：数据来自对首席执行官工作的为期 5 周的研究。

惊人的数据

管理者处理邮件的速度往往超过每小时 30 封，有一位管理者，星期六到办公室花了 3 个小时多一点就读了 97 封邮件，回复了 45 封。管理者每周平均要收到 20 份期刊。大多数他们都只草草浏览一下（一般是每分钟 2 份），平均 25 份中才只有 1 份会得到回应。

对常规报告的处理也差不多。管理者打开一周以来收到的第一份“硬”邮件，是一份标准的费用报告，他很快就把它放到一边，并且说：“我从来不看这个。”

在观察中，有一周的时间，有位首席执行官反复翻看自己的邮件，犹犹豫豫不愿意处理，但还是搜寻其中值得注意的内容，免得漏掉什么。从星期一到星期五，他共发现有 32 封邮件值得密切关注。星期六，他来到办公室工作了 3 个小时，处理掉剩下的部分：“把这堆东西弄完。”这种活动反映出一个普遍现象：不管邮件内容多么无足轻重，邮件流却不能停滞，否则管理者就要被文件堆埋掉了。

在研究中，**我把管理者收到的邮件分成 12 个不同“目的”的类别**[①]。其中有 4 类的内容相对不太重要，即确认、身份请求（由于管理者的地位而提出的非重要请求）、游说和参考数据，共占 36%。另外有 51% 的邮件，主要包括 6 类，即报告、期刊、事件、内部运营和一般建议，为管理者提供组织和环境情况信息。管理者对这些邮件大多只浏览一下，很少回复。只有 13% 属于第三种情况，即对管理者而言有明确而直接的用处。这其中包括申请管理者批准、对当前情况的意见以及指名专门提交给他的压力和问题邮件。因此，可以解释管理者何以如此对待邮件：**他们所收到的邮件有 87% 基本上与“即时行动”无关。**

发出邮件的情况也是一样。卡尔森有类似的发现：

① 参见附录 B 对每个类别的说明。

最引人注意的是不同的高管都有共同的特点，那就是沟通时对书信的使用有限。有的首席执行官一周只签署一两封信件，最多一天也就两三封。大家心目中对首席执行官那种忙于口述或签署信件的想象，并未得到研究的证实。

在我的研究中，首席执行官所发出的邮件数量比卡尔森的研究中要多一些，不过大多数都是回复收到的邮件。**管理者自己发出的邮件平均每天只有1封**。平均每天发出9封邮件的，几乎半数都是确认收到邮件，或答复书面请求的。而这些请求大多又不太重要，只是管理者觉得应该回复一下而已。另有30%是把收到的邮件转发给下属。

高管们自己的话表明了他们对邮件的态度。其中一位说："你大概也能猜到，我不喜欢写备忘。我更喜欢面对面交流。"另一位也表达了类似感受："信件嘛，我是能不写就不写。我的口头表达能力比书面表达能力高出很多。"他们的理由很明显。跟口头沟通相比，书信必须字斟句酌，因此更费时间。而且信息流向目标的速度慢，要等很久才能收到反馈。对于正式文件、较长或常规的报告、一般信息而言，这不算什么问题。但是，**对于大多数重要信息，管理者必须使用其他媒介。管理者喜欢即时行动，而邮件并不适合这种要求。**

2. 电话和临时会议。研究发现，电话和临时会议的时间一般都很短，平均分别是6分钟和12分钟。这两者共占了首席执行官口头沟通时间的2/3。如果双方都已很熟识，而且必须迅速传达信息或者简要地提出要求，此时就会采用这种沟通方式。记录表明，**大多数口头身份请求和游说，都是以电话或不定期会议的形式进行的**。管理者及其下属之间也会通过电话和不定期会议来提出某些重要要求、传递信息，特别是用于传递"即时沟通"。有时候当出现突发情况时，在电话里或临时会议上就可以确定应对策略。

下属如果需要跟首席执行官频繁沟通，并且离其办公室比较近，走路就能到达，就会偏好采用临时会议而非电话联系，不能面见时才打电话。而那些距离首席执行官较远，又跟他有频繁沟通，可以随时以非正式方式联络的下属，常常通过电话实现非正式口头联系。

3. 预定会议。预定会议占去管理者59%的时间。这种沟通花费的时间相对较长，管理者有机会跟更多团队成员见面，并且可以见到组织以外的人。

有时候预定会议的目的跟非正式联系是一样的——发出身份请求和行为请求、传递信息。不过从特点上讲，这种联系还是自成一类。如果是要会见报社记者、销售人员或者学生之类跟首席执行官工作关系不太密切的人，通常就会举行预定会议。而且预定会议上讨论的问题都比较正式。倘若需要传递大量信息，一般都会通过预定会议，而非召集临时会议。所以，两个关系较近的同事如果需要交流少量信息，就会打电话；如果想讨论行业内的若干事情就直接见面，一般是安排在吃饭时间。

预定会议基本上有三种活动——仪式、战略决策和谈判。原因显而易见。这三种活动都很费时，涉及众多人员，而且这些人往往来自不同地方。唯一的集中办法，就是安排预定会议。如果更进一步，把会议安排成定期的或定时的，管理者可以不用安排日程，省去不少时间。附录B的数据说明，管理者C和管理者E因为有很多定时的会议，因而用在安排日程上的时间就少多了。当然这样做的风险是可能浪费时间。会上可能没什么重要的事情要讨论，或者与会者有更重要的事情要处理。

无论表面上的目的是什么，预定会议总有固定模式，并且在一定程度上也是一种信息交换的载体。预定会议可以分为三个阶段——开始的寒暄闲聊，接下来讨论核心问题，最后讨论其他问题。德斯蒙德·莫里斯（Desmond Morris）写过一本畅销书《裸猿》（*The Naked Ape*），书中对此模式的描述颇为生动：

> 社交场合会面时的修饰性交谈（grooming talk）非常有意思。在最

初的礼节性问候之后，紧接着就是这种交谈。然后它会逐渐淡出谈话，不过到群体解散时，又会热烈起来。如果群体纯粹出于社交目的而聚会，当然从头至尾都是修饰性交谈，没有任何别的信息、情绪或探讨性交谈。鸡尾酒会就是这样……

如果是较为正式的商务会面，会议的基本目的就是信息沟通，那么我们就会发现，修饰性交谈显著减少，但未必完全消失。此时，修饰性交谈几乎仅限于开始和结束的时候，而且不像在聚餐中那样慢条斯理，而是经过压缩，在简单礼貌问候之后立即开始正式会谈。同上面提到的情形一样，一旦有某种信号表明会面将要结束，修饰性交谈又会出现。由于人们忍不住要做修饰性交谈，企业都不得不想办法把会议开得更正式些，尽量压缩修饰性交谈的时间。这可以解释委员会程序的起源，这种正式程序在其他私人社交场合中极为少见。

我们的观察也证实了这一点。但我们发现，会议开始，它往往能够带来跟会议目的没什么关系，但对于管理者来说可能十分重要的信息交换。大家聊聊同行的事情，说说最近参加的某次会议，或最近读到的报纸杂志，讨论一下重大政治事件，交流一些背景信息。似乎可以说，管理者能够从这些讨论中收集到大量重要信息，也正因为如此，正式的面对面会议才成了非常高效的沟通媒介。类似地，到会议结束时，其他一些重要问题也经常被提出来：

管理者：我正好想起来，有个朋友打电话找工作，你们部门需要工程师吗？

管理者：顺便说一句，我刚买下了一个公司！

下　属：你终止了项目，厂里反响很大。

同　僚：对了，下星期有个政府高层官员过来，你可能想见见他。

这些都属于附带问题，在当时并不重要，但对于管理者来说，却可能不容忽视。他可能因此做成了要做的事情，或者可能接收或发出了某些重要信息。特别有意思的是，研究发现，在会议的第三阶段中，虽然表面上看，与会者不会提供什么信息，但管理者只要运用一些技巧，还是能够从他们那里得到一些消息。

口头沟通的特点，尤其是会议的特点，引发了一个对下属“待遇”不同的问题。在管理者身边的下属可以有机会和他一起参加很多会议。如果两个高管所在的城市距离较近，也可以经常通电话；但是如果距离太远，比如在两个国家，那么大量的沟通都得通过邮件来进行。由此可见，距离管理者只有几步之遥的同僚可能消息最多，而那些无法经常通电话的人，则对组织目前的情况了解甚少。这些人不得不使用邮件来沟通，但遗憾的是，管理者并不重视邮件，而这些人又无法参加预定会议，也就错过了会上的一般性信息交流。这就提出了一个问题：跨国企业能否真正让各个分支机构的地位平等。除非完全独立，大部分权力还是在总部，因为那里是信息所在。

4. 巡视。巡视可以为管理者提供一个很特别的机会。不用预先安排，他就可以观察别人的活动，而此过程中的沟通完全是非正式的。可以对比以下几种方式：在大厅里叫住一个人跟他说事情，给他打电话或正式约见此人。其中的差别显然很大。

这种做法十分有效，但令人惊奇的是，管理者很少采用。

惊人的数据

在我的研究中，首席执行官的巡视时间仅占 3%。①卡尔森发现，瑞典的首席执行官花 10% 的时间进行走访和检查巡视；而斯图尔特对中高层管理者的研究结果是，他们平均用了 6% 的时间进行检查巡视。

不过，我所研究的首席执行官们已经意识到了巡视的价值，他们也提到自己在组织里巡视过程中的一些重要发现，可他们花在这种开放性活动上的

① 在观察的一周内，只有一位首席执行官做过开放式巡视，用去了 10% 的时间。

时间仍然有限。除非有明确的原因，管理者很少愿意离开办公室。

总之，**管理者明显偏好口头沟通媒介，不喜欢使用邮件，结果就是只有正式通信和较长的文件才使用邮件。**非正式沟通（如电话和临时会议）被用于传递紧迫信息，提出非正式请求；预定会议被用于正式传递信息和提出请求，处理参与者众多、耗时较长的事件，主要包括仪式、战略决策和谈判。

还有一点值得一提。管理者跟工人不同，不会放下电话或离开会议而回去工作。这些沟通就是他的工作。组织的一般工作，像生产产品、进行研发，甚至调查或写报告，都很少是由管理者来完成的。管理者的生产成果基本上可以用口头传达的信息来衡量。

介于组织和关系网之间

管理者要同三个方面保持沟通关系——上级（对于首席执行官来说，就是董事或理事）、外部人员（相对于他管理的单位而言）和下属。实际上，管理者处于自己的下属和其他人员之间，通过多种方式把双方联系在一起。我的研究以及其他的一些研究都表明，传统理论低估了（从时间分配角度而言）管理者和外部人员的联系，把这种关系看得太过简单。事实上，管理者跟自己组织以外的形形色色的人们维系着一个复杂的关系网。

各种研究纷纷得出了一致结果。**首先，管理者花大量时间跟下属在一起，通常占到口头联系时间总量的 1/3~1/2，而跟上级相处的时间却很少超过 1/5。**还有其他一些联系，比如横向联系（跟同级）、侧向联系（跟同级的老板和下属）、跟所属组织外部的联系等，这些都是很重要的。在大多数研究中，这些联系占到管理者总联系时间的 1/3~1/2，而且一般要比跟下属在一起的时间还长。比如，斯图尔特发现，中高层管理者跟下属联系的时间平均为 41%，跟上级接触的时间是 12%，跟其他人员接触的时间是 47%（19% 跟同事、13% 跟专家、8% 跟其他内部人员、8% 跟外部人员）；在亚辛斯基（Jasinski）对基层管理者的研究中，这三项数据分别是 46%、10% 和 44%；而凯利（Kelly）得出的大致比例是 1/2、1/5 和 1/3。

惊人的数据

根据我对首席执行官的研究，他们平均有 48% 的时间是在与下属联系，7% 的时间是同董事（上级）在一起，44% 的时间是与外部人员在一起。

对邮件的研究数据也显示出类似趋势：来自和发给下属的邮件数量分别占总量的 39% 和 55%；来自和发给董事的邮件数量分别占总量的 1% 和 2%，来自和发给外部人员的邮件数量分别占总量的 60% 和 43%（参见图 3-4）。

跟这些数字相比，更有意思的是联系的性质和种类，特别是同外部人员之间的联系。对于我所研究的 5 位首席执行官，他们的联系对象包括客户、业务伙伴和供应商、同级、政府和行业组织的官员、联合董事以及独立董事。这其中很多人跟首席执行官都有着相对正式的关系。他们偶尔会提出身份请求，跟他一起参加礼仪活动。同级会请他讲话，顾问向他争取合同，政治家征询他的意见，消费者则写信向他索要赠品。

为了获取外部信息，这些首席执行官们建立起消息网络——一种自我设计的外部信息系统。有些信息提供者跟他们是个人关系，比如朋友、同级和联合董事，这些人可以发来各种报告，告诉他最新的情况和机会。此外，首席执行官们还同很多专家保持着联系，包括顾问、律师和保险代理，这些人可以提供专业信息。行业组织能够让他知晓最新的行业动态，比如竞争者的联合、最近的立法动向、同级的升迁等。最后，由于管理者个人和组织的声誉，还有人会主动提供信息，如对合同的提议、对产品的意见、对广告的回应等。

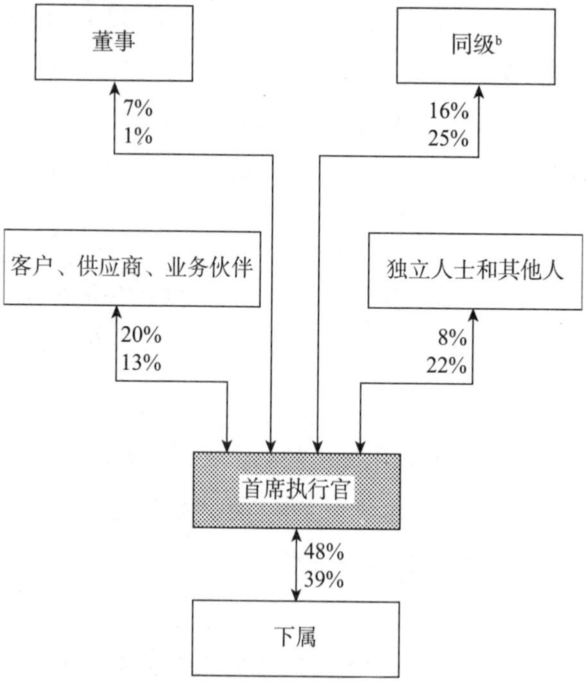

图 3-4　首席执行官的联系[a]

注：a. 数据分别为跟每部分人的总联系时间和来自每部分人员的邮件比例。（数据来自附录 B 中 5 周观察的邮件和接触记录。）
b. 包括联合董事和行业组织人员。

其次，基层管理者同外部人员之间也有着错综复杂的关系网。格斯特认为，"一个普普通通的基层管理者，会跟很多不同的人有交情，很少低于 25 人，经常在 50 人以上。他跟运营部门和服务部门的各种人打交道，跟不同级别的人都有联系"。亚辛斯基进行了与格斯特的一样的研究，他注意到，基层管理者之间的关系必须"融洽"，而不是谁压倒谁。在交叉关系中，"基层管理者会向不属于自己下属的员工提供建议，而不是指令"。在对基层和中层管理者的研究报告中，塞尔斯列举了 7 种外部关系，其中有些跟组织内的工作流程有关，有的是接受服务和建议，有的是跟采购和销售有关，不一而足。所有案例都表明，非上下级关系非常重要，也非常复杂，它是管理工作的一个主要特点。

然而也有证据证明，尽管跟外部有着广泛联系，管理者用于非上下级关系的时间大部分还是集中在跟同行小圈子的沟通上。伯恩斯和托马森都发现，中层管理者中存在这种小集团。托马森认为这构成了专业化信息中心。

当然，无论从内容还是范围上看，“管理者-下属”的关系都是重要的。

惊人的数据

根据我自己的研究，管理者从下属那里收到的邮件占到总量的39%，而管理者发给下属的邮件则占到总量的55%，跟下属的口头联系占了总次数的65%、总时间的48%。

有趣的是，塞尔斯和我的研究都注意到，**管理者与下属联系的时间一般都特别短暂。**下属会向管理者提出各种请求，大部分都是申请批准、信息和建议；他们也发给管理者大量信息，所采用的形式包括运营报告、“即时沟通”、问题和机会简报、想法、行业消息等。下属在某种程度上是个信息过滤器，从自己的邮件里有选择地把信件、备忘录和杂志文章转发给管理者。管理者相应地也会把从外部接收到的很多信息转给下属，并分配任务给下属。不少研讨会都是重要的信息交换场合，跟大多数战略决策会议一样，都有下属参加。

我的研究表明（卡尔森和伯恩斯的研究也同样证明），管理者跟不同部门的下级进行自由交流，他们看起来根本不在乎是否越过了正式的权限（下向的）。

一般大家普遍接受的管理观念就是按照组织结构图上的工作等级制度行事，信息通过一个个过滤器逐级向上传递，同时决策和指令通过放大器逐级向下传递。伯恩斯认为，这种误解十分危险，管理没那么简单。

管理者要迅速有效地获得信息，这比正式的渠道更重要。

最后，管理者跟上级相处的时间少得惊人。在研究中，首席执行官和董事之间的邮件里极少有什么重要信息，稍微看来有些正式的就是身份请求和正式报告。口头联系更常用些，大多也都是在正式董事会上。卡尔森这样写道此类会议：

尽管大多数高管都会用不少时间为董事会准备议程，却没有人因此认为跟董事会和其中成员接触是件特别耗时或特别艰难的事情。

布鲁尔（Brewer）和汤姆林森（Tomlinson）在使用日记法研究高层主管时，对他们“如此缺乏跟上级的联系”而感到惊讶。大家本以为较低层级的管理者跟自己的上级联系会更多些，可事实并非如此。斯图尔特发现，中高层管理者与上级的联系时间占12%，亚辛斯基对基层管理者研究的数据是10%。阿吉拉尔（Aguilar）感到奇怪的是，“相对来说，提到上级时很少把他们作为重要的外部信息来源”。

此处读者可能会感到明显不一致。既然有些管理者自己同时也是下属，那他跟上级相对较少的沟通时间，必然被跟下属相对较多的沟通时间所抵消。这一点通过一个例子就能搞清楚。

管理实践

假设管理者管理6个人，花48%的时间跟这些下属沟通，这样每个下属跟自己老板相处的时间就是8%。这里假设的前提是所有人工作同样的时间，老板从不同时会见两个下属。管理者经常与单个下属通过非正式会议接触，这种假设应该是合理的。

我们可以这样来总结管理者的职位特点，这就好像沙漏的细颈部分。**各种信息和请求通过外部联系流向管理者，他自己则位于这个关系网和自己的组织之间，筛选着从外部收到的信息，将其中大部分发到组织内部。**至于其他来自下层的信息输入和请求，有些他利用起来，其他的则发回给组织的不同部门，或发给外部关系网。

权利与义务并存

管理者在多大程度上能控制自己的事务？德鲁克的回答很明确：

> 管理者的任务是创建一个真正的整体，这个整体要大于部分之和，这个整体应该是个生产性实体，产出比投入的资源总量更大。可以这样类比，管理者如同交响乐队的指挥，各种乐器单独发出的声音虽然是噪声，可是凭借他的努力、洞察力和领导力，噪声就变成美妙动人的音乐。不过指挥要看作曲家的乐谱，他自己只是个翻译者。管理者却同时是指挥和作曲家。

卡尔森对管理者做了系统研究，对此他不那么认可：

> 没有进行这项研究以前，我总以为首席执行官就像乐队指挥，站在指挥台上很神气。现在我觉得在某些方面他们就像木偶戏里的木偶，好几百个人牵动着他，迫使他这样或那样。

实证研究得到的数据也同样推导不出确定的结论。格斯特的数据显示，基层管理者 60% 的联系是自己主动发起的，而劳勒（Lawler）、波特（Porter）和泰伦鲍姆（Tennenbaum）研究基层和中层管理者得到的数据是将近 50%。伯恩斯研究了 4 名中层管理者，得到的数据比较明确，在跟同级的联系中，有大约一半是他们主动发起的，而跟上级的联系中这一比例要小些，跟下属则更多些。我们的数据（参见图 3-5）表明，这 5 位首席执行官主动发起的口头联系仅为32%。我们分析了890封邮件，管理者只发出了231封（占26%），并且几乎全都是对收到的659封邮件的回复。

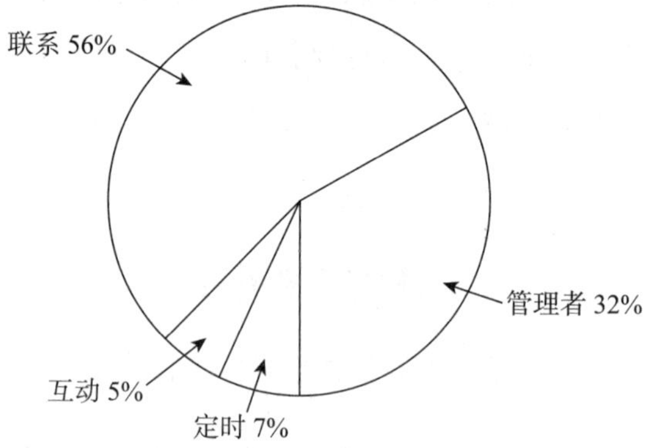

图 3-5　口头联系的发起

注：数据来自对首席执行官工作的为期5周的观察。

研究还提供了另一种方法，可以衡量管理者对自己工作的控制程度。**我们可以把口头沟通分为两类，即主动参与和被动参与**。有42%的活动，包括各种礼仪活动和所有对管理者提出请求的活动，都可以认为管理者是被动参与的。而管理者主动参与的活动占31%，包括战略、谈判、通知、巡视和提出请求等。在另外27%的活动中，包括讨论、计划和外部委员会的工作，管理者的参与既非主动也非被动。于是这似乎又一次说明，管理者能够主动控制的只是自己活动的一小部分。

卡尔森和诺伊施塔特对首席执行官的工作分别做了重要研究，他们认为，**实际上管理者大部分时间都是在做出反应**。卡尔森提到了"日程表情结"，诺伊施塔特则得出以下结论：

> 总统对自己时间的使用以及对个人注意力的分配，取决于他日常中不得不做的事情：他答应要做的发言、不能推迟的约会、别人不能

代签的文件、医生要求他的休息和锻炼。这和人们心目中那种白宫统帅运筹帷幄的形象相去甚远。这是没有办法的事情。总统的轻重缓急不是根据任务的重要程度而定的，而是要看哪件事情是非他不可的。总统最先处理的是接下来一件必须由他做的事情。最后期限决定了他的个人日程表。

由此可见，管理者对于自己的大部分活动都没有决定权。电话响个不停、台历上标注了一堆会议要开、下属时不时进来说点什么、总有意外的问题出现，除了所有这些事情之外，他还总要担心不能积压太多邮件。这种工作足以吞噬弱者，令强者束手。

但是，这些数字告诉我们的是真实情况吗？管理者的很多会议都是由别人安排的，他们收到的邮件比发出去的多，他们收到的请求也比提出来的多，他们是自己日程表的奴隶，这些事实真的就证明了管理者无力控制自己的工作吗？身份请求从来不是管理者主动提出的，但这种请求的频率却能很好地衡量管理者自我形成的身份地位。要求审批的请求都是由别人提出来的，可以反映出管理者对组织决策的控制权；从有多少会议是由别人安排或者定时召开的，可以看出管理者的组织能力；至于别人主动提供了多少信息，则可以说明管理者建立有效沟通渠道的能力。

所以说，管理者是乐队指挥还是牵线木偶，要看他如何管理自己的事情。而且管理者还有两个重要的自由度：

1. 管理者能做出一系列初始决定，这些决定确定了他自己的长期工作。例如，他可能决定参加一个外部董事会或委员会，虽然一旦参加后，相关活动大多是由别人给他安排的。管理者可以发起一个项目，一旦项目启动，就可能一连用去他几年的时间。他也有权建立自己的信息渠道，虽然建立起来后，他不能控制每天流向自己的信息。很显然，管理者的控制权表现在若干关键决策上，而且很多都是管理者上任后不久就要做出的。

2. 管理者可以控制或利用自己必须参与的活动。换句话说，他可以从义务中获益。对于精明的管理者，礼仪活动也可以是个收集信息的好机会。而报他审批的请求，让他得以把自己的价值观注入组织。不得不发言的场合，则是为某个计划而游说他人的机会。问题不是单单解决就完了那么简单，压力也不是解除就了事。运用新思想解决问题，可以把问题变成机会。

也许正是这两点把那些成功的与不成功的管理者区别开来。**所有的管理者看上去都像木偶，但有的管理者能决定由谁来牵线、如何牵线，从自己必须做的每个动作中把握机遇。**也有的管理者则不能掌控这种高度紧张的环境，最终被这种最具挑战性的工作压倒了。

THE NATURE OF MANAGERIAL WORK

管理工作的特征

小结

1. 工作的开放性让管理者在大部分“自由”的时间里，把心思还是放在工作上。

2. 跟其他工作相比，管理者的工作活动短暂、多样、零碎，被打断是常有的事。

3. 管理者更重视工作中主动的内容——当前的、清楚明确的、非常规的。工作的压力没有把他们造就成计划制订者，却培养成灵活的信息处理者，能够在“刺激–反应”型环境里工作，喜欢即时行动。

4. 管理者工作的内容是口头联系和书面联系，管理者的联系媒介主要有 5 种：邮件（文件沟通）、电话（口头沟通）、临时会议（非正式面对面沟通）、预定会议（正式面对面沟通）和巡视（实地考察）。管理者明显偏好其中 3 种口头媒介，并且把大量时间花在口头联系上。

5. 对管理者而言，邮件必须定期处理，但可处理得比较粗略。管理者对邮件的处理方式表明，距离管理者较远、口头沟通不便的下属，跟那些在管理者身边工作的下属相比处于信息劣势。

6. 预定会议比别的媒介占用的时间都多。这种会议的活动主要包括仪式、战略决策和谈判。特别值得注意的是，会议开始和结束时的讨论，经常有重要信息交流。

7. 管理者可以利用巡视的机会、不事先打招呼就对人员活动做非正式观察。但管理者花在这种开放式巡视上的时间很少。

8. 管理者就好像沙漏的细颈，他处在自己的组织和外部关系网之间，用多种方式把这两方面联系起来。外部联系一般要占去管理者沟通时间的 1/3~1/2。联系对象包括客户、供应商、业务伙伴、同级和其他人。非上下级关系是管理者工作中很重要也很复杂的部分。

9. 与下属联系一般占了管理者联系时间的 1/3~1/2，大多数联系的目的是提出请求、发出或接收信息以及制定战略决策。管理者可以越过正式沟通渠道，自由地跟各方面的下级人员沟通。管理者跟上级（对首席执行官而言就是董事）联系的时间相对较少，一般占 10%。

10. 管理者的工作中权利与义务并存。管理者可以通过两种方式来控制自己的工作。他们能够做出很多初始决定，这些决定会进一步锁定管理者未来要参与的一系列活动；管理者可以运用很多手段从义务中获益，如吸取信息、发挥领导力等。

THE NATURE OF MANAGERIAL WORK

第04章

管理活动的3大分类与管理者的10大角色

好的理论，可以长时间站得住脚，进而帮你可以形成一个更好的理论。

赫布
（D. O. Hebb）

导 读

现在我们终于要面对研究的核心了——有关管理者到底做些什么的理论。在这里，我们要使用角色的概念，它源自戏剧，而后通过行为科学进入管理领域。

角色的定义就是：一个可辨认的职务或职位所表现出来的一套有组织的行为。

一个人的性格可能会影响到他的角色扮演方式，但他无法不去扮演相应的角色。因此，演员、管理者和其他人都要扮演某个特定的角色，但他们会选择不同的方式进行诠释。

管理活动的 3 大分类

首先需要阐明的是，管理角色的视角可以有很多种，本章介绍的只是其中之一。对角色的描述实质上是一个分类的过程，即把管理者的活动划分为若干类别。这个过程难免有些武断，要判断划分是否适当，最终还要看应用的效果。

这里对角色的陈述，最初源自对 5 位首席执行官（参见附录 B）所做的观察研究。在研究中，我们对每一次联系和每一封邮件都要提出这样一个基本问题——为什么管理者要这样做？通过逻辑分组，10 种角色逐渐浮出水面。对具体过程细节感兴趣的读者，可以参阅附录 B 结尾部分对角色来源的介绍。

答案不仅是建立在研究的基础之上，而且还有很多逻辑论点和实证证据都表明，这 10 种角色在所有管理者的工作中是普遍存在的。正如图 4-1 所示，每位管理者都处在自己的组织单位和环境之间。总裁领导着他的公司，面对着一个由竞争者、供应商、政府以及其他因素所组成的环境。基层管理者管理着自己的部门，面对着公司内部的其他基层管理者、人员以及公司外部的供应商。每一个人都必须在一个复杂的环境中管理自己的组织。为了完成这项任务，管理者必须扮演一系列的管理角色，而这些角色的要求则会带来一些共同的工作特征。

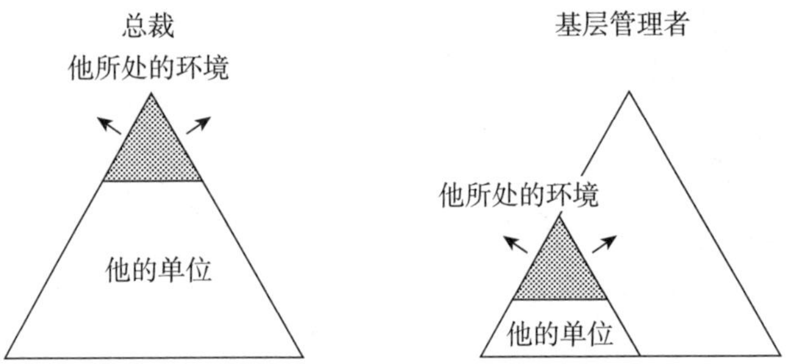

图 4-1　位于单位和环境之间的管理者

对基层管理者、区域销售经理等不同管理者进行的各种研究也都支持这个论点。每项研究都针对本章所描述的一个或多个角色；即使对于那些看似与首席执行官工作差别很大的管理工作，这 10 种角色也总会以某种形式出现。此外，对角色进行的连续三次实证研究也都得出结论，表明小公司的总裁以及大企业和政府部门的中层管理者也都扮演着这 10 种角色。

肖兰对 3 家小公司的总裁做了有组织的观察，得出的结论是：他们扮演着所有这 10 种角色（还有另外两种在工作中具有特殊意义的角色），但他们对不同角色的关注程度与大型组织的首席执行官有所差别。科斯廷（Costin）对 200 位中层管理者做了一次问卷调查，接受调查的管理者一半来自企业，一半来自政府部门。调查对他们扮演 10 种角色的频率进行了评定。这两组人不但都认为自己扮演着所有的 10 种角色，而且他们对其中 9 种角色的排序也都非常接近（可以参看第 5 章）。此外，英国菲利普工业公司的约翰·贝克斯还曾使用这种角色体系对中层管理者的工作进行过研究。他的初步研究结果表明，这个层级上的管理者同样在扮演着这些角色，他在论文《对变革环境中管理者角色的研究》（*Some Observations Regarding the Managerial Role in a Changing Environment*）中做了具体介绍，并在 1971 年 9 月英国运营研究大会上宣读了此论文。

本章中的许多实际资料都源自我对首席执行官的亲身研究，但也有提及并引用很多其他人的研究结果，以达到丰富理论、支持论点（这 10 种角色在所有管理者身上都有所体现）的目的。

管理术语

管理活动大致可分为 3 类：人际关系、信息传递、决策制定。基于这种划分，这 10 种角色又可细分为三组：3 种人际关系角色（Interpersonal Role），包括名义领袖、联络官、领导者；3 种信息传递角色（Informational Role），包括监控者、传播者、发言人；4 种决策制定角色（Decisional Role），包括创业者、故障排除者、资源调配者、谈判者。

在这项分析中，我们可以从管理者的职位说起。最初管理者被定义为正式掌管组织单位的人。他所具有的正式权力让他在组织中获得了有着特殊地位的职位。正式的权力和地位使得他具备了 3 种人际关系角色。其中第一种也是最简单的一种角色就是“名义领袖”（figurehead），管理者有义务在各种正式场合中代表他的组织；第二种角色是“联络官”（liaison），他需要与公司外部的同行以及其他人进行互动，赢得支持，获取信息；第三种角色是“领导者”（leader），它决定着管理者与下属的关系，包括激励下属、人员配置等。人际关系角色还将管理者置于获取信息的独特位置。他与外部的联系带来了特殊的外部信息，同时作为“领导者”的活动又使得他成为组织信息的焦点。于是便造就了管理者成为组织的特定类型信息的神经中枢。

在信息传递角色中，第一种角色是“监控者”（monitor），管理者是信息的接收者和收集者，所以他对组织有着透彻的了解；第二种角色是“传播者”（disseminator），管理者把特定的信息传播到组织内部；第三种角色是“发言人”（spokesman），把组织的信息传播到它所在的环境中。管理者在信息方面拥有得天独厚的优势，他的特殊地位和权力使得他在组织的重大战略决策系统中处于中心位置。

管理者的 4 种决策制定角色分别是："创业者"（entrepreneur），负责发起公司变革；"故障排除者"（disturbance handler），在组织受到威胁时临危受命；"资源调配者"（resource allocator），负责决定公司资源的用途；"谈判者"（negotiator），负责在必要时代表组织进行谈判。

在阅读下面对这些角色的详细论述时，读者需要牢记三点：

第一，每一个角色都是可以观察到的。例如，你可以看到一位管理者排除故障，或者担当组织的"名义领袖"。对这些角色的描述都来自于一些可观察的活动。然而值得注意的是，有些活动可以从不同角色的角度来解释（活动与角色的匹配问题在附录 B 中有介绍）。

第二，几乎所有的联系和邮件都可以用特定的角色来解释。在一些管理论著中，有些学者把管理者所做的一些工作看作是非管理工作范畴而将其排除。德鲁克写道：

> 每位管理者都会做许多非管理工作，他的大部分时间可能都花在这上面了。有时销售经理要做统计分析或者安抚重要客户；生产组长要修理工具或者填写生产报告；工厂厂长要画一份新的厂区布局图或者测试新材料；公司总裁要做一些有关银行贷款的细节工作，谈一笔大合同，或者主持一次气氛沉闷的宴会以表彰长期服务的雇员。所有这些事情都有一些特定的功能，它们都是必要的，而且还要出色地完成。但是这些事情并不是任何职能或活动、任何层级或职务的管理者都要做的工作。

如果总裁坚持要亲自洽谈合同或是主持宴会，又有谁能说这不是他工作的一部分呢？对此类工作视而不见，未免过于武断。他们对管理者的工作有了一个先入之见，而且这个先入之见可能并不符合事实。如果管理者要参与一项活动，我们必须先假定这就是他工作的一部分，并努力弄明白为什么他认为这也在自己的职责范围之内。用这种方法所得出的结论往往与德鲁克的结论相反。

第三，虽然本章对这些角色逐个展开论述，但它们并不是孤立的。正如图 4-2 所示，这 10 种角色形成了一个格式塔，是一个整体。管理者可以说是一个“投入–产出”系统，权力和地位赋予他人际关系，从而给他带来投入（信息），这些反过来又带来产出（信息和决策）。你无法把其中一种角色剥离开来，否则其他角色必将受到影响。比如，管理者如果停止履行“联络官”的角色，他就不会得到外部信息，从而也不能传达有益的信息，或者做出有效的战略决策。

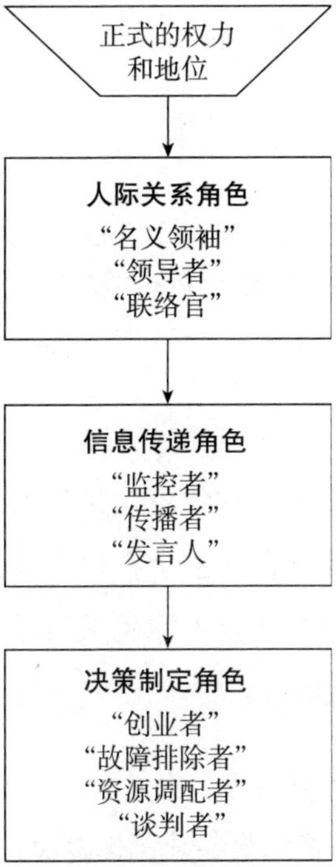

图 4-2　管理者的角色

人际关系 3 大角色：名义领袖、联络官、领导者

让我们思考一下首席执行官所从事的下列活动：礼仪工作（如正式宴会）、要求下属做后续跟踪工作、给他人写感谢信、答复一些因职位关系而收到的无关紧要的请求（如索要免费商品等）。此类活动有两个共同特点：每项活动都直接关系到管理者的地位和权力，从根本上讲，也涉及其人际关系的发展。管理者之所以要接受身份请求、参加仪式，是因为他们是组织中级别最高者；管理者要进行某种联系，也是由于他的特殊地位；他发送致谢邮件，也是为了保持良好的人际关系；他后续跟踪请求，也关系到其在组织中的合法权力。在每项活动中，人际关系的联系都起到了关键作用。因此，这些活动所描述的 3 种角色可统称为人际关系角色。

管理者的"名义领袖"角色

管理术语

"名义领袖"，是管理角色中最简单的一种角色。管理者作为一种象征，负有完成许多社交、激励、法定和礼仪活动的责任。此外，管理者还必须参与某些由于他的地位或权力而要求他参与的活动。

所有管理者最基本也最简单的角色便是"名义领袖"。由于其正式权力，管理者便成了一种象征，他有责任去承担很多义务。有些索然无味，有些则能给人启迪。所有这些工作都涉及人际关系活动，但却与重要的信息处理或决策毫无关系。正如卡尔森所述：

> 《总统行政管理委员会报告》中写道，美国总统除了作为执政党的领袖外，还作为国家元首参加各种礼仪活动，是美国国家团结统一的象征。

下列情况都与管理者的“名义领袖”角色有关：

在收到的邮件中，管理者发现一封写给“总裁”的信，索要免费商品。在一堆等待签名的待发邮件中，不同的管理者回复不同的邮件：给即将毕业护士的文凭、给退休员工的感谢信、一封由下属口述写给潜在客户的建议书。

一个推销员告诉秘书说，他是首席执行官的一位老朋友，想约一个时间见见面，好推销他的肥皂产品；一位医院院长的真正朋友给他写信，希望确保一位亲戚在他那里受到良好的治疗；一位管理者在接待客户，而与此同时，另一位管理者在向一个访问团演讲。

这些事情看起来都与管理工作没多大关系，但是管理者却不得不参与——就因为他是管理者。在某些情况下，特别是在签发某些文件的问题上，他的参与是法律所规定的。而在其他一些情况下，他的参与是出于社交需要，他必须出面主持某些场合以显示身份和地位。还有的时候，他必须亲自出马是因为（用一位接受研究的管理者的话来说）“总有人觉得非得把事情捅到上面去才能解决”：

一位愤怒的母亲打电话向督学投诉一位老师。后来这位督学说：“正如你所看到的，我根本没有参与此事，我只是打电话告诉校长，有个学生家长向我投诉了。”

一位医院主任向院长抱怨说，他的一个房间被别人占用了。

首席执行官应邀向一群志愿者讲话，邀请人解释说：“我想让他们知道，这是由你批准的一项政策。”

这些情况不仅仅局限于首席执行官。在讨论区域销售经理的工作时，戴维斯说道：

有些顾客除了销售经理以外，谁的账也不买。纽约州的一家小型啤酒厂非要从制造商的分公司那里购买它所需要的所有啤酒罐，尽管当地的销售人员完全有能力，而且也有权限提供同等的服务。啤酒商说这是个大单子，理应由分公司的管理者直接过问。不管这种态度正当与否，事实就是要留住这个客户，就必须依靠管理者的头衔和声望。

在其他学者对管理工作的研究中也曾偶尔提及“名义领袖”角色，但总体上看，它还是没有得到足够的关注。可能是因为它的重要性没那么明显，不符合人们对管理工作的传统观念。

管理者的“领导者”角色

管理术语

“领导者”，是指管理者与下属的关系。他决定着下属的工作环境，激励并研究下属的活动，使下属保持警觉，还负有雇用、培训和提升下属的责任。管理者努力使下属和组织的需求达成一致，以推进高效运营。“领导者”角色涉及几乎与所有下属有关的管理者活动，即使有些活动不是出于人际关系目的。管理者的权力在“领导者”角色中得到最充分的证明。

组织期望其正式的领导能够指引和激励下属。管理者的“领导者”角色往往决定了他的组织的工作氛围。

组织的声音往往是由首席执行官发出的，整个企业成功与否，完全取决于他是给整个企业注入激情和愿景，还是在无能或失职中任由组织一步一步走向停滞、萧条。（哈比森和迈尔斯）

领导力涉及领导者与被领导者之间的人际关系。在非正式的群体中，人们往往会因为领导者身强体健或富于领导魅力而追随他。在正式的组织中，由于管理者通常是由上级任命的，他就必须经常依靠组织赋予他的权力去开展工作。

> 在原始群体中有一种能力结构，领导者具有超人一等的力量，不管是因为体能、头脑反应速度还是说服力，总是要有一方面胜过常人。但这与权力结构并不相同。在权力结构中，人们服从命令是因为它来自于结构中一个法定的职位，而不是因为发出命令的那个人。士兵敬礼是向着高级军官的军服，而不是他本人（卡茨和卡恩）。

很明显，“领导者”角色是所有角色中最重要的一种，而且比其他角色更受关注。领导力涉及许多主题，比如，领导者赋予他组织的方向和目标、领导者的各种风格及其对下属的影响、领导者的能力等。但正如第2章所述，关于管理者实际领导活动的书少之又少，这里我们将集中讨论这一问题。

在对构成“领导者”角色的各种活动展开分析时，我们必须首先注意到，领导力渗透在管理者的所有活动中。如果我们在评价一位管理者的活动时只把目光局限于他的领导工作，那么对于领导力的重要性就会认识不足。每次管理者在鼓励或批评下属时，他都会展示出领导者的能力。多数情况下，在从事这些工作的时候，他是带着其他基本目的的，如传递信息或者制定战略决策等。

但事实上，不管管理者做什么事情，下属都会努力从中寻找他使用领导力的线索。在答复下属的请求时，他可以对他们起到鼓励或是约束的作用。甚至在他向下属表示祝贺时，不安的下属也可能从中解读出某种言外之意（而这可能并非管理者的本意）。

有些活动可能主要是针对领导力的。其中一个特别的活动类别就是涉及人力资源管理的事务，雇用、培训、评估、薪酬、晋升和解职。此外还包括一些本质上属于激励的活动，比如下面这些事例。

管理实践

一位下属向管理者寻求有关个人问题的建议，以确认他的做法是否合适。

管理者运用他的权力在给下属的备忘录中写道："我在考虑订单发货周期的问题，我想我们是否应该把步子放缓一点点。"

在对组织进行巡视时，管理者探望了一位生病的员工；他还问候了另一位员工，询问他的工作情况，并对他所取得的成绩予以祝贺。

除了上述这些活动，有人还发现了管理者的另一种活动，即研究下属的行为。虽然在各种关于领导力的书中对此极少提及，但对5位首席执行官的研究表明，这种活动确实存在。在巡视中，在阅读公司杂志时，在他所做的许多事情中，管理者都会摄取关于自己组织的信息。当看到一些自己不喜欢的事情时，管理者会毫不犹豫地采取行动。

管理实践

在杂志封底看到公司的广告后，管理者将它交给自己手下的一位副总裁，说："看看，我们还在搞广告宣传而不是公关活动，我们什么时候才能回到正轨？"

管理者收到增加办公空间的请求后，他一大早就跑到那个部门去巡视。而后他找到该部门的主管说，就算他的员工全都准时上班，现有场地也足够他们开展工作了。

管理者还会查找错误的运作方式、需要注意的问题，以及需要鼓励或批评的下属。实际上，组织能否保持一定的警觉性完全取决于他的行动。管理者可以自由地查找问题，因为只有他可以不受组织内部权限划分的约束，也只有他在组织中具有广泛的命令权，换句话说，只有他能够为所欲为，而且他的活动明显地体现了这一点。

在结束对“领导者”角色的讨论之际，有两点要特别提起注意。

第一，“领导者”角色的关键目标是在个人需求和组织目标中实现整合。管理者必须尽其所能，把下属的需求和组织的需求结合成一个共同目标，以促进工作的有效开展。

第二，只有在“领导者”角色中，管理能力才能得到最清晰的展示。正式权力赋予管理者以巨大的潜在能力，而领导活动则决定了它的应用程度。怀特对一伙街头帮派的研究便是对这种能力范围的最好诠释。

管理实践

帮派大哥是帮派组织的核心。他不在时，帮派成员会分散成许多小团体。他们没有统一的行动或是普遍的交流。当大哥出现时，局势会发生惊人的转变。所有的小团体形成一个大群体。交流也变得普遍起来，往往随后便是统一的行动。大哥成为讨论的中心。一位追随者开始谈论起某些事情，当他看到大哥没有仔细听他讲，便会停下来，等到他的话引起大哥的关注后，才又开始重新讲述自己的观点。当大哥离开群体后，他们又分散成小团体，直到大哥再次出现。

管理者通过“领导者”角色，把各种不同的要素紧密结合成一个通力合作的组织。

管理者的“联络官”角色

管理术语

“联络官”，是指管理者扮演建立起与组织外部相通的联系网，为了彼此的利益而交换信息和获得帮助的角色。管理者要花大量时间来扮演这个角色，他要先做一系列的工作以建立起这些联系，然后开展各种各样的活动来维系它们。

横向人际关系的重要性，是管理工作实证研究的一个重大研究成果。管理书籍过度关注于纵向或权力人际关系，特别是在涉及“领导者”角色时，而横向人际关系则备受冷落。

“联络官”角色让管理者在其管辖的组织以外与众多个人和群体保持着一张庞大的人际关系网。霍曼斯（Homans）称此为“交换”人际关系：管理者付出某些东西，为的是换回其他一些东西。总裁与能够提供帮助和信息的外部董事会进行联系，为此他们必须投入自己的时间和才干。

霍曼斯提出了一个人际关系假说：“一个人的社会地位越高，他与自己群体外的其他人互动就会越频繁。社会上同等地位的人之间，会十分频繁地展开互动。”对于管理者来说，由于组织内部没有可与他比肩者，这就意味着要发展外部联系。

管理实践

管理者拥有地位。这就使得他与非管理工作的员工截然分开，而得到管理者群体的接纳。他不和非管理工作的同事一起吃饭，而与其他的管理者一同进餐，而且经常是在一个专门的餐厅里。久而久之，他就会淡化与许多非管理工作人员之间的友谊，而重视起与管理者群体的友谊。他成为社交俱乐部的成员，而在以前，按照惯例或规定，那里是不属于他的。他还会应邀成为慈善事业和专业组织的官员。

日记法和观察法研究已经表明，基层管理者与其他基层管理者、中层管理者与其他中层管理者、总裁与其他总裁，经常在一起度过很多时间。

首席执行官以各种正式和非正式的方式建立并保持自己的地位联系体系，包括参加外部董事会、从事公共服务工作、参加会议和社交活动，并答复一些请求（用一位研究对象的话来说就是“纯粹是为了使各种关系保持通畅才进行联系”）。下面的几个事例便能很好地说明这一点。

管理实践

案例1：一家大型的交通运输企业的首脑致电一位咨询公司的首席执行官，请求提供一份已发表的报告的复印件。请求其实并不重要，重要的是联系。

案例2：一位管理者从杂志中得知一位同级得到提升，马上写信祝贺他。

案例3：一位首席执行官致电某外国使馆的一位官员，感谢他为人员来访所做的安排。这位官员是从与首席执行官的谈话中得知他想会见即将来美访问的该国家计划委员会成员，于是此官员努力促成他们之间的合作。

当然，首席执行官可以通过提升自己的声誉来强化“联络官”的角色。这一点在对一位首席执行官的研究中体现得最为明显，他使用了“曝光”一词，把他在国会听证会电视转播中的露面与其在咨询公司的领导职位联系在一起。这次曝光的结果在观察期间非常明显，特别是能够接触到华盛顿和其他国家的高级政府官员。他的公司因而为政府完成了大量的咨询工作。

“联络官”角色展示出管理者工作中一个关键部分的开始，同时也把他的组织同周围环境联系起来。“发言人”“传播者”和“谈判者”角色都会加强这种联系。在“联络官”角色中，管理者建立起他的外部人际关系网；而在其他角色中，他以此来获得联系所能带来的帮助和信息。

“联络官”角色在管理书籍中没有得到广泛认同，但有三个重要的例子除外。在分析美国总统的能力时，诺伊施塔特这样评价罗斯福：

> 在罗斯福执政期间，他的个人资源是善于交际和渴望求知的产物。他在各种阶层和各级政府当中结交了大量朋友；他和妻子分别建立起各种联系；他还把交际范围扩展到国外。战争年代，温斯顿·丘吉尔便是他的“个人资源”之一。罗斯福非常谨慎地利用这些资源，并把它们整合在一起，以扩大自己的信息范围。当他的兴趣发生变化时，他的资源也会随之变化，但凡是引起他兴趣的人，都难免被他利用一番。

在另一个极端的例子中，怀特对街头帮派大哥的“联络官”角色也提出了自己的见解：

> 帮派大哥在他的群体之外更知名，更受到人们的尊敬，他参与社会活动的能力也更大。他所履行的最重要的职能之一，便是将他的群体与该地区其他的群体联系起来。不管群体之间的关系是冲突、竞争，还是合作，他都会代表本群体的利益。政客和诈骗者都必须与这些大哥打交道，以求获得他追随者的支持。他在群体之外的名声，可以增强他在群体内的地位，而他在群体内的地位，又会提高他在群体外的名声。

塞尔斯对基层和中层管理者都曾有过研究，他对“联络官”角色的研究最为深入。**“管理者一个持久的目标便是要努力建立和保持一种可预知的、互惠的人际关系体系。”**我们这里主要讲的是首席执行官保持这种关系可以有助于赢得特殊的帮助和信息，而塞尔斯描述的是基层管理者借此保持外部工作的运转。换句话说，基层和中层管理者发展他们的横向人际关系，是为了更好地与能够满足本组织需求的人打交道。这种人际关系可以涉及采购与销售、服务与咨询、评估、控制和创新等各种事务。

总而言之，由于他的权力和相关地位，管理者的“联络官”角色能够发展出一种特殊的外部联系体系。他把组织和所处的环境联系起来，利用一系列的联系人去谋求更多的情报和他所在组织的利益。为了发展这个体系，他要做出多方努力。塞尔斯的研究发现，基层管理者也在扮演着相同的角色，尽管他们的活动主要是围绕着日常工作。

信息传递 3 大角色：监控者、传播者、发言人

对首席执行官的研究发现，他们的第二类管理活动与信息的接收和传播有关。实际上他们的许多邮件都是信息性质的——参考数据、报告、新闻事件、个人想法以及其他信息。许多口头联系也同样具有信息性质，比如提出请求、传达消息、听取简报、巡视检查等。人与人之间的互动在大多数活动中都是偶然的；信息只是被简单地传递或重新组合，在做出重大决策时并不被采用。因此，管理角色的第二类角色就是信息性质的。

请看下面的事例，其中两个来自于我自己的研究，一个来自于诺伊施塔特。

管理实践

案例 1：一家公司的副总裁在西海岸开会时不得不提前离会，当时他和一些同事在进行收购谈判。会议结束后不久，这位急于知道结果的副总裁就打电话向波士顿总部的总裁询问。总裁刚刚与其他谈判者通过话，于是便将结果告诉了他。后来观察者问总裁："当时你在波士顿，而他们自己就身在西部，可怎么反倒是你来告诉副总裁情况如何？"总裁回答说："我经常如此。"

案例 2：某些需要组织信息而又不知道向谁求助的人，会直接向管理者或他的秘书询问。一个外人打电话时，从一个分机打到另一个分机，最后还是打到首席执行官的秘书那里。后来她形容秘书的作用时说："如果组织中的任何部门都不能回答你的问题，那就找简，她知道！"在另一个类似的例子中，一位管理者在与一位女士会面后说："她不知道该找谁，所以就来找我了。"

案例 3：罗斯福收集信息的技巧本质上是一种竞争。他的一位助手曾告诉我说："他把你叫进办公室，然后让你去收集一些棘手问题的信息。在经过几天的艰辛劳动之后，你带着成果回来，满以为自己挖到了宝藏，可是你会发现，原来他已经都知道了，而且还知道其他一些你不知道的东西。他从不说自己是从哪儿得到的信息，但被他这样搞过一两次以后，你就会特别注意你的信息。"

这些关于管理工作的事例说明了什么？它们表明，对于下属、观察者以及管理者自身来说，管理者在其组织内部信息流中处于中央位置。可以说管理者是组织的"神经中枢"，是组织内非日常信息流动的焦点。**这反映出管理**

者工作的两个特点：对外部信息的独享权和对内部信息的总揽权。

首先，我们来看管理者对内部信息的总揽权。在所有结构化组织中，位于管理者之下的每个人都是专家；相对而言，管理者则是位多面手。在这个公司层级的顶部，总裁手下是几位分管市场营销、生产和财务的副总裁；而向基层管理者报告的是车工和铣工等。在与每位专家的正式交流中，管理者得到了广泛的信息，从而成为内部的信息中枢。他可能不像专家那样对某个职能了解得非常透彻，但他是唯一了解所有职能的人。因此，当各种各样的外部人员所需的信息涉及不止一个职能部门，或者不知道哪个专家能够回答他们的问题时，他们往往会向管理者求助。

由于管理者的地位和他所演绎的“联络官”角色，管理者可以独自与各种各样掌握相关知识的外部人员联系，包括其他组织中作为神经中枢的管理者。因此，他可以独享神经中枢的网络。结果便是，**管理者成为组织获得外部特殊信息的焦点**。他的资源确保他成为组织环境中最了解情况的人。

让我们再次转到对街头帮派的研究，在另一个背景下探讨这些特点。霍曼斯回顾了怀特的研究，他强调了神经中枢信息的内部和外部两个方面。

> 由于互动信息纷纷流向帮派大哥，所以他们比任何追随者都更加清楚群体成员的问题和想法，因此他们更能决定合适的行动路线。他们与其他帮派的大哥有着密切联系，所以也更加了解详细的情况。此外，由于他们处于互动链条的焦点位置，他们在群体内传达决策的能力也更强。

体现管理者这个神经中枢作用的有三种角色。**在“监控者”角色中，他让自己更加了解有关自己组织和所处环境的信息；在“传播者”和“发言人”角色中，他把得来的信息传递给其他人。**

管理者的“监控者”角色

管理术语

“监控者”，是指管理者能够源源不断地从各种资源中获取和接收信息，以便透彻了解组织和它所处的环境。信息有很多种：内部运营、外部事件、想法、趋势、分析报告和压力。

当扮演“监控者”角色时，管理者不断寻求并得到纷至沓来的信息，这使得他清楚地知道组织和环境的当前情况。他获取信息是为了发现变化、察觉问题和寻找机会，积累关于环境的知识，弄清楚何时应该传播信息和做出决策。观察结果清楚地表明，管理者从各种各样的资源中接收到来自各类组织内外部的信息。有人曾说过：“我每天需要对 40 种谣言进行筛选。”

塞尔斯认为“监控者”这个词包含的范围更为宽泛，不仅涵盖了收集信息，还有问题定义和问题解决。他在监控活动中划分了 6 个阶段：

1. 管理者确定在参与的工作系统中察觉干扰因素的方法。
2. 为察觉出来的干扰因素设定一个严重程度评判标准。
3. 明确将要采取的纠正行动的模式，以及对其效果的评估。
4. 寻找工作系统中的干扰因素持续（抵制）的源头，并对其进行分析。
5. 制定组织或结构变革战略，以结束干扰因素。
6. 执行和确认这些结构修改。

第 2、3、5、6 点适用于本章后面将要介绍的决策制定角色，特别是“创业者”角色。

阿吉拉尔的《浏览商业环境》（*Scanning the Business Environment*）是一份关于管理者外部信息的极为全面的研究报告。他的研究以访谈和对重要事件的分析为基础，通过类型、来源和发掘方法（被索要或者主动提供）将信息分类。阿吉拉尔为管理者将数据按照层级分为三个层次：一般管理、市场营销、技术和其他职能领域；小型、中型和大型公司；有经验的（超过 3 年）和无经验（少于 1 年）的管理者。

在我的研究中，首席执行官所接收到的信息分为 5 种：

1. 内部运营。关于组织内部运营程序以及与这些运营有关的事件的信息，形式有很多种：标准的运营报告，特别是从下属得到的信息，通过巡视而观察到的资料。

2. 外部事件。首席执行官获取和接收各方面的信息：客户、熟人、竞争者、业务伙伴、供应商、市场变化、政治动向和科技发展。他的熟人使他能够了解到行业内的各种情况，甚至闲言碎语；下属是他的信息过滤器，将外部事件都呈报上来；行业组织也以报告和时事通信的形式向首席执行官提供特殊的行业信息；首席执行官都订阅了大量的杂志，其中会带来一定量的信息，包括行业、科技、商业等。

3. 分析报告。首席执行官从各种各样的渠道得到各种事件的分析和报告，有些是专门索要的，有些是送上门来的。他也会时不时地对某个特殊主题表示兴趣，然后下属会为他提供关于这个主题的剪报和报告。行业组织和其他群体会向首席执行官发送他们认为会引起他或组织兴趣的报告。而首席执行官也会经常索要与未来的决策有关的报告或简报，由于特殊能力而被雇用的下属和外部人员会撰写这些分析报告。

4. 观念和趋势。首席执行官使用许多方法来更好地理解自己组织内的趋势，学习新的观念。他参加讨论会，关注客户主动写来的信件，浏览行业组织报告，从联系人和下属那里接受新的想法，比如关于某人的升职建议、赢得一份合同的潜在机会、对某位求职者的关注。

5. 压力。除了这些常见信息外，首席执行官的渠道还会以各种形式的压力带来信息。一些谋求更大权力或各种改变的下属会试图影响首席执行官的决策，比如任命本地人、成立一个新的委员会等。外部人员也会提出各种各样的要求，如客户想要组织做出特殊的安排、慈善组织致信询问为何没有做任何捐献。

从讨论中我们看到有一点很明显，**管理者的优势不在于可以广泛得到的、书面的、需要大量时间处理的信息，而是最新的、没有诉诸文字、多半是口耳相传的信息**。正如在第 3 章中所讨论的，管理者看起来更喜欢当前最新的关于事件而不是关于趋势的信息，它们大多数并没有可靠的事实依据，往往只是闲谈而已。下面这段话来自一位首席执行官的发言备忘录，虽然它形成了文字，但在其他方面仍属于典型的信息类型。

> 我听到传言，乔治将在几个月内调到亚特兰大。我猜测他将负责亚特兰大分公司，但我会努力获得关于此事的更多信息。无论如何，这种对于特殊项目的关注，表明他会时不时地需要我们的服务。他一直都是我们的好朋友，是一个值得结交的好人。

这种没有出现在正式报告中的信息，组成了管理者信息系统的核心。管理者通过拼凑他发现的所有数据碎片，来理解自己所处的环境。诺伊施塔特总结得很好：

> 那种平常的信息并不能引起总统的关注，那些总结、调查，或者其他什么乏味的乱七八糟的东西，对他都没用处。那些零碎的真实细节在他头脑中拼凑起来，逐渐揭示了对他所面临问题的不利影响。出于个人兴趣和作为总统的关系，他必须尽可能地广泛收集每一点事实、意见甚至闲谈。他必须指导自己去获得自己的中心情报。

管理者在扮演“监控者”角色时，不能指望从传统正式的信息系统中获得任何帮助。那样得来的信息大部分是过去的、综合的，而他需要的是当前最新的信息。因此管理者必须设计好自己的信息系统。通过扩展自己的联系人和在组织内部建立特殊的沟通渠道来实现这一点。

惊人的数据

正如阿吉拉尔在分析管理者从何处发现外部信息时所说：研究结果表明，在重要性上个人资源远远超过了非个人资源（71%：29%），这说明管理者更多依赖他们的个人沟通网络，不管是公事还是私事。

阿吉拉尔还发现，62% 的管理者从外部资源得来的信息，是外部主动提供的，这说明他们的个人网络确实卓有成效。

在研究和调查中我发现，管理者的内部信息渠道并不与其正式权力成正比。**如果他需要某种信息，他可以毫无顾虑地避开下属，自己想办法得到它。**怀普（Wrapp）解释了为什么管理者要建立这些内部渠道，以及为什么他们需要这种信息。

高层管理者经常受到作家、顾问和下级管理者的批评，因为他们在升职到高层后，仍继续参与一些细节性的工作，而不是“把握全局”。毫无疑问，有些管理者确实迷失在细节里了，事必躬亲，什么都要管。表面上看，优秀的管理者可能会犯同样的错误，但他们的目标是不同的。他知道只有通过完全了解所做出的决策，才能避免思想上的贫乏（那些脱离了管理运营的人，经常有这种表现）。如果他真的将自己孤立于管理运营之外，他很快就会发现自己完全被架空了，只能听任下属的摆布。

管理者怎样处理他的信息呢？非常明显，他只简单地传达好的一面。正如图 4-3 所示，他可能以 4 种方式在环境和下属之间传达信息。其中两种用于在组织外传达信息，这会在“发言人”角色中加以讨论；另外两种用于向下属传达信息，涉及的是“传播者”角色。此外，管理者还会以更加复杂的方式处理信息。他以压力和优先选择的方式，将所面临的信息综合起来，以决定组织的价值取向。他使用信息去发掘问题和机会。最后，他用这些信息去创造心理意象——组织和环境运行的“模型”以及组织的发展“计划”。

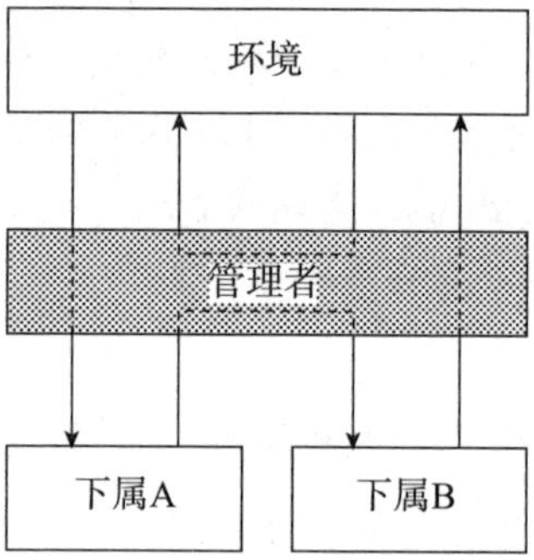

图 4-3　信息流中的管理者

图 4-4 表示的是管理者在信息处理中的角色。这个图清楚地说明了，将所有管理工作结合在一起的是信息传递角色，它将人际关系角色与决策制定角色联系在一起。人际关系角色保证信息的取得，决策制定角色最大限度地对其加以利用。下面我们将讨论管理者对信息的输出。

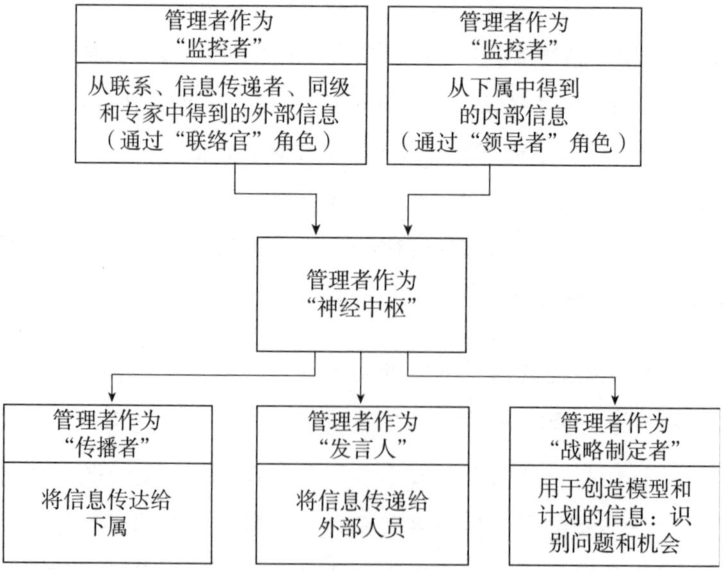

图 4-4　管理者的信息处理系统

管理者的“传播者”角色

管理术语

“传播者”，是指管理者能够向其组织传达外部信息，向其下属传达内部信息。信息可以是事实，也可以是价值观。

管理者对信息的特殊独享权，使得他扮演“传播者”这个重要角色，将外部信息传播到组织内部，将内部信息传达到一个又一个的下属。**信息分为两种截然不同的类型——事实和价值观。**

事实信息的真实性可以得到检验；在可认知的范畴内，它可能是正确的，也可能是错误的。由于管理者正式的权威地位，他会收到许多事实信息。他会将好的一面很快向合适的下属传达。

- 有人将一次技术研讨会的邀请函转交给副总裁，并问了一句：“有人感兴趣吗？”
- 一家金融公司的销售和回租安排提议被提交给一位财务高管。
- 一份护理大会的报告被提交给护士长。
- 管理者让企业内刊发表了图书馆管理员的意见，说一些人借了杂志不还。

对于传播而言，想法、业内闲谈和即时沟通等从外部联系中得到信息更为重要。

- 一个外部董事会议上的讨论被提交给了正在为该组织写建议书的下属。
- 一次与客户的电话交谈被首席执行官的秘书转录下来并交与一位下属。
- 首席执行官告诉下属有关一位抓狂的客户的情况，另一位管理者向他组织内的成员简述一次出差的结果。

价值观信息涉及的是优先选择问题，即某个人认为“应该怎样”的主观看法。价值观陈述是否正确可能根本无从说起，它仅仅反映了那些希望对决策施加影响者的需求。“传播者”角色的一个重要职责，就是将价值观陈述传达给组织，指引下属做出决策。不管什么时候只要讨论到重要问题，管理者总能传达一定的价值信息。

管理实践

当下级请管理者批准一本新的劳资关系政策手册时，他阐述了自己优先关注哪些劳工政策问题。

校刊编辑受命对刊物进行彻底改版。她首先与督学会面，并向他提出很多问题：他认为应该多长时间出一期？家长教师协会应该扮演什么角色？第一期是否应该刊登督学的一封信？他对格式和内容有什么想法？

在与新任首席执行官会面时，管理者说：“你不要担心我有什么具体的想法……你说了算，这个部门是你的。”管理者继续阐述了其他的价值立场，然后回答了关于组织目标的各种问题。

管理者的价值观陈述到底代表什么？早些时候在对首席执行官的信息进行分类时，我们看到有些信息以压力的形式出现。下属试图扩展他们自己的影响力，董事试图把自己的意见强加于决策之上，公众也会给他们带来特殊的压力。此外，政府、工会、行业组织和其他各种各样的压力集团也不时地试图影响组织的决策。这些压力形成了组织信息系统的一个特殊部分，它们代表着那些为了满足特殊需求而试图控制组织行动的人的价值立场。因为管理者在组织中权力范围广泛，人们纷纷将自己优先选择陈述发给他。管理者消化吸收这些陈述，按照影响来源对它们进行合并，决定整个组织的优先选择顺序，然后将它们作为组织的价值观传达给人们。

在我的研究中，首席执行官们很明显就是这样来看待自己的。有人说："这一职位的主要职能之一便是将医院的利益和公众的利益结合起来。"还有人说："我一直认为督学的作用就是将大众与专业人员相结合。"

经济学家安德烈亚斯·帕潘德里欧（Andreas Papandreou）把管理者比作"巅峰协调者"，他这样形容道：

> 由"巅峰协调者"最大化的优先选择职能本身便是向公司施加影响的产物，这是本文所要讨论的主题。巅峰协调者被认为是执行整合职能的，是他决定着企业的优先选择体系。而他之所以要这样做，是因为他受到了施加在他身上有意和无意的影响。

帕潘德里欧的基本观点是有据可依的，但并没有证据可以证实管理者在亲自履行优先选择的职能。价值观陈述是由管理者做出的，但这并不是一个普适原则，而是针对具体问题的具体答案。例如，管理者不可能说："我们这里更崇尚利益而不是发展。"你可能会听到更普遍的声音："我偏爱第二种选择，虽然它相对次要些，但它的投资可以带来更多收益。"此外，我们没有理由相信管理者进入的所有环境都充满界限分明的优先选择。有时，优先选择会随着问题的发展而发展，随着新信息和新选择的出现而出现。林德布卢姆使用"从目标到政策的调整"来形容这个过程。结果（价值观）不是绝对的，而是会随着方法的改变而变化的。

我所研究的首席执行官们似乎对他们所表达的许多组织优先选择都非常负责。首席执行官，特别是那些在大型组织中任职、面对着各种"影响者"的执行官，有能力在组织价值观上拥有很大的发言权。他们有强大的权力，而许多外来的压力都十分模糊或互相冲突。另一方面，被一个主要影响者所控制的管理者（比如，受制于上级的中层管理者），可能就不会对他们所表达的价值观施加太多的影响。在很大程度上他们仅仅是原封不动地传达上级的价值观。

在结束“传播者”角色的讨论之前，让我们思考一下最大的管理问题是什么。这里我们将其称之为“授权的两难困境”。思考下面的事例。

管理实践

一位下属致电首席执行官，问他某人的任命是否要经过一个专门委员会的批准。他说不用。第二个问题是另一项任命，他说这个要。最后下属又问到第三项任命，结果又得到否定的回答。当被问到为何不一视同仁时，首席执行官回答说他对这三人以及委员会成员性格的了解迫使他做出有针对性的决策。

但请考虑一下这种行为的结果。下次再出现这种类似情况时，首席执行官必然还要被询问。**他不但没有为下属提供将来做出决策的依据，实际上还在让下属不要自行决策，因为他没有对自己的决策做出任何解释。**很显然（虽然不是很明智），他选择了自己保留这种决策权，而没有将它授予他人。原因不言自明，他认为自己更了解情况。

涉及专业职能的任务时，可以轻松交付给负责相应职能的下属。但是跨专业或者涉及管理者的特殊信息的任务时又该怎么办呢？作为神经中枢，管理者完全控制着有关的事实信息和价值观信息，因此也最适合处理这些任务，但他又不能事必躬亲，有些工作必须分派给下属。如果管理者能够轻松地将所有相关信息都传达给下属，就不会有任何问题了。但他做不到，因为很多信息都是口头的（因此都要储存在记忆中）。**诉诸文字的信息可以轻松地、系统地传达给他人，但储存于记忆中的信息却不能；**而口述传达则既浪费时间又非常容易出错。

因此，管理者被他自己的信息系统害得终生劳顿或者屡屡受挫。首先，他自己承担了太多的任务，或者在传达口头信息上花费太多的时间；其次，按照管理者的标准，他肯定认为那些不了解相关信息的下属太不得力。**总而言之，在我们的组织中，有很多下属由于绩效不好而被批评，其实只是因为他们没有对必要信息的直接访问权，而管理者又没有意识到传达他所拥有特权的信息的必要性。**在我的研究中，我会经常反复讨论这个最大的管理困境。

管理者的"发言人"角色

管理术语

"发言人"，是指管理者必须向各种各样的外部组织传达信息。他必须展现出公关能力，为他的组织游说；将情况及时报告给影响者（董事会或老板）；向公众报告组织的业绩、计划、政策；向他的联络方传递有用的信息。此外，管理者还必须作为一个熟知组织所属行业的专家而服务于外部人员。

"传播者"起到观察组织的作用，而管理者作为"发言人"则要将信息传达到组织所处的环境当中去。作为有正式权力的管理者，他要代表自己的组织说话；作为神经中枢，他拥有扮演好这个角色所需的信息。他会为组织积极游说，担当公关先锋，或者被认为是组织所在行业中的专家。

"发言人"角色要求管理者向两个群体及时提供信息。第一个群体是对组织具有关键影响力的人。如果他是首席执行官，他要向董事会报告；如果他是中层管理者，他要向上级报告。

> 管理实践
>
> 一次董事会议以首席执行官的报告作为开始，报告中他向董事们通报了各种计划的进展情况。然后他还用了很多时间来回答董事的提问。①

第二个群体是组织所在社会的公众。如果他是首席执行官，这个群体将包括供应商、行业组织、同级、政府部门、客户以及媒体。

> 管理实践
>
> 管理者向一个访问团介绍组织的历史，或向行业组织介绍本组织的计划。然后他在电视访谈中向媒体记者阐述同样的主题。在年末，他又主抓年度报告的撰写工作，并亲自执笔写了年报的前言部分。

管理者必须始终让影响者和大众这两个群体清楚地知道组织的计划、政策和结果。此外，他还必须与自己的联系人共享信息，以维持他的联系网。出于这些原因，管理者务必要保证他的信息准确无误。为了有效地替组织说话，为了得到外部人员的尊敬，管理者必须让大家知道他掌握着关于组织及其环境的最新信息。

为了扮演好“发言人”角色，管理者需要在他所参与的组织活动中起到专家的作用。

---

① 伯利（Berle）和米恩斯（Means）有一项研究结果非常著名：大型企业的控制权总是落在管理层而不是股东手中。其实从管理者的信息传递角色出发这很容易就能解释清楚。作为神经中枢，首席执行官比任何人都要了解他的组织。由于他的了解是股东或董事所不能比拟的，所以他自然大权在握。本研究中对两次董事会议的观察就能清楚地证明这一点。在这两次会议上，信息的主要流动方向是从管理者流向董事们；而迄今为止，“发言人”在此类接触中仍是最重要的角色。

- 管理者应邀参加讨论业内事件的电视访谈。
- 一个朋友向总裁询问他对一家挂牌出售的公司的看法。
- 一位政治领导人向医院院长询问关于公共卫生职位任命的建议。
- 一位在电视上见过他的女孩写信询问为什么她想当一名护士就这么难。

实际上，管理者的地位和他因此获得的神经中枢信息，让他获得了相当大的专家权力——因为他掌握了关于组织所处行业的专业知识。因此各种外部人员（有时还有他的下属）纷纷向他寻求建议，他们提出的问题并不仅限于管理者所在的组织，还包括组织所属的行业。传播专业信息看起来只是首席执行官工作的一个次要部分，可以算做是“发言人”角色的一部分。[①]

对信息传递角色可以这样总结：**管理者在“监控者”角色中接收信息，在“传播者”和“发言人”角色中直接或间接地传达信息。**此外，管理者还利用他的信息来扮演决策制定角色，这是下一部分的主题。

决策制定 4 大角色：创业者、故障排除者、资源调配者、谈判者

在附录 B 对管理活动的分类中，第三类和最后一类都涉及重大决策的问题：处理审批请求，安排自己的时间，召开决策会议解决问题，与其他组织进行协商。

在管理者的工作中，可能最重要的部分就是能够证明其确实应当享有如此庞大的权力和信息独享权的那一部分，也就是他的决策制定角色。在这些角色中，管理者要参与组织的战略决策过程。简单说来，**战略决策就是组织做出重大决策并使之相互关联的过程。**

---

① 在第 5 章中我们将会看到，对于人事管理者来说这是他工作中至关重要的一部分，完全可以成为一种单独的角色。

我的研究得出了一个明确的结论：管理者完全掌控着组织的战略决策系统。换句话说,管理者在组织的每项重大决策中都有实质性的参与。原因如下：

- 作为正式权力，只有管理者才有权力制定新的重要的行动方针。
- 作为神经中枢，管理者可以确保做出的重大决策能够符合当前所知的情况和组织价值观。
- 如果有一个人掌控全局，就能很轻松地实现战略决策的整合。

在对四种决策制定角色展开讨论之前，我们有必要研究一下组织战略决策的性质。决策具有多样性，从主动出击的创新决策到迫不得已的无奈应对，有很多种。比如，一种极端情况是一家成功的公司为了提高它的销售额而推出一种新产品，另一种极端则是竞争已经威胁到了企业的生存，所以它不得不改变供货条件。

前者可称为创业者决策，后者则是平息干扰因素或危机因素的决策。通常我们所说的问题介于以下两种情况之间：组织面临轻微的威胁，或者认为它可以通过自己选择的方案实现创新。

在描述决策制定角色时，我们可以采用第二种分类方法——西蒙提出的决策过程三分法。首先是情报阶段，寻找和选择需要决策的境况；然后是设计阶段，它是决策制定分析的核心，寻找各种可能的方案并对它们进行评估；最后是选择阶段，它是指从众多可能的方案中选择或接受一个。

管理术语

对 4 种决策制定角色的描述：

“创业者”角色是最具前瞻性和创新性的,它包括了情报阶段和设计阶段。“故障排除者”角色则是以反应性的方法对待同样的阶段。“资源调配者”角色主要出现在选择阶段。在“谈判者”角色中，管理者进行的是一种特别的决策活动——与其他组织进行谈判。

管理者的“创业者”角色

管理术语

“创业者”，是指管理者发起和设计了组织中大部分可控的变革。当发现一个需要改进的情况时，管理者就会提出一项“改进计划”，也就是一系列相关的决策和其他活动，经过一段时间的先后顺序排列，最终实现真正的改进。

在“创业者”角色中，管理者是组织中许多可控变革的倡导者和策划者。“可控”一词意味着这个角色贯穿在所有管理者按照自己的意愿做出的变革之中：抓住机遇、解决一些不很紧迫的问题。因此，虽然“创业者”一词来源于经济学家，但我们会从更广泛的意义上看待企业职能。经济学家主要关注的是他们建立新组织的工作，而我们要讨论的则是与已有组织或新建组织的系统变革有关的所有管理工作。

企业工作从观察活动开始。在“监控者”角色中，管理者花费大量时间观察他的组织，寻找机会和可能被认为有问题的境况。

> 首席执行官随机询问下属，召开职能评审会议，不时进行临时巡视，在邮件、助手和其他人的发言中寻找可能的问题，他们所有的时间都被用于寻找可以改进的领域。

特别是在寻找机会和问题的过程中，管理者需要能够引起兴奋的切实信息，比如特殊事件和特殊数据，而不是常规报告中展现的渐进趋势。这一点在我对首席执行官的研究和塞尔斯对基层和中层管理者的研究中都同样显而易见。

平常的管理报告系统，也就是信息或文件的流通，并不能真正达到控制的目的。相反，它们只是告诉管理者当前正在发生的事情，或者更加精确地说是已经发生的事情（更加降低了其价值）。直到最近才开始有人协力为管理者筛选重要的事件。

一旦发现了问题或机会，管理者就会认为有必要为他的组织采取行动，对已有的境况进行改进。这一点便是决策设计阶段的开始。关于改进境况的"决策"最有趣的一点是，它并不是真正的一步到位的改进，而是在一段时间内一系列更小规模的决策和对其他活动的顺序安排。改进"决策"的主要特点就是步骤的排序和延伸。下面的例子在许多决策中较为典型。

管理实践

为了应付公众对问题的激烈争论，一个由8人组成的委员会应运而生，其中包括督学、校委会成员、助理督学和校长。他们对学生的午餐供应问题进行了调查。在最后的会议中他们决定搞一个试点。在会议上，有一位与会者主导了关于试点项目中适当要素的衡量方法问题的讨论。过了一会儿，话题又转向另一个问题：如何选择一个公民委员会来监督试点项目。主导讨论的督学开始建议说他们需要哪类人、哪些特定的人适合这个职位。每位与会者都提出了自己的建议，直到督学说合适的人选已经够多了。会议还决定由督学负责发信邀请这些人参与委员会。收到回复后，这个委员会再次召开会议。督学说："我觉得能做的咱们已经都做了。"然后散会。

接下来，我们可以用"改进计划"一词来形容为改进一个特定的组织境况（抓住机会或解决问题）而设计的一系列的活动。

在改进计划的设计阶段和选择阶段，管理者可能有以下三种不同层次的参与方式：

1. 授权。对于一些不太重要的改进计划，管理者在两个阶段都可以将责任下放。他自己参与的范围仅限于选择谁来负责这项计划，并保留更换负责人的权力（如果他的行动不符合管理者的期望）。

2. 审批。一些改进计划需要更严密的控制，因为它们可能会涉及巨大的风险或可能形成重要的先例。管理者在设计阶段下放所有的责任，而在决策阶段则亲自负责。当下属完成设计工作后，他要征得管理者的认可，为建议的行动过程"申请批准"。以这种方式操行时，管理者保留了对行动的最终控制权，而不必为设计工作付出自己的时间。

3. 监督。最后，管理者也可以选择保留责任，亲自监督某项改进计划的设计阶段。他这样做可能是出于各种不同的原因，比如：他需要顾及强大组织群体的利益；他对此问题有强烈的个人兴趣；它关系到一个直接向管理者报告的部门的重大改革；改进计划可能涉及资源的充分利用或者损失资源的重大风险问题；它涉及敏感的价值观问题。

监督的方法将在下面的"创业者"角色中探讨，而审批的方法将在"资源调配者"角色中讨论。

对于大量处于不同阶段的改进计划，高层管理者似乎随时都保持着监督。

管理实践

在一周的观察期间，一位首席执行官负责监督组织的如下改进计划：尝试改进组织的现金状况；将一个表现欠佳的部门暂时划归总部直辖，以便首席执行官增强其实力；启动一项公关计划，继续开展其他三项计划，结束其中一项由于技术问题搁置了 10 年的计划；解决一个耗时 7 年的问题，处

> 理海外一位能力较弱的高管及其士气不高的下属；对一家消费品制造商的可能购并和对反垄断问题的关注；使销售人员适应涉足新的销售领域时所遇到的困难；对组织保留下来的一个专业服务项目进行必要变革；整合计算机的使用；收购海外供应商的计划；成立海外制造厂的可能性；一个海外分支机构与广告公司之间的纠纷。

计划总在不断变化，旧的刚一结束，新的又加进来，不断有事情等待着管理者抽时间去关注它们。此外，有些计划还经常在两个连续步骤之间被搁置下来。某个特殊计划可能因为管理者在等待更多信息而被打入冷宫，或者一个计划可能出于时机的考虑而被推迟，因为管理者在继续下一步之前要看看事态的发展（让一个阻碍进程的人退休，削减资金，实施一个技术难题的解决方案）。延迟使管理者有能力保持大量主动性去改进计划，如果他是首席执行官，此类计划可能多达 50 个。

作为改进计划的监督者，管理者就好像一个杂耍艺人。在任何时刻，他都有许多球抛在空中。它们会在预定的时间内掉下来，然后在瞬间获得能量，重新回到空中；同时，新球已经在边上等候了。不时有旧球被抛弃，新球被添加进来。

管理决策的这些特点，如决策（以改进计划的形式出现）的拆分、步骤的排序、同时掌控多个计划，这些还没有得到学习管理流程的学生的认可。但有两个例外应该注意。正如在第 2 章中所讨论的，林德布卢姆强调了管理决策的延续性和非连续性；现有的研究提供了一些证明其观点合理性的证据。马普尔斯（Marples）在他的决策制定研究设计报告中提到了杂耍和周期的观念。但与林德布卢姆不同的是，马普尔斯认为有重要的线索可以将决策制定的步骤串联起来。

> 可以将管理者的工作比作一个由不同长度的纤维扭成的绳索，纤维的长度表示时间的长短，每根纤维则代表着一个问题，它会在可观察的“事件”中一次或多次出现。管理者的级别越高，纤维的平均长度就越长，问题也就更加错综复杂，每个问题的事件数也就越多。一个基本的管理技能便是在长时间内、大量的事件中完成多个“问题”的能力。

总而言之，**在“创业者”角色中，管理者是其组织重要的可控变革的倡导者和策划者**。这种变革的表现形式是改进计划，而且许多都受到管理者的直接监督，所有计划都要受到某种形式的控制。

管理者的“故障排除者”角色

管理术语

“故障排除者”角色是指，管理者作为组织的通才，当组织遇到意想不到的刺激因素而又没有明确的符合程序的应对措施时，他就必须出面控制局势。

“创业者”角色主要集中于管理者实现组织可控变革的主动行动上，而“故障排除者”角色[①]则涉及偶然的境况和改变，这部分地超越了管理者的可控范围。一个未预见的事件可能会导致干扰因素的发生，或者一个长时间遭到忽视的问题也会造成危机。此时，管理者之所以采取行动是由于他不得不行

① 在这里我要感谢汉斯·维尔德尼斯提出这个术语。

动了，因为组织承担的压力太大、已经不容忽视了。**当干扰因素发生时，就要采取必要的平息措施。**[①]

我们可以借用卡内基学派[②]的术语来解释管理者参与干扰因素平息的理由。

> 组织通常都有一组专门的运行程序，一旦出现了预期中的刺激，这些程序就会照常规启动。但有些刺激因素是不可预见的。可能它们无法纳入一个现有程序中，也可能它们会引发相互冲突的程序。有时它们所启动的运行程序已经不再有效运作了。在所有这些境况下，就必须有一个能够适用于所有刺激因素的通用运行程序，它应该可以应对任何类型的刺激因素。这个程序可以判定这个刺激因素的归属，或者它可以设计出一种新的运行程序以解决这些在未来会变得更加普遍的因素。

管理者的行动也好像是一个运行程序。当下属之间不能达成一致时，他们会向管理者寻求帮助；当没人知道如何解决难题时，他们就会暂且放下，等待管理者解决；当预见到一场危机即将来临时，管理者必须立刻稳定局势。专家要完成所属专业的工作；而管理者作为一个通才，必须能够对付各种干扰局面。

干扰因素的类型有很多种：下属突然离职，设备失火，损失一个重要客

---

① 这两种角色是两个极端，但二者并非截然分开，而是有一个渐变的区域。在“解决问题”时，管理者可能会对一个轻微的干扰做出反应，也可能主动采取行动去避免干扰。毋庸置疑，他动手解决问题前等待的时间越长，问题就越可能演变成干扰。但许多情况还取决于个人感觉。对于某个人来说是必要的行动，但对于另一个人来说则变成主动的行动。其他人看到了公司面临的危机，亨利·福特（Henry Ford）却无动于衷；而托马斯·沃森（Thomas Watson）则或许会说他开发 IBM 360 是因为他不得不这样做。

② 参见第 2 章对这个学派观点的讨论。

户，或者下属之间发生纠纷。在我的研究中有三种非常典型的干扰境况，下面便是对它们的例证说明。

管理实践

案例 1：一位技术骨干与首席执行官几年来第一次会面。他说他的部门面临的形势是“一触即发”，如果不开除他们的上司，他和同事们就罢工。在会面后，首席执行官的第一个行动是打开信息渠道，向董事会主席询问并征求他的建议，让他的助理观察问题的迹象。在接下来的几天里，他利用一切机会收集信息，但下属与上司之间还是保持着联系。最后证明他们的疑虑是正确的，因此制定出一个策略：公开指出该高管的问题，并要求其改正。

案例 2：在一次会议进行中，助理匆匆走进来，递了一张字条。“哈里·贾米森将要拜访……埃尔伍德的人……感觉到弗莱格戴尔被排挤出去……希望提出反对意见……想要召开听证会。”这条信息涉及晚上将要召开的公开董事会议，将批准一名新董事加入。一群与组织有关的人支持前任高管，因而向董事们和首席执行官施加压力。那天晚上他们召开了一次非正式的董事会议，看来游说团的规模相当可观。每一位董事走进来后都说自己接到了施压电话（而且都是来自比较亲近的朋友和同事）。他们尽量弄清楚情况，究竟谁是异议者？他们到底有着怎样的诉求？他们可能采取怎样的行动？问题弄清楚后，首席执行官立即着手制定策略，并将其付诸行动。一位董事会成员在会议之前先找到异议者，弄清他们的立场，并解释如果在会议上提出此问题可能会给即将离职的高管造成尴尬局面。如有必要，他可以推迟离职。于是这次会议相安无事。

案例 3：当首席执行官和他的两位副总裁进行非正式会议时，秘书接到一工厂的采购代表打来电话，她立刻将此信息告诉给首席执行官。留言写道："有消息说即将向竞争对手发货 2 000 个部件。"这则留言意味着：有一家与公司签署了协议为其开发某部件的供应商，被竞争对手收购后背弃协议，转而向竞争对手提供这些部件。他们停止了对其他问题的讨论，办公室旋即变成了战斗的总司令部。一位高管找到与供应商签署的协议的复印件，另一位高管则打电话询问此次计划将销售多少部件以及交货时间。在经过紧锣密鼓的讨论后，他们研究出一个试探性的对策。公司将不惜代价强迫供应商即刻改正、遵守协议规定，这样可以延缓竞争对手的脚步。但当高管们恢复镇定后，他们重新考虑了局势，并达成一致：缩小行动规模，只是以书面形式向供应商询问事实真相。

这些事例说明了什么？

第一，它们表明干扰因素可以分为三种类型：（1）由于资源需求，个性不和或专业重叠而在下属之间发生冲突；（2）组织之间出现理解错误的困难；（3）资源损失以及它产生的威胁。

第二，我们知道着手解决干扰因素的时机非常重要，它们具有自然突发性。

第三，我们发现干扰因素很难通过报告等日常的信息流动被发现。它们取决于特别的刺激因素，一般以"即时沟通"的形式出现。通常情况下，干扰因素是由意识到它将要发生的某个人传达给管理者。事实上并不是管理者发现组织中的干扰因素，而是其他人帮助他发现的。

第四，很明显，管理者在面对其他各种活动时要把平息干扰因素放在第一位。他要重新调整计划安排，拿出大量精力来研究短期方案。他首要关注的可能是摆脱压力，以“争取时间”，从而可以从容不迫地研究出一个改进计划。

我们还可以加上第五点，这一点还在汉布林（Hamblin）对危机行为的实验性研究中得到证实：“领导者在危机存在时期更具影响力。”

现在非常流行将高层主管描述为高瞻远瞩、善于思考的计划制订者。不言而喻，每位管理者都必须花费大量时间对严重的干扰状况迅速做出反应。出现这样的干扰状况，不仅是因为“笨拙”的管理者一直看不清形势直到危机真正爆发，还因为“优秀”的管理者不能预见到组织采取所有行动之后的结果。难怪干扰因素在创新组织和反应迟钝的组织中都极为普遍。

尽管我们对管理者平息干扰因素的职责有了一定程度的认可，但我们并没有发现多少针对这种角色深入的、实证性的讨论。有两个例外值得我们关注。沃克、格斯特和特纳将他们书中的一个章节命名为“当基层管理者遇到突发事件时”，并写下了这样一段话：

> 对于在装配线上工作的基层管理者而言，一个首要职责便是时时刻刻关注出现的问题以及由于没有按照合理的工作流程进行而造成的后果。

这些学者提出了汽车工业的装配线基层管理者所遇到的8种紧急事件的起因：需求变化、季节更迭、车型改变、产品部件多样性问题、与许多外部供应商协调的困难、工人的轮换和旷工、需要快速处理存货，以及生产线流程的“手工操作”本质。

塞尔斯在谈到平息干扰因素的时候借用了在上一章提到的德鲁克打的比方，把主动创新与强加的干扰因素之间的关系描述得惟妙惟肖：

> 沉稳是管理者一个永远无法企及的理想目标。他就像是一个交响乐队的指挥，努力去完成一场旋律优美的表演。其中各种乐器的协调、排序、布置和节奏都要把握好，但乐队成员都有许多个人问题：舞台工作人员在移动乐谱架；大厅里一会儿冷如三九、一会儿热似三伏，对观众和乐器都造成不良影响；音乐会的主办方坚持要对节目做出不合理的改动。

按照塞尔斯的观点，管理者努力在自己的体系中保持自我调节。但他永远无法取得完全的成功：干扰因素总是难免的，改变也是必须的。有时短期调整即可使系统恢复平衡；然而如果干扰因素持续下去，就必须进行长期的结构调整。

“故障排除者”角色的重大意义在于其决策对组织战略的影响——因为这些做法可能开创先河。所以说，这种角色没有得到足够重视实在是很不应该。

管理者的“资源调配者”角色

管理术语

“资源调配者”角色，是指管理者掌控着所有组织资源的调配（比如，资金、人力和声誉）。这涉及三个基本要素：计划自己的时间、规划组织的工作、批准行动。

资源调配是组织战略决策系统的核心。战略是在对重大的组织资源的选择过程中制定出来的。作为正式权力，管理者必须监管好组织资源的调配机制。

> 高管可能被认为是承担责任的核心人物。在他之上还有一些人，要求他负责争取成功：更大的产出、更高的效益、更少的次品、实打实的节约、高效的服务、胜利，以及公众的满意。而高管管理下的组织则把他看作是权力发源地（布雷布鲁克）。

我们这里所讨论的资源是广义的。组织的资源包括资金、时间、材料和设备、人力以及声誉。对它们的调配可以是积极的，也可以是消极的；也就是说，可以把它们用掉，也可以把它们保护起来。

如果首席执行官制定政策禁止多名高管同乘一架飞机，他是在保护人力资源；如果他购买喷气机，他就是在使用组织的资金资源；而当他拒绝飞机制造商在广告中提及自己公司名称时，他是在保护公司的声誉——这也是一种资源。

管理者可以以各种方式调配资源：计划自己的时间，给下属分配工作，执行一项涉及建设新厂的变革，制定或批准财务预算——事实上任何一项决策都是在对资源进行调配。在我们的研究中，**资源调配很明显是由三个基本部分构成：计划时间，规划工作，批准由组织中其他人制定的行动。**

1. 计划时间。在每个工作日，管理者都要面对众多的关乎自己时间的决策。

> 我应该抽时间去见这位销售员吗？我有时间进行巡视吗？我是应该亲自回电话，还是让秘书回？只留半个小时的时间给我们的公关人员来解释他的问题，够不够？这次国外之行是否非常重要，或许我应该把它推迟？我是否应该以行业代表的身份去赴宴？

最重要的是，这些决策将对管理者和他的计划安排产生影响。**在计划他自己的时间时，管理者实际上是在衡量组织的利益，排定事情的轻重缓急。**事实上，管理者是在通过他的计划来向人们说明某些事情对于组织来说是非常重要的，而其他一些他很少关注或根本不予理睬的事情显然就不那么重要了。那些没有得到优先考虑的事情就没有得到组织正式权力的认可，于是被排除在资源需求之外。

下属对管理者这种"心照不宣"的优先顺序设定反应强烈。他们从自己引不起管理者的兴趣就可以知道，为了给其他事情让路，有些事情就只好暂时搁置。因此，如果某个组织的总裁来自于营销部门，那么营销方面的事务就会得到组织的青睐，而工程师出身的总裁自然也会让工程部显得高人一等。

管理者的计划结果能够显示出其在组织中的实际权力，他通过简单的方式能够对组织中的各种事务施加多少的影响。相反，它们也能显示出管理者为组织投入的时间的巨大机会成本。

2. 规划工作。建立组织的工作体系是管理者的职责：需要做什么？谁来做？什么样的结构可以使之有效运行？这些涉及基本的资源调配的决策，大多数是在改进计划中完成的。它们很多都是在组织刚刚成立或者一个新部门并入现有组织时做出的。但是，工作体系也需要随着组织的持续运行而不断调整。

这些工作基本上就是在"编程"。管理者决定要做哪些工作，实际上就是规定了下属的工作程序。在主抓改进计划的过程中，他设计出下属将要执行的程序，并使用一定的组织结构把这些程序贯穿起来。

3. 批准行动。管理者可以通过保留对所有重大决策的事先审批权来保持对资源调配的持续控制。其中包括各种各样的决策：由下属监督的改进计划，对基层干扰因素所采取的措施，对现行程序和政策的例外处置，由下属负责谈判的合同，执行财务预算等。如果他是位首席执行官，那么他对组织决策的权力可算是至高无上的。比如下面这个我们的研究中出现的典型事例：

管理实践

首席执行官一到，一个关于是否与国外一家公司合资的会议很快就开始了。大家立刻形成两大阵营。坐在会议室一侧的高管们表示全力支持，而坐在另一侧的高管们则不断提出质疑。15分钟过去了，首席执行官一言不发。突然他打断讨论，迅速就所需资金、预计的回报和风险提出了三个问题，然后他说道：“在某些方面它很有趣，有创新性，金融风险也不大，不妨一试。我倒要看看能出什么问题。”说完他便起身离开。这件事就这么定了。

通过保留重大决策的审批权，管理者可以保证他能使决策贯穿一致。他可以避免决策之间的明显冲突，各项决策能够互为补充、相得益彰，对各种方案优中选优还可以起到节约资源的作用。分散这个权力将会妨碍决策制定的连续性，从而造成战略的脱节。

正如前面我们提到的，管理者可以自己保留对某些改进计划的监督权，而对其他一些计划则只是简单地批示一下。对于后者，管理者的审批可以在计划开始时，也可以等到最后采取行动之前。在这里，管理者并没有参与决策过程的创新部分，他只有在下属发现了满意的行动方法之后方才介入。下属把一个可能的方案呈现给管理者，问他是否批准：

“杰克，你觉得这个计划怎么样？如果你不反对，我觉得这个计划还是不错的。”

这些“批准申请”有两种形式。“预算”这个词指涉及对确切资源需求的批准申请，可能是若干份作为一批提交给管理者，由他一次性做出所有选择。当企业和政府的管理者接到资金或计划预算后，他要面对的是有限的总预算和多个确定计划来争夺资金。每项计划的成本和效益数据都要计算出来，主要侧重于财务指标。决策制定者必须决定要接受哪项计划，换句话说，就是要为哪项计划提供资源。

但是，在使用正式的财务预算作为资源调配的方式时，管理者处理的应该是：

- 拥有明确成本和效益的提议。
- 与其他已知提议争夺资源的提议。
- 需要等待一定时间才能得到批准的提议。

有些提议，确切地说，是那些拥有明确计划以及详尽资金分配计划的提议，可以满足这些条件。然而，好像绝大多数提议并不符合这些预算的条件。很多计划有很大的非财务成本而且定义不明确；许多申请需要特殊考虑；竞争申请不明确，而决策的计划又不足以让组织在等待中去发掘。在这些情况中，管理者的批复只能视具体情况而定。这对于许多改进计划和许多其他申请来说都极为普遍。下面的例子（来自我的研究）很能说明问题。

管理实践

一位护士向医院主任询问是否可以批准护士在没有医生的情况下操作心肺机。一位下属向首席执行官申请批准他邀请顾问来开展一项研究，另一位则问是否可以修建一座新的办公楼。一位首席执行官与一位发起人以及副总裁会谈，被问及公司是否愿意赞助一项体育赛事。

哪些因素在影响着管理者的资源调配决策呢？因为待批申请经常是一份份的单独提交的，所以选择就特别困难。管理者必须确保组织资源没有过度扩张，他必须思考这个决策与其他决策能否相辅相成，他必须以某种方式检验提议的可行性。此外，管理者还必须思考时机因素，也就是什么时候做出答复。如果批准得太快，他自己可能会错过一些重要信息，比如一些随后发生的事情、以前决策的意外后果，其他尚未提交的提议也需要相同的资源等；如果批准得过慢，管理者又可能会丧失机遇，或者让下属无所适从，不知道是应该开始采取措施、还是应该把这项申请抛在脑后而开始别的计划。

尽管管理者的抉择要考虑如此多的复杂因素，但他采取批准决策而不是监督决策的方式这一事实已经表明，他不打算在这些计划上花费太多时间。但是过快做出选择可能会打击下属的积极性（有位下属将其形容为“大笔一挥定死生”）：下属可能非常热衷于这个计划，花了几个月时间一点点写出来，却被管理者只用几分钟就毙掉了。很明显，管理者在“领导者”角色上的成功在很大程度上取决于他对创新理念申请的态度。

面对这些困难，管理者可以通过选择下属而不是提议来避开决策的复杂性。也就是说，管理者可以批准那些被认为是有能力的下属所提出的建议，而拒绝由能力欠佳的下属提出的建议。

> 一位管理者说道：“我自己不决定这些事情，决定是我的下属做的。我所做的是保证我拥有优秀的员工。如果他们没有把我引向正确的方向，我就开掉他们。”

但是许多选择还是必须要直接面对的。这时，管理者会回想起他所储存的大量信息。他必须首先确保提议符合组织影响者的价值观，不违背任何权力群体的意愿，它将使组织朝着影响者所希望的方向发展。然后，管理者可以利用组织和周围环境的大量事实信息。其中一些以模型和计划的形式出现，这些都是管理者头脑中的工具，可以帮助他做出选择。

模型是对现实的抽象，是一系列的因果关系，知道了条件就可以推知其结果。如果你听到管理者做出决策时的说法，你会觉得他们的头脑里装着许多这样的模型。比如，我研究过的一位管理者在面对产品配送问题的时候，对配送网络做了详细描述。如果哪位研究运营的人带着录音机，那么他将可以记录下丰富的资料信息，足以开发一个关于此项任务的计算机模拟程序。

事实上，管理者吸收从四面八方涌来的信息，并在头脑中形成一系列的模型：组织的内部工作、下属的行为、组织所处环境的趋势、业务伙伴的习惯等。**当必须做出选择时，这些模型就可以用来对各种可能的方案进行测验**。管理者会问自己："根据我对配送网络的了解，这项提议合理吗？""要对这个产品进行市场营销，财务人员那一关通得过吗？""如果我们推迟一周再发货会对生产造成什么影响？"管理者决策的有效性在很大程度上取决于他们头脑中模型的质量。

在我的印象中，管理者的计划并不是明明白白写出来、形成文件让任何人都能看得到的，未经加工的计划好像以改进计划的形式存在于管理者的头脑中，以备某一天可以拿出即用。

管理实践

当被问及组织的未来时，一位管理者回答道："等我将国外的这些业务完全理顺后，我就会着手准备进行重组。"

当管理者接到一个公关计划的提议时，他接受了，因为这项计划有助于他设想中的另一项公关计划取得成功。

这些计划就像是管理者指引方向的愿景。通过对这些计划的选择，管理者就可以将各种各样的决策联系起来，并保证它们形成合力。

应该强调的一点是，**管理者所制订的计划往往非常灵活**。由于未曾料到的干扰因素，不可预见的时机因素，可能出现的新信息和新选择，管理者通常无法制订一个严密的计划。他必须灵活地对环境做出反应。因此，他的计划随时需要修正。也正因为如此，管理者的计划很少是直接摆出来的。它们都在他的头脑中，以供他进行选择时取用。

总之，**“资源调配者”角色拥有三个组成部分：计划时间，规划工作，批准行动**。特别是最后一部分，涉及非常复杂的决策行为。在管理者头脑中形成的模型和计划可以帮助他应付这种复杂性。

管理者的“谈判者”角色

管理术语

“谈判者”，是指当组织与其他组织进行重要谈判时，管理者必须负责压阵。他可以扮演“名义领袖”“发言人”和“资源调配者”等多重角色。

管理者的最后一个角色是参加谈判活动。一个组织会时不时地与其他组织或个人进行重大的非常规性谈判。谈判的领军人物往往是组织中的管理者。我们时不时地在新闻中听到这样的消息：某运输企业的主席在最后一刻与工会进行合同谈判，某足球俱乐部的主席与一位坚持不让步的球星达成一项协议，某集团旗舰公司的头头与金融界谈判有关新股发行的问题。我的研究对“谈判者”角色提出了两种相差甚远的描述。

管理实践

案例 1：收购一家公司的谈判会议正在进行，到场的有被收购公司的成员、提出收购要约的公司的总裁和副总裁。那位总裁是乙方谈判小组的领队，他打响了第一枪，并在谈判中扮演核心角色。

案例 2：首席执行官和他的副手与一家咨询公司的两位成员会面，此公司正在为他们的组织提供咨询服务。双方对某些收费项目产生了分歧。最后首席执行官提出了他的要求，于是双方达成了协议。

一些管理流程方面著作的作者对管理者参与谈判活动的做法提出了批评，认为没有必要，而且这也不是管理工作。但我认为，谈判是管理者工作的一个重要部分。管理者之所以参与，是因为作为“名义领袖”，他亲自到场可以增加整个过程的可信度；而作为“发言人”，他又可以向外部人员传达组织的信息和价值观体系。但最重要的是，作为“资源调配者”，管理者有权调度组织的资源。谈判是对资源的即时交换，这就需要某个人有足够的权力，能够在关键时刻快速调配足够的资源。

因此，我们经常听到劳工代表中止谈判要求高层管理者出面，因为他们知道，总归还是要得到这些人的批准议案才能最终生效。在我的研究中，我们可以看到首席执行官参与到各种各样的谈判中。在塞尔斯的研究中，基层管理者也有同样的举动。在塞尔斯看来，谈判是管理者工作中一个极为重要的部分，是他们横向人际关系的核心。

世故老练的管理者特别看重谈判，把它当作一种生活方式。他们与为自己设定标准的组织进行谈判，与为他们提供支持的组织谈判，与他们希望向其“推销”自己服务的潜在客户谈判。谈判主要涉及成本、规范和时间问题。

关于管理者决策制定角色的讨论就到这里。在结束之前，**我们要再次重点强调管理者在制定战略过程中的权力**。这种权力的表现形式涉及他发起和监督改进计划的能力，平息组织重大干扰因素的行为，对组织资源调配的控制，对所有重要谈判的监督等。

表 4-1 是对本章 10 种管理角色描述的总结，并附有与各种角色相对应的管理活动的详细说明，以及管理书籍对每种角色的认可程度。本章通篇都在讲管理者是在专家云集的组织中的多面手，这种说法其实并不全面。**相对于组织内各个专业性质的职能而言，管理者可以说是通才，但与其他类型的工作相比，管理工作也是具有专业性的**。管理者必须扮演的这 10 种角色，就与他们的各种专业行为密切相关。

管理者的 6 大基本目标

对管理者工作的 10 种角色描述到此结束，现在我们回到开始，讨论为什么组织需要管理者。巴纳德曾说过："高级管理工作不是为了组织而工作，而是使组织保持运行的专业工作。"布雷布鲁克更进一步说，管理者存在的必要性完全在于组织体系的两点不足。

> 如果你深入观察，就会发现管理者所做的事情很难说得清楚，除非是在那些更大或更加完善的组织中，会由管理者的下属来完成。换句话说，管理者的角色越专业化，就越难说清楚管理者都做些什么。
>
> 在一个完善的组织中，岂不是每一项专业权力都被授予了某项专业职能？照此说来，最高层的管理者根本就无事可做，或者说近乎于无事可做。

卡茨和卡恩提出，有 4 点理由令领导工作总是与不完美和不可预测（既来自组织内部，又来自组织外部）相伴而生：

表 4—1　　10 种角色的总结

角色	描述	与之相对应的活动（源于对首席执行官的研究，参见附录 B）	管理书籍对其认可程度
人际关系角色			
名义领袖	象征性的首领；有责任完成一系列法定或社交性日常事务	仪式，身份请求，邀请	有时得到认可，但通常只限于组织的最高层领导
领导者	动员和激励下属；人员配置，培训以及相关的事务	几乎所有涉及下属的管理活动	得到最广泛的认可
联络官	保持由自己建立的外部联系网以及可以提供帮助和信息的消息传递者	致谢来信或邮件；外部董事会工作；其他涉及外部人员的活动	在很大程度上受到忽视，但也有少数实证研究（塞尔斯对基层和中层管理者，诺伊施塔特对美国总统，怀特和霍曼斯对非正式领导者的研究）
信息传递角色			
监控者	获取和接收广泛的专业信息（许多都是最新的），透彻地理解组织和环境；担任组织内部和外部信息的神经中枢	处理所有邮件和联系，主要按照接收到的信息类型进行分类（比如，期刊新闻、观察式巡视等）	得到塞尔斯、诺伊施塔特、怀普，特别是阿吉拉尔著作的认可
传播者	向组织成员传达从外部人员或其他下属那里得来的信息；信息有的是事实，有的涉及对组织影响者各种价值观立场的诠释和整合	向组织内部转发邮件，以传达信息，与下属的口头联系，并告之以信息（例如，深度讨论、即时沟通等）	没有得到认可（布雷布鲁克除外，他谈到，“巅峰协调者”是将影响者的优先选择整合起来的人）

续前表

角色	描述	与之相对应的活动（源于对首席执行官的研究，参见附录B）	管理书籍对其认可程度
发言人	向外部人员传达关于组织计划、政策、行动和效益的信息；作为组织所属行业的专家	董事会议；处理向外部人员传达信息的邮件和联系	得到普遍认可
决策制定角色			
创业者	在组织和周围环境中寻找机会，发起带来变革的“改进计划”；监督某些计划的设计	关于发起或设计改进计划的战略和深度讨论	得到默认，但没有多少人研究，仅有经济学家（他们大部分主要关注成立新的组织）和塞尔斯研究此角色
故障排除者	平息组织所遇到的重大而不可预见的干扰因素	关于干扰因素以及危机的战略和深度讨论	许多著作（例如，异常情况管理）的作者都以抽象方式讨论过此角色，但只有塞尔斯进行过仔细的分析
资源调配者	调配组织内的各种资源，实际上是制定或批准所有重大的组织决策	计划；申请批准；涉及预算和规划下属工作的所有活动	没有得到明显的认可，虽然得到许多研究组织资源调配人士的默认
谈判者	代表组织进行重大项目的谈判	谈判	基本上没有得到认可（或得到认可但被认为是非管理工作），塞尔斯除外

- 组织设计的不完善
- 环境条件的不断变化
- 组织的内部作用力
- 组织成员的个性

与此一脉相承，许多学者都声称，真正的管理工作只涉及非程序性的活动，也就是处理新的和困难的事情。然而我们可以看到，经典派学者提出的补充观点却是管理者的精力主要放在日常运营机制之外，比如规划或组织等工作上。

我们的证据表明，这些观点都过于片面。显然，管理者必须统观全局，他们必须完成非程序性的工作，也必须弥补系统的不完美之处。但他们还必须参与某些常规活动（比如谈判）；他们也有自己的一份日常工作要做（作为"名义领袖"和"发言人"）；他们还必须制定一些完全在预料之中的决策（如"资源调配"）。每个组织都需要一个正式的权威人物来承担一个群体的基本常规义务。

将这些常规义务与那些涉及系统变化和不完美之处的义务结合起来，就可以得出组织需要管理者的 6 个基本理由：

1. 管理者的首要目标是保证组织服务于它的两个基本目标——高效地生产出特定的商品或提供服务。

2. 管理者必须设计并保持组织运营的稳定。管理者必须规划组织的运营，并对其进行监督，以保证工作流程的稳定进行。他必须纠正各种偏差、调配新的资源，以保证运营顺畅平稳。作为"领导者"，他必须塑造和维持一种工作氛围。总而言之，他必须保证组织作为一个完整单位正常运营。

3. 管理者必须控制组织的战略决策系统，从而以可控的方式调整组织，使之适应变化的环境。作为“监控者”，管理者必须熟知环境趋向；作为“创业者”和“领导者”，他必须为组织指出发展方向，并且引入变革，同时又让组织能够适应变革而不会产生不必要的破坏。在稳定与变革之间保持平衡，是管理者最困难的任务之一。

4. 管理者必须保证组织服务于组织控制者的目标。管理者必须集中体现组织价值观。影响者对他施加压力，让组织服从于他们的目标。管理者必须解读每位影响者的价值观，将它们结合起来，形成一个真正的权力机制，然后告诉下属，这就是组织的优先选择顺序，以引导他们正确决策。成长、盈利，还是其他价值观，究竟何者为先？管理者必须保证决策能够带来自己想要的结果。

5. 管理者必须是组织和环境之间重要的信息枢纽。鉴于管理者的正式权力，只有他才有能力在组织和某种特殊信息来源之间建立起这个重要的枢纽。他必须成为此类信息的神经中枢。作为“联络官”，他要建立起这个枢纽；作为“监控者”，他要接收信息；作为“传播者”，他要将信息传达给下属。总体而言，管理者是从上面和外部收到相对模糊和缺乏条理的数据，然后将它们分类排序，再把明确的信息向下传递。此外，管理者还负有建立反向枢纽的责任：作为“发言人”和“谈判者”，他将组织的信息传达给外部环境。这两种工作既不“放眼长远”，也不“胸怀全局”。信息的双向流通是持续的、即时的、具体的。

6. 作为正式权力，管理者要负责维护组织的地位体系[①]。虽然这项工作通常是常规性、程序性的，但是管理者仍有必要完成一些职责，以运行组织的地位体系。其中活动内容不仅涉及“名义领袖”角色，在某种程度上，还与“发言人”和“谈判者”有关。

---

① 地位体系（Status system）决定员工在群体中相对于他人的地位级别的层级结构。——译者注

THE NATURE OF MANAGERIAL WORK

管理活动与管理角色

小结

1. 管理活动和管理角色可以分为三类，10 种角色：

- 人际关系角色：名义领袖、联络官、领导者。
- 信息传递角色：监控者、传播者、发言人。
- 决策制定角色：创业者、故障排除者、资源调配者、谈判者。

这 10 种角色组成了一个完整的统一体，它说明管理者在组织内部被认为是多面手，但实际上却是扮演多种角色的专家。三种人际关系角色来源于管理者的正式权力和地位，这引出了三种信息传递角色；反过来，这 6 种角色又使得管理者具备了 4 种决策制定角色。

2. 管理者是组织信息的“神经中枢”，他对所有下属和外部特殊联系人（其中很多是自己组织的神经中枢）的独享权，使得他能够建立起外部信息和内部信息的强大资料库。实际上，管理者是组织中拥有最多非常规信息储备的通才。

3. 管理者的信息有很大一部分是即时的、切实的、非文字性的，因此管理者必须承担起自己信息系统的设计职责。管理者利用这些信息来洞察变化、发现问题和机会、建立起对周围环境的大概理解，以便制定决策、确定组织价值观、将信息告之外部人员和下属。

4. 管理者是组织价值观体系的焦点。影响者将他们自己的优先选择直接告诉他，而他则按照轻重缓急依次将其吸收整合，然后以信息的方式向下属传达组织的整体价值观，并作为决策制定的指导原则。价值观的传达是针对具体问题的具体陈述，而非普遍适用的优先选择。

5. 管理者对组织的战略决策系统负有全责，这个系统不仅要制定重大决策，而且还要把个各决策相互联系起来。他有必要的权力和信息，可以通过对所有重要决策的控制实现这种整合。

6. 管理者对于改进计划的参与可以有三个层次。他可以将全部责任授权给下属，并暗中保留更换他的权利；他可以将设计任务授权给下属，但通过权威保留选择的权力；他也可以亲自监督设计阶段的工作。任何时候，高层管理者手上都掌握着大量的改进计划。这些计划都是周期性地进行，每一步之后都有一段延迟期。在此期间，管理者等待着信息的反馈，或者事件的发生。有时会有计划完成，或者又有新的添加进来。

7. 管理者对自己的时间进行安排，其实也暗示出组织考虑问题的优先顺序。没有得到他关注的事情，就不会得到支持。因此，他的时间是一个巨大的机会成本。

8. 为了评估各项提案，管理者在他的头脑中形成松散的模型和计划。改进计划为提案的评估提供了一个共同的基础。这些计划松散、不公开、灵活性强，因此，可以根据新信息来加以更新。

9. 这 10 种角色说明了管理者的 6 个基本目标：保证组织高效地生产出商品和提供服务、设计并保持组织运营的稳定、以可控的方式调整组织使其适应变化的环境、保证组织服务于组织控制者的目标、作为组织和环境之间重要的信息枢纽、维护组织的地位体系。

THE NATURE OF MANAGERIAL WORK

第05章

管理工作的4大变量与8种类型

放眼世间瞧，
岂是打成一团乱糟糟？
和谐之处见精妙——
物物不同属，携手归大道。

《温莎林》
(*Windsor Forest*)
亚历山大·蒲柏
(Alexander Pope)

导 读

在第 1 章中，管理者被定义为掌控着一个正式组织或其分支机构的人。他的头衔可能是副总裁、工段长、总理、警官、主教等。他也许来自一个私营机构，也许供职于公共部门，组织的规模和发展速度也不一而论。他的职位可以位于组织层级的任何一层（除了最底层），下属的职能也有着多种可能性。他也许经验丰富，也许初出茅庐。他也许发现工作要求随着组织情况和现时需求而变化不定。对管理者的工作构成影响的变量，实在是太多了。因此本章将提供一个用于工作变化分析的框架，并回顾这方面的相关证据。最后，把这些研究结果归纳为 8 种基本的管理工作类型。

为了收集本章的素材，我们审视了管理工作的实证研究，以寻找这些差异的证据及其原因。斯图尔特对 160 名不同环境中的管理者所做的日记法研究对我们大有帮助，通过对不同研究结果（例如，塞尔斯对基层和中层管理者的研究以及我对首席执行官的研究）的对比，可以从中得出一些结论。但更多时候，审视的结果还是不完整的。基于此，我们要澄清一点：下面讲述的内容纯粹是一些假设，每种假设都需要进一步查证。

管理工作的权变理论

首先需要强调的一点是，迄今为止实证研究的证据表明：**管理工作的相似性要多于其差异性**。两大文献可以证明这一点：一个是尼利（Nealey）和菲德勒的著作，另一个是坎贝尔等人的著作。他们最初都期望找出不同工作间的差异之处，而最终都无可奈何地得出结论：相似性大于差异性。然而他们又都表示，可以找出更好的证据表明差异性是非常显著的。例如，尼利和菲德勒发现了 32 个“方法合理”的实证研究，它们提供了至少两个层级的管理者的数据，包括：

> 有关组织不同层级的管理态度和管理行为方面的文献造成了一个总体印象，即相似性大于差异性。然而在这一论点真正成立之前，有两点是不容忽视的。第一，有关管理行为的信息非常少见；第二，该文献有些数据肯定受到了反映偏见和观察者偏见的影响。

根据这种颇有问题的逻辑，这些专家提出：（1）“反映偏见”来自于层级低的管理者向上爬的欲望，因此在描述自己的工作时就向层级高的管理者靠拢；（2）“观察者偏见”则来自于一种对管理者工作中的差异视而不见的可能性。

但是，正如第 3 章和第 4 章中的理论所述，管理者的工作的确存在很大的相似性。也许，不论管理的对象如何，管理本身就存在一些共通的根本因素。我个人的观点是，我们应当认识到**管理者的工作中存在着基本的相似性和个别的差异性**。正如我们不认为管理者的工作都是相同的，我们也不承认"管理者工作的内容和方式都差异极大"（坎贝尔等）。

在这一章中，我将在基本相似性的基础上来分析工作的差异性。第 3 章和第 4 章着重介绍了很多共同特征和角色，本章将侧重于讲解一些工作中对某些角色的特别关注以及一些特别强化或弱化的特征。"创业者"角色对于首席执行官来说是不是特别重要？某些团队管理者是否比其他管理者在工作中较少遭到干扰？这些问题的答案，可以让我们从理论上理解管理者工作的差异。

管理的权变理论框架源于我对 5 位首席执行官工作差异的分析（参见附录 B）以及研究中的常量（例如管理工作的类型和组织规模）。图 5-1 展示了这个框架，从中可以看出，**某位特定的管理者在特定时间内的工作，是由 4 组相互嵌套的变量，对基本角色要求和工作特征的共同影响所决定的**。首先，最广泛的变量是管理者的工作受到组织、行业以及其他因素所在环境的影响；其次，工作本身在组织中的层级和其所掌管的职能（例如，营销或生产）也会引起工作的差异；再次，某一特定工作还会由于这个职位上的人的不同而有所差异，也就是受其个性和风格的影响；最后，具体情景也会造成一个人工作的差异（例如季节性差异或暂时性的威胁）。任何管理者在某个时间内的工作都可以看作是这 4 个变量的函数。[①]接下来我们将一一剖析这 4 个变量。

① 坎贝尔等人提出了一个相似的模式：首先，管理工作受时间变化的影响。管理者准备年度预算与进行劳工合同谈判所做的事情截然不同。其次，个体决定的变化。管理者一般需要承担一定的管理任务，但在具体实施上具有很大的灵活性和自由度。最后，管理工作受环境因素的影响。他们根据组织层级和职能（例如，销售管理与研究管理）而发生变化，或者根据公司、区域和国家等的变化而变化。

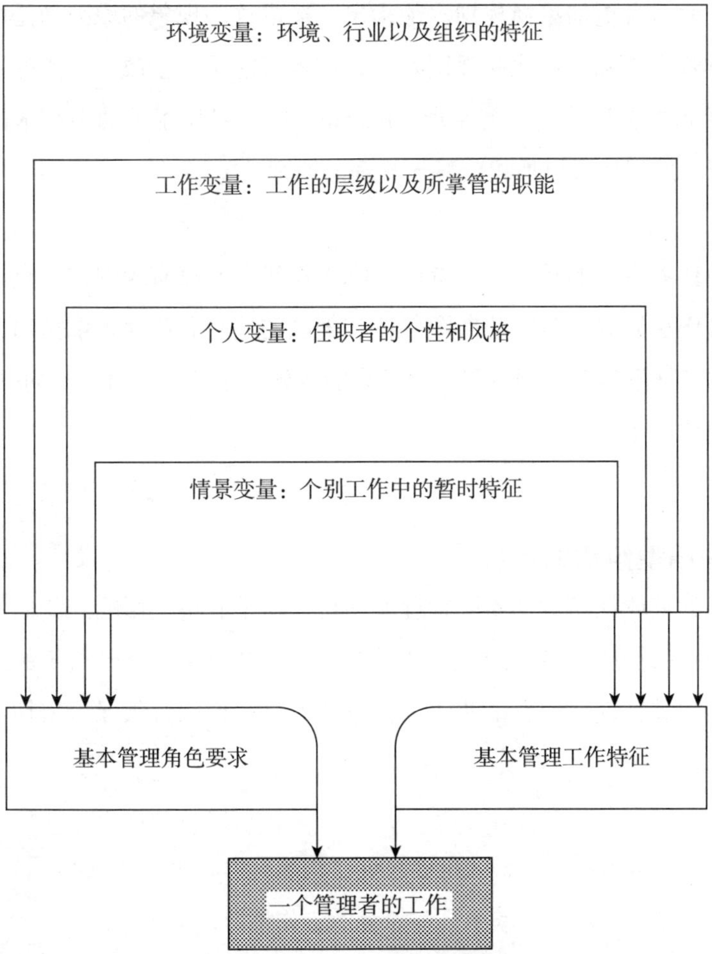

图 5-1　管理工作的权变理论

环境变量：环境与工作

许多环境因素都会影响管理者的工作，包括文化、行业性质、各种动态因素（如竞争、变革速度和技术类型）、组织本身特征（如发展年限和规模）。然而令人遗憾的是，我们对这些影响管理者工作最多的因素知之甚少。例如文化，斯蒂格利茨就发现，非美国首席执行官比美国首席执行官更加重视外部关系，而后者更加重视规划。他指出，造成这一现象的原因乃是由于美国企业注重管理学和专业化并强调发展，或者可能是由于政治环境的不稳定而使得前者无法制订计划。英克森（Inkson）等人对比了英国中部地区和美国俄亥俄州，发现后者更加相信科学管理的原则。

然而让人奇怪的是，管理者的实际工作研究并没有表明这一点。瑞士的卡尔森日记法研究、英国的斯图尔特和美国的迪宾和斯普雷都指出，**管理工作的基本特征不带有国别色彩**。我们只能找到关于其中两组变量的有力证据：组织规模和行业。

关注小型组织的运营

组织的整体规模对其高层管理者的行为似乎有很大影响。我们发现，小型组织的首席执行官参与的正式活动较少，但却更关注自己组织的运营。这或许是因为其管理层的员工队伍都比较薄弱——他们必须保持密切关注，随时准备亲自上阵。

管理实践

肖兰进行的一项研究是这一现象的最有力证明。他利用结构观察法研究了三家小公司总裁的工作情况，平均每人两天。这三家小公司分别是工业化学品制造商、化妆品制造商和饭店经营商。这项研究和我对5位首席执行官的研究恰好相映成趣，研究数据非常适合对不同规模组织中的首席执行官进行对比。从他获取的数据来看，观察对象扮演了第4章中讨论的所有基本角色，他们的工作体现了第3章中讨论的6个特征。

表5-1确实显示了许多有趣的差异。小公司的管理者每天参与更多的活

动。这三人中有两位的活动数量尤其高（99 和 104），他们的工作表现出明显的短暂性和零碎性。这三家公司的管理者更加充分地利用非正式媒介，特别是电话。他们很少花时间召开事先安排好的会议，有意思的是，即使开会，会议的参与者也不会超过三个人（这和大公司 5 位首席执行官有 43% 的会议超过三个人形成鲜明对比）。他们的对外部联系网更加狭隘和专业化，下属、供应商和行业组织占去了其中大部分时间。他们收到的邮件数量和类型表明，这些人的正式沟通网络不那么发达。他们参与的组织活动较多，礼仪活动较少。其中两人还花大量时间用于巡视（13% 和 10%，而大公司的 5 位首席执行官平均才 1%）。

表 5-1　　大小公司首席执行官工作的部分对比

	小公司 3 位总裁 6 天的观察 （肖兰的研究）	大公司 5 位首席执行官 25 天的观察 （明茨伯格的研究）
每天的活动数目	77	22
案头工作		
每天的数目	22	7
时间比例	35%	22%
平均时间（分钟）	6	15
电话		
每天的数目	29	5
时间比例	17%	6%
平均时间（分钟）	2	6
预定会议		
每天的数目	3	4
时间比例	21%	59%
平均时间（分钟）	27	68
临时会议		
每天的数目	19	4
时间比例	15%	10%
平均时间（分钟）	3	12
巡视		
每天的数目	5	1
时间比例	12%	3%
平均时间（分钟）	9	11

续前表

	小公司 3 位总裁 6 天的观察 （肖兰的研究）	大公司 5 位首席执行官 25 天的观察 （明茨伯格的研究）
持续时间少于 9 分钟的活动比例	90%	49%
持续时间多于 60 分钟的活动比例	0. 02%	10%
每天处理的邮件数量（封）	17	36
来自下属的邮件比例	54%	39%
来自同级的邮件比例	2%	16%
来自供应商及业务伙伴的邮件比例	24%	8%
与下属口头沟通的时间比例	56%	48%
与客户口头沟通的时间比例	7%	3%
与供应商及业务伙伴口头沟通的时间比例	31%	17%
与同级及行业组织口头沟通的时间比例	0.2%	11%
与董事及联合董事口头沟通的时间比例	0%	12%
与其他人口头沟通的时间比例	7%	8%
有三位参加者的预定会议的比例	0%	43%
公司工作联系所用的时间比例	15%	2%
礼仪事务联系所用的时间比例	4%	12%

通过这些对比我们可以看出，**小公司的正式化程度低得多，而且更加注重内部运营问题**。正式化程度的降低主要体现在：活动明显短暂、电话和临时会议的频率高、事先安排的三人以上的会议少、正式信函往来很少、参与的仪式少。肖兰认为，尽管这三位管理者也扮演了“名义领袖”和“联络官”角色，但其重要性却不如那 5 位大公司的首席执行官。

与非正式化密切相关的是，小公司的领导者对具体运营工作的关注。这一点从他们的对外互动就可以明显看出来——几乎所有对外互动的对象都是供应商、业务伙伴和客户等公司日常运营的上家和下家。肖兰指出，这些管理者察看有关库存、订单和发货单、支票和采购材料的信息；他们花大量时间巡视公司、制定战略，并参与运营。肖兰总结道，小公司管理者的“领导者”角色和信息传递角色比那些大公司的管理者更加显著。

肖兰认为，**占去这三位管理者 1/8 时间的工作可以构成两种新角色——专**

家（specialist）和替代操作员（substitute operator）。如果管理者“认为某项职能对组织至关重要”，那么他就会扮演前一种角色。

> 化妆品公司的总裁决定采用一个库存控制系统。投入运行之后，他感到自己是处理这项事务的最佳人选。正如他自己所想的，一个运行良好的库存控制系统确实是所有业务的核心。
>
> 饭店的总裁先生是公司的采购代表，这位管理者也同样自认为是该项工作的最佳人选。

“替代操作员”角色反映了小公司人力的单薄。作为通才，管理者必须随时做好承担起某项工作的准备，尤其是出现紧急情况时，比如一名员工缺勤、工厂运转超负荷需要增加人手等。“替代操作员”的工作也可以看成是“故障排除者”角色的一部分，如果要强调该角色对于小公司管理者的特殊重要性，把它单独提出来也并无不可。

其他研究可以支持肖兰的一些研究成果。斯蒂格利茨调查了 48 家员工人数不到 3 000 人的公司管理者和 61 家员工人数超过 1 万人的公司管理者，他也发现小公司的管理者往往亲自处理更多的短期操作性问题。斯蒂格利茨认为，他们只是不像大公司管理者那样拥有足够的人手而已。他还发现了另一个有趣的现象：**几乎所有的大公司管理者都把自己看成是“职业经理人”，而相当数量的小公司管理者则把自己看作是“创业者”。**

斯图尔特证明大公司更加正式化。她发现大公司往往在这上面花更多的时间，“可能是因为他们更需要进行讨论，以实现部门间的协调”。她描绘了 5 种工作形态（job-profile），其中有一种叫做“委员会成员”（committeeman）——热衷于小组讨论。他们只存在于大公司中。

总之，我们发现小公司的首席执行官更加注重运营问题；他们更加倾向于亲自从事一些非管理工作；他们更倾向于把自己看作是创业者；他们较少参与正式活动，特别是小组讨论以及与“名义领袖”角色有关的活动。

行业影响

我们也许会认为，公共组织的管理者与企业组织的管理者其工作方式是不同的。另外，服务业和制造业的管理者之间、动态环境和静态环境下组织的管理者之间，大概也都存在着差异。我们发现其中一些因素确实有影响。

我自己的研究也表明，企业组织和公共（或半公共）组织之间确实存在着差异，后者面对着更多的外部因素，首席执行官得花更多时间从事正式活动，或者会见外部群体、客户和董事。公共组织采取的决策从政治上看更加敏感，因此，要特别仔细权衡特殊利益群体的想法，并保证行动的合法性。**“联络官”“发言人”和“谈判者”角色对于公共组织的首席执行官来说更加重要。**

这种局面在管理中层上也许有所不同。科斯廷通过邮件对企业和政府的管理者进行问卷调查，让他们说明自己扮演 10 种管理角色的频率。通过对 100 份问卷的分析，他发现这两类管理者不但都在工作中扮演了全部的 10 种角色，而且对于其中 9 种角色的重要性打分都极为接近：

> 结论是，两类管理者所扮演的角色从数量和性质上来说都非常接近。然而，两个群体的活动在一个关键方面却截然不同，那就是相当一部分企业管理者都更加积极地寻求发展和改善组织的途径。

我们可以发现，**由于企业所面临的竞争环境比公共组织更加激烈，所以他们的中层管理者往往更多地扮演“创业者”角色。**

有一些具体的证据可以说明组织环境的竞争性和动态性的影响。我和伯恩斯分别通过各自的研究发现，竞争性组织中的管理者比其他组织的管理者花更多的时间进行非正式沟通。这些管理者很可能具有更完整、更新的信息，有助于应付竞争者的突然行动。斯图尔特也发现，对于身处更加动态的环境（更快的变化、更大的生产压力、扩张中的公司）中的管理者来说，工作更加多样和零碎。实际上，**我们可以把管理者分成两类——从事动态工作的管理者和从事相对稳定工作的管理者。**前者的基本特征就是节奏快、短暂、多样、零碎、随时行动以及大量进行口头沟通。而对于那些身处相对稳定环境中的管理者，这些特征就没有这么突出。

我们在探讨不同行业的具体方面时，也发现了一些差异，这也引起了我们的兴趣。在研究中我发现，**“联络官”角色对于咨询行业尤为重要。**你有多少联系人就有多少合同。斯蒂格利茨对这一点做了补充，他发现金融组织和服务组织的首席执行官比制造企业的首席执行官更加注重外部联系。

然而遗憾的是，关于这些变量其影响的进一步证据寥寥无几。因此，我们只能总结为，环境变量对于管理权变理论的最终发展是非常重要的因素之一。

工作变量：层级与职能

大部分证据都表明，管理工作的差异性与工作本身的特征有很大关系，这种特征指的是工作本身所处层级和所掌控的职能。研究人员发现，这两个因素，特别是职能因素，比其他任何要素都更能解释工作差异。例如，沙特尔（Shartle）发现，海军和企业组织各自内部的差异性更甚于这两者之间的差异性。通过对某海军机构内若干工作变量的研究可以看出，个人因素的影响不足一半，具体工作要求的影响则达到一半以上。

管理书籍中经常可以看到这样的结论：级别越低，工作的结构化程度越高,“即时”角色也就越重要,其他特征也就越显著。另外,很多证据都表明,职能可导致角色的专业化。

在基层的工作流程导向

基层和高层的管理工作有何差异?[①]从第3章可以看出,两者之间存在显著的相似性。例如,所有层级的管理者似乎都把自己的沟通时间大致分成相同的几块,分别用于上级(10%)、下级和同级(各自占1/3~1/2)。但他们的工作角色如何呢?基层管理工作和高层管理工作在类型上有差异吗?

卡茨和卡恩认为,答案是肯定的。他们提出三种类型的领导行为:

- 引入结构改革或政策制定。
- 结构改善,也就是说挑出现有正式结构中的不足,或临时添加新的结构。
- 使用已有的正式结构,促进组织发展和有效运营。

他们认为,每一种行为都要求与众不同的知识和风格,都与显著的组织层级息息相关。

> 只有在民主体制下,高层管理者才有权引入结构变革。结构的串联在组织中间层最普遍,最底层的管理人员主要依靠熟练运用现有结构来实现领导。

然而,卡茨和卡恩并没有提供足够的证据来支持自己的论点,而有些证据表明事实恰恰相反。塞尔斯特别谈到基层和中层管理者所引起的长期结构变化;而科斯廷发现,管理权威和创业意识之间并没有显著的正相关,基层管理者和高层管理者都是机会导向型的。

---

① 这一节很大程度上要对比高层和基层管理工作的差异。中层的管理工作看起来和职能相关的变量相关性更大,下一节将讨论这个问题。

这一冲突产生的原因主要在于研究视角的不同，卡茨和卡恩从组织整体的角度来描述管理者工作，而塞尔斯和科斯廷则直接观察个人及其工作。第 4 章得出的结论是，每位管理者与其组织单位及其环境的基本关系是相同的。因此，他有责任引入、改善自己组织单位的结构变化并加以利用。显然，生产主管并不设计整个企业的结构，但正如总裁关心整个公司的结构一样，生产主管也同样关心着自己部门的结构。

尽管我没有足够的证据来证明不同层级管理工作在类型上的显著区别，但大量的证据表明，不同层级的管理工作在导向上确实存在着差异。具体说来，基层管理者更加注重维护工作流程，这让他们尤其强调自己工作的“即时性”。例如，比较一下我对首席执行官的研究和塞尔斯对基层和中层管理者的研究就会发现，首席执行官往往收集广泛的信息用于战略制定；而基层管理者往往收集信息以维持组织单位的工作稳定运营。我观察的首席执行官谈论的是收购，而塞尔斯研究的管理者谈论的是订单发货日期。

查普尔（Chapple）和塞尔斯提供了进一步的证据。这是一份对主管工作的描述，来自对实际活动模式的研究。下面是其中比较典型的一部分：

- 从每个部门收取日常机器负荷表，分析哪些机器出现停机及其时间。
- 如果工段长没有告诉他确切原因，应向工段长询问清楚。
- 如果他与工段长一致认为是材料引起了故障，那应该把样本拿给相关责任部门的主管，并要求纠正。
- 如果根源是机械问题，那就让机械师来判断故障是日常维护、操作不当还是机器构造的问题。

日常操作问题中最受关注的即时角色（“故障排除者”和“谈判者”）似乎在这些主管的工作中尤为显著：

管理者的根本职能在于维护或平衡各种相互关联的工作流程。工作描述用于清晰定义这些工作流程，并进一步说明那些“需要采取措施以避免故障或效率降低”的情况或信号。这些措施大多数是关于测试偏差、与组织中更多的人实现互动等，执行者通常是管理者或其下属、上级或同级。

查普尔和塞尔斯对工作描述的分析表明，这些主管扮演了管理者的 10 种角色中的 9 种，只有“名义领袖”除外。相反，对首席执行官的研究（参见附录 B）表明，社会压力和礼仪事务占去了高层管理者很多时间。毫无疑问，所有管理者都要承担一定的“名义领袖”的工作——就连工段长也要带领来访者参观车间，并参加下属的婚礼。然而随着层级的降低，各种礼仪事务也相应减少。

不仅角色导向发生改变，一些特征也发生了变化，基层管理者更多关注维护工作流程的日常问题。具有明显变化的一个特征是工作时间，科普曼（Copernan）和伯恩斯发现，高层管理者工作时间最长；而霍恩和勒普顿感到，中层管理者并不经常加班。也许这反映了高层管理者的时间具有更大的机会成本，因为他负责更多的资源；也许这种自然选择只是保证那些最高层的管理者对工作最尽心。

正如第 3 章所提到的，短暂和零碎的特征随着层级的降低而越加明显。

惊人的数据

我们发现，首席执行官每 22 分钟从事一项活动，而格斯特发现，工段长平均每 48 秒就换一项活动。

不少证据也表明，基层管理者的工作更加紧迫、具体和集中——集中于狭窄的范围内，持续时间相对较短。马丁的文章可以证明这些现象。通过观察、采访和沟通，他研究了工厂经理、部门主任、工段长和班组长 4 个管理层级所面临的不同决策情景。层级越低，决策越具有连续性；一旦决策做出后，就可以迅速完成。而层级越高，决策往往呈现不连续性，中间总有一定的间隔时间，总要耽搁一下，比如询问情况后，还要再过一段时间才进行实际的决策。有时问题好像就没人管了。但过一段时间以后，高管经常会把问题授权给下属来处理。

正如表 5-2 所示，基层决策时间跨度较小，而且更加频繁，时间限制也比较少。我们再一次看到了“即时行动”的影响。“因此如果出现意外，例如水管出问题，班组长必须立即采取行动。”

表 5-2　4 个管理层级的决策时间对比

时间	工厂经理（%）	部门主任（%）	工段长（%）	班组长（%）
短期（0~2 周）	3. 3	54. 2	68. 0	97. 7
中期(2 周 ~1 年)	46. 1	41. 4	30. 4	2. 1
长期	50. 0	4. 3	1. 5	0. 0
总计	99. 4	99. 9	99. 9	99. 8

作为本节的总结，我们再来谈谈管理者对于自己工作的控制权问题。基层管理者是否不如那些高层管理者更能控制自己的工作呢？第 3 章得出的结论是：每位管理者在工作中都面临着一定的压力，因此他更多的是做出反应，而不是根据自己的意愿来行动。但通过进一步的分析，我们又发现了两种重要的自由度——开展一些长期工作（例如，建立信息渠道或发起项目），以及把责任转换为自己的优势。换句话说，**所有的管理工作都是受到限制的，只有意志坚定的管理者才能控制自己的工作，不管他们是首席执行官还是基层管理者**。也许会有一些例外——特别是官僚体制比较强的地方，一些工作被设计得几乎没有自由度可言，例如某些基层管理者和一些大银行分行经理的工作就符合这种模式。不无遗憾的是，对于如此重要的情况我们的证据却很少。

我个人相信，管理工作让人受到限制或享有自由，并不仅仅取决于它在组织中所处的层级；**任何层级的管理者都可以有相当大的工作控制权，这取决于工作设计和个人应对压力的能力。**

托马斯提出的一个假设如果可以得到证明的话，就可以大大支持这个结论。他提出，不同层级的管理者都专长于自己所处理的信息，组织的不同层级形成沟通网络来处理专业信息和问题。例如，我们也许会发现，基层管理者专注于生产，中层管理者负责市场营销，高层管理者则负责财务。因此，尽管基层和中层管理者在其他方面有很大的局限性，在某一专业职能上，却有很好的判断力。

这一节可以归纳为：**所有层级的管理者都在扮演着相同的角色，但是侧重点有所不同。**基层工作更加集中，短暂和零碎的工作特征更加明显。基层管理者“名义领袖”角色的重要性降低，这体现了基层的非正式性；“故障排除者”和“谈判者”角色则更加重要。基层管理者非常注意维护工作流程，因此，他们的工作具有即时性。但我们不能因此就认为，他们对自己工作的控制权更弱。所有层级的管理者所受到的压力都很大；对于大部分工作来说，不论层级如何，都是由管理者自己来决定，是他控制工作还是工作控制他。

职能带来的角色分化

大量数据表明，管理者职能的特殊性，在很大程度上可以解释管理者工作的差异。例如，阿吉拉尔发现，“相同职能领域的管理者彼此的相似程度，超出了与其他同一层级管理者的相似度”。正如我们下面将要提到的，生产经理、销售经理和专业部门经理，在时间分配上具有不同的侧重点。

一线生产经理。斯图尔特总结出了生产经理工作的一些特征。与其他管理者相比，她所研究的生产经理花更多的时间与下属沟通，独处时间较少，工作变化较多，也更加零碎（有许多次短暂的沟通）。更重要的是，接受研究的 5 位生产经理用大约 1/4~1/3 的时间进行视察，尽管这 5 位管理者之间的差异很大，他们所管理的员工人数相去甚远（100~2 000 人不等），所从事的行业也大相径庭。他们花费大量时间进行视察的部分原因固然在于他们的工作理念，但显然工作类型也是一个原因。这 5 位管理者有一个共同点，那就是他们都只注重如何高效地运营自己的工厂。

斯图尔特提出了 5 种工作形态，其中一种名为“问题解决者”（trouble shooter）。她是这样形容“问题解决者”的：

> 这些管理者的工作模式非常零碎，日程安排非常紧凑，短暂沟通非常多。由于他们比前 3 种管理者需要处理更多的危急事件，因此他们的工作也更为零碎。尽管他们也许已经在尽力防患于未然了，但只要有问题出现就必须迅速解决，所以他们不得不花费大量时间来处理这些问题。在他们这里，问题处理不当所造成的影响会比其他部门来得更迅猛、更严重。

这些研究成果显然补充了沃克、格斯特和特纳的观点，他们在《装配线上的工段长》（*The Foreman on the Assembly Line*）一书中也强调了危机处理的重要性。他们总结认为，这些一线生产经理花费了很多时间来处理意外危机，他们引用了一位工段长的话说“要是没有紧急情况那才叫不正常”。我们可以总结出决策制定角色，特别是“故障排除者”（或者“谈判者”），是一线生产经理工作中最重要的角色。

一线销售经理。在工作中，销售经理与生产经理之间的冲突时时可见。尽管都是处理第一线的基层工作，但他们的工作几乎是针锋相对的。生产经理最主要的工作角色是“谈判者”和“故障排除者”（以生产为导向），而销售经理最主要的工作角色是三种人际关系角色（以人为导向）。外部联系（“联络官”和“名义领袖”）对他来说至关重要，他还要花大量时间来培训和培养自己的员工（“领导者”）。

斯图尔特发现，销售经理在公司以外的时间比别人多，经常参加社会活动和款待活动，通常是和客户在一起。显然，这个职位最重要的是公共关系和形象构建活动。斯图尔特定义的第一个工作形态——“使者”（emissary），形象地勾勒出销售经理的形象：

> 使者的工作就是密切接触外部世界，花大量时间与客户交谈，参观其他公司，参加会议或展览会。他比其他部门的管理者工作时间都长，但这主要是因为他们用了大量的时间出差和款待客户。

戴维斯的著作《区域销售经理的绩效和发展》（*The Performance and Development of Field Sales Managers*）为对这一工作的研究提供了极好的证据。他研究了某公司几百个分支机构管理者的活动，发现他们用 10% 的时间联系客户，3% 的时间进行公关活动，7% 的时间做促销活动，这部分活动所占的时间共计 20%；另外还有至少 30% 的时间用于领导工作——在分支机构里会见代理商、与销售人员讨论工作、面试应聘销售员的求职者、走访一线办事处和代理处等。戴维斯从 5 个角度探讨了区域销售经理的活动：

- 培养销售员：招聘、筛选、训练和培训（领导者）。
- 监督销售员：分配任务、控制业绩、激励员工（资源调配者、监控者、领导者）。
- 个人销售：与销售员共同实践以便进行培训，亲自接触客户（领导者、名义领袖）。
- 办公室事务：包括客户服务、记录和文书工作、定价和折扣、办公室杂事等（信息传递角色和决策制定角色）。

- 提升威望：与客户联络感情，参加展览会、研讨会和社区活动，解决问题，代表公司履行义务（名义领袖、联络官、故障排除者）。

我们可以看出，人际关系角色（名义领袖、联络官、领导者）对于一线销售经理尤其重要，他的导向就是发展人际关系，他所关注的就是人和联系。

专业部门经理。那些具有专业性、技术至上的职能部门管理者是另一个特色鲜明的群体，比如会计部门、规划部门、工程部门、人力资源部门、研究部门等的管理者。所有的证据都表明，这些管理者有更多的时间独处（用斯图尔特的话来说就是“相对孤立”），更加埋首于书面工作，工作的零碎性和变化性最不明显，用更多的时间给同级和同事提供建议，把相当一部分时间用于本部门的专业职能。

一般来说，专业部门经理似乎既是管理者又是专家。他们必须管理自己的组织单位，而同时他们自己也是部门人力的一部分，因此他们很多时间是在埋头进行分析工作和与本部门的“客户”进行协商。

一个人只有自己成为专家，才能管理专家。人们总是希望专家群体的管理者可以体现组织的专业性，下属也希望他们的领导在技术和管理两方面都能拔尖。第 4 章把专家作为“发言人”角色的一个组成部分，但对于专业部门经理来说，专家也完全可以作为一种单独的角色。正如沙特尔所说：

> 专业咨询这个活动也许不在（管理者履行的 15 种活动）之列，然而许多管理者在法律、成本核算、教学、工程或科学方面都受过专业训练。在他们的日常工作中，他们有时表现得非常专业化。一位部门经理也许是个训练有素的成本会计，也许由于他的专业资质，大家碰到成本核算问题时都要征求他的专业建议。由于他不断履行这项活动，这已经成了他工作活动中的一个重要组成部分。

另外，我们发现信息传递角色对于专业部门经理来说非常重要，他们必须充当某类特殊信息的“神经中枢”，把信息传播给下属和其他人。阿吉拉尔在分析管理者的外部信息来源时，做了如下解释：

> “专家”更注重外部信息的横向传播而不是纵向传播，部分原因可能是因为他们下属的数量不像一线经理的那么多。我们可以把这些专家看作是高层管理者的外部信息屏蔽器，而不是收集器。

看起来，**“监控者”“发言人”以及“专家”角色，是专业部门管理者最重要的角色了。**

也有证据表明，与外部联系的角色（“联络官”和“谈判者”）也受到了专业部门经理的特别关注，斯图尔特提出，“为同事提供服务的工作，意味着必须与他们保持更密切的关系”。

对于专业部门经理来说，“名义领袖”“领导者”“故障排除者”以及“资源调配者”这几种角色，看来并不怎么重要，因为他们的权力范围通常仅限于一个由寥寥数位专家所组成的小群体。斯图尔特指出：“只有从事实际生产工作的管理者才需要随叫随到，财务或行政事务的管理者则不需要。”

总而言之，不同层级和职能的管理者之间存在着明显的差异。**决策制定角色对于生产经理很重要，人际关系角色对于销售经理很重要，而信息传递角色对于专业部门经理更重要。**

个人变量：工作与人

在这一节中，我们要研究的是特定工作环境和工作岗位上的管理者。有证据表明，**管理者的价值观、个性和风格都对工作有一定的影响。**

我的两项小研究提供了一些对比。

管理实践

案例 1：一家中型房地产公司的首席执行官比较喜欢外部联系工作，而很少参与运营中的细节事务。他的活动主要是“联络官”“名义领袖”和“发言人”角色，他把许多“领导者”和“故障排除者”角色的活动都交给自己的下属，尤其是其中的一位副总裁。

案例 2：另一项研究是一家疗养院的高管团队。首席执行官大权独揽，但却把大多数的“联络官”和“发言人”工作交给了一个助理。也许是因为当地主要讲法语，而她是意大利人。

类似模式在由两个合伙人组建的小公司中屡见不鲜，常常是一人集中于内部生产问题（主内人），另一人集中于外部联系和销售（主外人）。沙特尔发现，管理者与其助理之间的工作也有着相似的分工：

> 通过对 7 位管理者及其助理的工作模式的对比可以发现，在公共关系事务上花费时间最多的领导，其助理在这方面花费的时间就最少；相反，对于在这方面花时间最少的领导，其助理相应所用的时间就最多。

从肖兰对小公司总裁的研究可以看出个人偏好和风格的影响。一位管理者比其他人处事更正式——非正式联系较少、正式联系较多；一位总裁把大量精力集中在获取信息，也就是“监控者”角色；一家饭店的总裁则倾向于“联络官”和“创业者”角色，他的活动特别短暂和非正式，很多活动与客户有关，因为他自己喜欢这样的工作方式。

这些证据表明，如果我们对管理者的个性对其工作的影响展开研究，或许能够发现很多有意思的东西。令人遗憾的是，目前这方面还没有找到多少证据。关于管理风格的研究很多，但大多数案例都只是对独裁式和员工参与式风格进行比较。很少有人关注个性对于工作本身的影响，而很多研究者都试图把个性和管理的有效性直接挂钩。但还是确有证据表明，个性对工作存在着影响。现在我们就来看一看。

高管团队中的工作分担

我们已经看到了非正式工作分担的证据：比如一位总裁主抓外部事务，而他的助理主要打理内部事务。我们在政府部门中可以看到更加正式的相似分工关系，比如议会政府中的部长和副部长之间。另外，团队管理正变得越来越普遍，一些大企业的总裁办公室就是很好的例子。

工作分担在正规组织中的非正式演化是很普遍的，特别是在高层中间。实际上，一份管理工作，也就是运营一个组织的任务，经常是分给了两个或者更多的管理者。一个人往往由于自己的个性和兴趣而倾向于某些角色，而把其他管理工作留给他人，从而形成了又一个管理工作。霍奇森、莱文森和扎莱兹尼克把这种管理者的团队化描述为“管理层角色格局”（executive role constellation）。

管理术语

组织中的管理者角色往往趋于专业化，专司某些任务和表达某些情感。角色的专业化深深根植于管理者的个性中，并极大地影响着他在组织中的行为。高管团队的一些专业角色相互区别，同时又紧密联系、互补共生。对此，我们称之为“管理层角色格局”。

在这些研究者所研究的一家医院里，有一位首席执行官把自己的工作做了专业划分，与两位下属共同分担。这个工作分担同时考虑到了任务和情感两方面的因素。院长把组织和环境联系起来（扮演“名义领袖”“发言人”“谈判者”角色），性格坚定果敢。医疗主任操持医院内部临床医务（扮演“传播者”“故障排除者”“资源调配者”角色），是个可靠的支持者（扮演“领导者”角色）；院长助理处理非日常性的创新活动（扮演“创业者”角色），体现友好和平等的原则（“领导者”角色的另一面）。研究者认为三角是最不稳定的角色格局，因为第三方总是夹在中间难做人。他们相信两人搭档更稳定，不管是在同级关系（业务伙伴）中，还是在上下级关系中都是如此。

尽管迄今为止大量证据所体现的都是“内部–外部”式角色划分，但也有证据表明上述这种“任务–人员”式划分确实存在。贝尔斯（Bales）认为：

> 小组把“任务专家”和“社会情感专家”这两个互补的领导者同时提升到领导岗位上。任务专家中选，在于他拥有最好的想法，最善于引导讨论，集中精力解决任务，积极带动小组找到解决方案，因此他往往容易树敌过多、遭人厌恶；社会情感专家能够脱颖而出，乃是因为他很受欢迎，总是很注意解决他人的社会情感问题，减少紧张和冲突。

约翰·森杰（John Senger）发表了一篇题为《共同管理者理念》（*The Co-Manager Concept*）的文章，文中证明了这种安排非常普遍。

惊人的数据

对312位不同领导岗位上的在职海军军官的调查发现，60%的情况都是指挥官和二把手分担了任务和社会职能。

斯蒂格利茨从实用的角度出发来看待工作分担的问题，他描述了“高层二人组”的4种形式，参见图5-2。

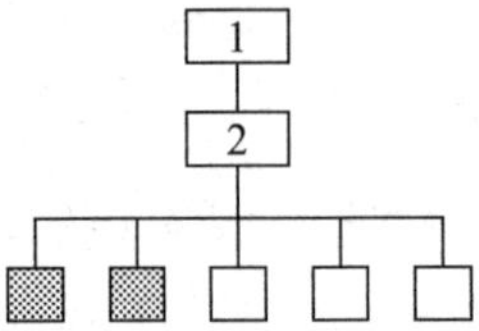

孤立的首席执行官

所有业务部门和职能部门都向2报告工作，从而可以让首席执行官自由地制订计划和处理外部关系，并有助于继任者的训练。但是，首席执行官可能会太脱离实际情况，而且额外的监管阻碍了他和各部门之间的联系。这种结构适合于首席执行官忙于外部事务，利用兼职完成工作或者准备退休的情况。

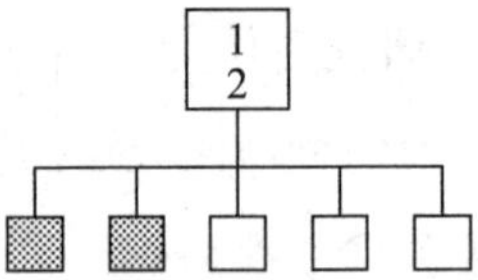

两人搭档

所有工作职责共担；可以像上面的类型一样工作，但是更加灵活——"这两人可以根据各自的才干分担首席执行官的工作，根据具体情景的需要调整各自的职责。"这种结构容易让下属不知所措，因此两人必须刚好互补。

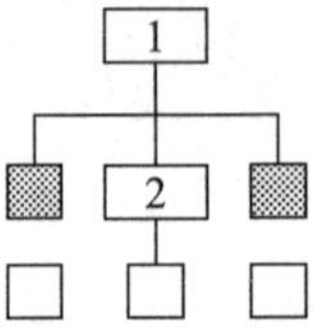

一把手抓职能部门

一把手处理所有长期问题，而二把手集中处理日常生产运作；业务部门和职能部门之间的分裂可能不利于交流。

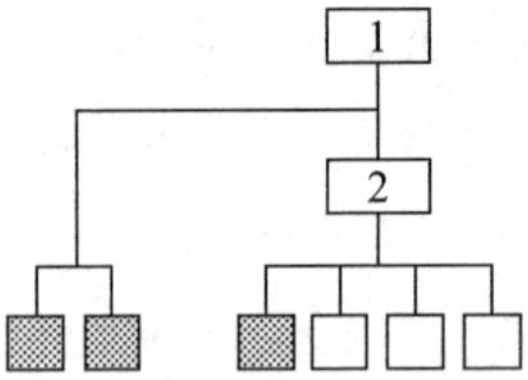

职能部门分离

关乎日常运作的职能部门同时要向二把手汇报；分离也许是人为的；可能出现敌对情绪。

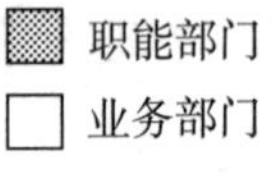

图 5-2　4 种工作分配结构

斯蒂格利茨还探讨了"总裁办公室"，即管理委员会的形式化。在一个模型中，有一位由首席执行官和几位关键下属组成的"副总裁委员会"，这些人同时还保留着自己的部门经理的职位；在另一个模型中，这些管理者则不必承担这些个人责任，"委员会"统领整个组织。在斯蒂格利茨看来，这样的安排表明，他们认识到了个人管理这样一个复杂企业的难度，但这也会导致混乱和模糊。但他相信，有时候这种做法也不无道理——比如新任总经理需要培训、组织面临复杂环境或者需要扩展对外联系等。

本节的最后我们要再次重申，第 4 章强调的 10 种管理角色形成了一个格式塔。正式权力让管理者扮演“联络官”和“领导者”角色，这些带来了扮演好信息传递角色和决策制定角色所需的关键信息。因此，只有信息得到有效分享，工作才能得到有效分配。但是，由于管理者面临着严重的时间限制，通常他们很难做到这一点。因此结论必然是：工作分担是非常困难的，因为它的成功很大程度上取决于参与者分享信息的能力。（我在结语将再次讨论这一点。）

总之，工作分担的证据有助于我们认识个人变量对于工作的影响，但我们还需要更多的关于这些变量的直接证据。

情景变量：工作与时间

一个处于特定环境中特定职位上的特定的人，并不总是在做同一件工作。他的工作随着很多情景因素而发生着变化，例如年度预算要求、阶段性扩展项目或重大危机阶段。另外，随着管理者工作经验的丰富，他们也会改变自己的工作行为；随着时间和社会规范的变化，管理者的工作也必然随之改变。影响管理者工作的时间因素有以下 5 类，接下来我们将逐一讨论：阶段性模式（periodic pattern）、变化-稳定循环（change-stability cycle）、危机阶段（period of threat）、新工作模式（new job pattern）和社会变革（societal shift）。

阶段性模式

第 3 章提到过，我对首席执行官活动的分析研究，并没有在他们的工作中发现重要的短期模式。上午的工作与下午的工作没什么区别，某几天的工作也不会和其他几天的工作有所不同，然而我们确实发现了一例年度模式的存在。每到年末，督学的工作中就会出现大量的社会职能（也就是“名义领袖”

角色），而且几乎收不到什么邮件。

斯图尔特收集了更多这方面的资料（尽管在她看来，还不足以从中看到什么重要的循环模式），提供了具有互补性的研究成果：

> 大多数工作都具有一定的重复性，而有些工作中确确实实存在着一定的时间循环，例如记者。管理工作中很少有日常循环，虽然有一些活动是每日重复进行的，例如视察。更多的工作中存在着月度或季度循环。这些职位的管理者在循环的不同阶段会按照不同的方式来分配时间。

月度财务报表小组的管理者，他的月度工作循环非常鲜明地表现为：小组活动在每月最后一周（提交报表前一周）突然爆发，而每月的第一周是大家独立工作的时间。另一家小公司的管理者则每 6 周走访一次销售员和客户，其余时间自己工作；啤酒厂的管理者在夏天生产高峰时，工作更加零碎、压力也更加大，变化随时都会发生。显而易见，一些管理者在一个月或一年的不同时间，注重的是不同的角色。

变化-稳定循环

塞尔斯在《管理行为》（*Managerial Behavior*）一书中指出，管理者需要平衡组织中的变化和稳定。这大概可以从两个方面来完成：一次只改变几件事情而保持其他变量不变，或者让紧锣密鼓的变革和巩固稳定的时期交替而来。当然，后者会导致管理者工作的周期变化。在我们对一位首席执行官工作的观察期间，他领导了组织的一次重要并购活动，他忙于那些与“创业者”和“谈判者”角色有关的活动；把一半的联系时间用在了供应商和业务伙伴上。可以想见，当这项活动完成后，他要开始在“领导者”和“故障排除者”角色上花更多的时间，因为他和下属期望控制新并购的组织。

或许这种变化和稳定循环模式——创业阶段和管理阶段的转化，可以表现在任何层级的管理者身上，即使变化一开始是起于最高层。卡茨和卡恩引用了曼恩（Mann）的观点，他曾经提出高层变化的结果就如同组织中的波浪：

> 它起于高层，随着高层管理者的重大目标和政策改变而迅速向下扩展，接下来就是下一波的补充调整，从而使组织达到新的平衡状态。

组织从初创阶段逐步发展起来，可以视为管理者工作的变化-稳定循环的另一方面。菲利（Filley）和豪斯 (House) 讨论了组织成长的各个阶段，区分了创业阶段和管理阶段。在创业阶段，组织发展迅速，决策很容易制定；而在管理阶段，“职业”经理人表现得更加小心谨慎。创业者最初没有什么现成的模式——他所做的很多工作都是创新。但他每做出一个决策，就减少一点组织的灵活性，直到出现成型的模式。一开始是“创业者”和“谈判者”角色发挥主导作用，而后则是“领导者”和“故障排除者”角色取而代之。

危机阶段

许多组织干扰因素都无关痛痒，尽管有时候它们会造成一些计划的改变，但往往可以在不打断正常工作模式的前提下被迅速解决掉。但有时候组织也许会遇到一些非常棘手的危机，管理者必须在相当一段时间内改变自己的行为。汉布林在自己的研究中发现，在危急时刻，人们总是能够允许领导者对自己施加更多的影响。军队就是一个非常明显的例子。在和平时期，军队将军优哉游哉地从事着“名义领袖”“发言人”和“创业者”的活动——检阅一下部队、讲讲话，对整个体系做些改进；而到了战争时期，他的动作节奏骤然加快，“故障排除者”和“领导者”角色无疑将会发挥关键作用。

紧张的危机之后，就会出现一段缓冲期，于是外部联系恢复（“联络官”和“发言人”角色），资源获得补充（“资源调配者”角色）。

新工作模式

经验对管理者工作所造成的影响很有意思。有数据表明，**刚刚上任的管理者会随着经验的丰富而改变自己的行为模式。**比如说，新上任的管理者往往缺乏必要的联系和信息，很难扮演好“发言人”和“传播者”角色，因此他会花大量的时间拓展关系并收集信息（“联络官”和“监控者”角色）。斯图尔特发现，“刚接手某一新职位的管理者，往往跟自己的上司在一起的时间比较多”。阿吉拉尔专门比较了新管理者和有经验的管理者其信息监控习惯，发现前者更依赖于公布的外部信息和那些为了自己利益（而不是为了新管理者的利益）而向他们提供信息的外部人员。

由此，我们可以总结出，**新管理者之所以得到如此大比例的、并非为接收者利益着想的、送上门来的信息，根源在于他们个人沟通网络的弊端。**一般来说，新管理者的沟通网络还没有发展成熟，因此这些出于发送者利益考虑的信息占了很大一部分。

信息和联系人的数量增长起来后，由于管理者对自己的工作还不很熟悉，他的注意力很可能转移到“创业者”角色。作为一个新手，他对需要改进的方面比较敏感，并且迫切地想要给组织打上自己的印记。这些都完成之后，他就会稳定下来，更加协调地扮演起 10 种管理角色。到那时我们就可以称他为一个“有经验的管理者”了。

管理术语

“新管理者综合征”，值得我们稍加关注。根据我的经验，某些第一次承担管理责任的人，首先会表现出对这份工作的厌倦，尤其是那些习惯于全神贯注研究某些问题的人，比如大学教授或者从企业的技术骨干队伍中提拔上来的管理者。

患有“新管理者综合征”的管理者不喜欢新工作的特征：变化无常、断断续续、匆忙紧迫；他们讨厌不断被别人打断；他们很难适应新的工作节奏；而且他们也不习惯处理迫在眉睫的具体问题。他们渴望把更多的时间用于阅读和钻研，他们讨厌在一知半解的情况下制定决策。等待他们决策的事务堆积如山，而他们却试图确保每一项决策都稳稳当当。结果，组织的效率降低，新管理者的决策压力越来越大。他要么学会如何运用那一点点并不充分的理解来制定决策，要么就回到原来的岗位上。

社会变革

影响管理者工作的最后一组情景因素是社会价值观的转变。这种改变速度虽慢，但却持久不息。随着社会规范的变化，管理者也必须改变其行为。有两种趋势显而易见。

第一种趋势是，组织内部变得更加民主。管理者可能感受到越来越大的压力，要求他们对下属的个人需求更加敏感（这种压力可能要一直持续到“下属”一词销声匿迹的那一天了）。结果这就提高了“领导者”角色的重要性。在独裁环境中，领导力相对而言不那么重要——你只管发号施令就是了。随着独裁变得越来越不受欢迎，人们开始更加注重与下属的人际沟通，而沟通的内容也不仅仅局限于生产方面。

第二种趋势是，控制组织的权力机制其规模和复杂性增加。介于外部环境和组织之间的首席执行官，必须协调好这些复杂的利益关系。他必须准备花更多的时间和这些群体在一起，这样一来，“名义领袖”“联络官”“发言人”和“谈判者”角色必然在他的工作中占有越来越重的分量。

与情景或时间相关的因素多种多样，各自以不同的方式影响着管理者的工作。我们在此能做的就是引用一些例子来说明这些因素的影响。

管理工作的8种类型

本章已经列出了很多有关管理者工作差异的研究成果，而这些差异之间可以很自然地分成若干组，结果就形成了几种管理工作类型。我们分析得出有8种，下面将一一陈述。我们相信，研究这些自然分组也许是发展管理理论最好的途径了。其中三种类型和斯图尔特提出的5种工作形态中的三种（参见附录A）非常近似。她是通过对工作特征数据的分析而得出的。

下面我们来分别介绍这8种管理工作类型。它们与管理者角色的对照关系见表5-3。

表5-3　　8种管理工作类型

管理工作类型	关键角色
联系人	联络官、名义领袖
政治管理者	发言人、谈判者
创业者	创业者、谈判者
内部人士	资源调配者
实时管理者	故障排除者
团队管理者	领导者
专家管理者	监控者、发言人
新管理者	联络官、监控者

联系人（Contact Man）。有些管理者把大量时间花在自己组织以外，结交那些可以帮助他们的人、给他们订单的人、提供独家信息的人等。此外，这一类型的管理者还努力通过发表演讲等方式来扩大自己和组织的声誉。我们把这种人称为“联系人”，与斯图尔特的“使者”如出一辙。他的两个最基

本的角色就是“联络官”和“名义领袖”。许多销售经理都符合这一类型。还有一些首席执行官，特别是服务行业的，也往往符合这一类型。

政治管理者（Political Manager）。这类管理者也把大量时间花在外部人员身上，但却是出于不同目的。他所处的管理职位非常复杂，需要平衡施加在组织上的众多不同的政治力量。这个管理者必须花大量时间开展种种正式活动，定期会见董事或老板，接见压力群体并与之谈判，向特殊利益群体解释自己组织的行为。他的主要角色是“发言人”和“谈判者”。大多数政府部门和事业单位的高层管理者都比较符合这一类型，包括医院和大学。在这些地方，来自下层的政治压力并不亚于来自外部的压力。组织之间越来越广泛的联合表明，未来首席执行官的政治管理者成分将越来越大，不管是在私营部门还是公共部门。此外，我们也许还会发现，有些大型组织的中层管理者也有类似情况。如果单位的职责比较模糊（没人清楚自己工作的有效性），或者体系松散、政治活动得以冒头，又或者组织氛围如此，这样的管理者或许也要花大量的时间进行组织政治活动。

创业者（Entrepreneur）。这类管理者花大量的时间寻求机遇，并促使组织变革。他的主要角色是“创业者”，但是他也必须发挥“谈判者”角色的作用，以便实施他所提出的变革。这类管理者在刚起步的小公司中非常普遍，对他们而言，创新是生存的关键。变化迅速的大型组织的首脑中，也有这样的管理者，但他们对于这一工作类型来说往往是昙花一现，因为大型组织经不起长时间的全面变革，而必须有一段巩固期。到那时，他就变成了内部人士，也就是我们下面要介绍的一种类型。

内部人士（Insider）。许多管理者主要关心的是内部运营能否顺利进行。他们必须花大量时间用构建结构、培养和培训下属，并监控运营。他们主要扮演“资源调配者”角色，其次是“领导者”角色。典型的中高层生产或运营经理很可能就属于内部人士这一类型，因为他要构建和维持一个稳定的生产机制。两人搭档的二把手很可能也是内部人士，因为一把手往往是联系人类型。危机之后试图让企业东山再起，或者在破坏性变革之后收拾残局的管理者，也可算是内部人士。

实时管理者（Real-Time Manager）。这类管理者与内部人士相似，主要关注的也是维持内部运营，但他们的时间分配和要处理的问题是截然不同的。“实时管理者”（斯图尔特用的是“问题解决者”），这个词指的是，那些主要处理当前事务，并努力维持组织日常运营的人。因此，他们主要扮演的是“故障排除者”角色。实时管理者把那些常见的工作特征推到了极至——工作高度零碎化，会面很多而且短暂，邮件或者汇报时间很少。这类管理者看起来总是非常忙碌，事无巨细，一律躬亲，随时准备替代任何员工，从事任何必要的工作。实时管理者可能是只有一名管理者的小公司的当家人，通常出现在生产第一线；处于危机严重的企业中；置身于动态的、竞争性强的、压力极大的环境中的任何组织（或组织部门）中。

团队管理者（Team Manager）。还有一类管理者主要关注组织内部，但他有自己特别关注的地方，那就是创建团结、高效的团队。“团队管理者”出现在任务需要在高技能专家之间实现高难度协作的场合中，典型例子就是曲棍球教练和承担复杂项目的研发团队管理者。团队管理者最主要的角色是“领导者”。

专家管理者（Expert Manager）。有时候，除了常规的管理角色外，管理者还必须扮演专家角色。作为专家小组的领导者，他本身必须是所属组织的专业信息中心。他为其他管理者提供建议，并在专业问题上提出见解。他的主要角色是“监控者”和“发言人”，相关责任是收集和传播专业信息。由于他的大部分工作都和自己的专业职能相关，因此通常的管理工作特征在他身上体现得并不很明显，但也确实存在。他所从事的大多是案头工作，很多时间独自一人，阅读和写作比较多，工作不是很零碎，变化不很大，面临的压力也不是很大。他的大部分时间都用在非上下级关系上，例如为他人提供建议等。斯图尔特称这些人为“作家”（writer），而在这里，我们称为“专家管理者”。

新管理者（New Manager）。最后一种类型的管理者是那些刚上任者。由于缺乏联系和信息，新管理者主要集中于“联络官”和“监控者”角色，试图构建自己的联系网络和数据库。直到拥有更多信息后，他才能充分扮演好决策制定角色。此时，他会突出表现自己的“创业者”角色，因为他试图给组织打上自己的印记。然后他会逐渐稳定下来，成为其他管理类型中的一员——联系人、内部人士或其他类型。

THE NATURE OF MANAGERIAL WORK

管理者的变量与类型

小结

1. 管理者工作的内容和特征其差异可以用权变理论来解释，该理论包括 4 个变量：环境变量，包括环境、行业以及组织的特征；工作变量，包括组织中的层级和所掌管的职能；个人变量，包括任职者的个性和风格；情景变量，包括一些与时间相关的因素。

2. 组织所处环境（竞争、变革速度、成长性、生产压力）的变动越大，管理者在非正式沟通上所花费的时间就越多，工作就越多样、零碎，采取即时行动和口头沟通的倾向就越明显。

3. 工作层级和所掌管的职能看起来比其他变量更能解释管理者工作的差异。

4. 在有些组织中，高层管理者结成一些两人或三人管理团队，他们共同承担责任，共同扮演管理者的 10 种角色；就神经中枢的信息分享效率来说，这些组合是比较成功的。

5. 影响管理者工作的时间因素有以下 5 类：阶段性模式、变化–稳定循环、危机阶段、新工作模式和社会变革。

6. 管理工作基本上可以分为 8 种类型：联系人（最重要的是“联络官”和“名义领袖”角色）；政治管理者（强调“发言人”和“谈判者”角色）；创业者（“创业者”和“谈判者”角色）；内部人士（“资源调配者”角色）；实时管理者（“故障排除者”角色）；团队管理者（“领导者”角色）；专家管理者（“监控者”“发言人”角色）；新管理者（“联络官”“监控者”角色）。

THE NATURE OF MANAGERIAL WORK

第06章

管理工作的系统改进

蜈蚣原本很快乐，蟾蜍拿它寻开心：
“请问，
你到底是哪条腿跟着哪条腿在动啊？”
蜈蚣伤透小脑筋，趴在沟里难前进。

爱德华·克拉斯特夫人
(Ms. Edward Craster)

导读

前面三章的证据表明，管理工作不是科学。**也就是说，管理者不是根据科学分析所描述的程序而工作**。实际上，除了他们有电话、飞机、录音机以外，现在的管理者和历史上的管理者并无差别。他们可能会寻求不同的信息，但所用方法却和过去一样采用口耳相传；他们做决策可能会用到现代科技，但使用的却是相同的直觉程序（也就是比较模糊的方法）。即使是对组织中的其他工作产生了重大影响的电脑，显然对总经理的工作也改变甚少。

管理学家可能在生产领域和数据处理方面造诣颇深，但实际上对于管理者进行管理毫无帮助。原因很简单：由于工作过程还没有得到很好的理解，分析程序也无用武之地。由于我们对管理工作所知甚少，管理学家们便把精力集中在组织中的其他方面，那些他们可以把程序加以量化和改变的地方。

在本章中，我将讨论管理学的两个必要组成部分——对管理工作的精确描述和系统的改进方法。总体而言，第一节用“程序”的概念来描述管理者的工作，第二节则回顾这方面的一些具体尝试。接下来的几节将研究一些管理学家进行程序分析、改进管理工作的可能方法。

管理工作的程序化

从某种意义上说，科学的历史就是人类用更精确的术语描述这个世界并系统地改进这个世界的奋斗史。莫里斯的《裸猿》一书就描述了人类这种与生俱来的探索和实验的天性：

> 人类的游戏规则可以表达如下：（1）研究不熟悉的东西，将其变为熟悉的；（2）有节奏地重复熟悉的东西；（3）在重复的过程中尽可能地做些变异；（4）选择其中最令人满意的变异加以发挥，其他变异则弃之不用；（5）将令人满意的变异加以反复，重新组合；（6）以上各条均是为游戏而游戏，游戏本身就是目的。
>
> 这些原则适用于所有游戏，无论是幼儿玩沙，还是作曲家创作交响乐，莫不如此。

弗雷德里克·泰勒（Frederick W. Taylor），科学管理之父，为我们提供了管理领域中第一个明确的工作过程。基于对 20 世纪早期（1911 年）工厂工作的分析，泰勒概括了 5 个步骤：

> 第一步，找出 10 个或 15 个（最好来自尽可能不同的车间和地区）在某一工作上特别出色的人。
>
> 第二步，研究上述人员进行该项工作时的基本操作或者动作序列以及所用工具。

> 第三步，用秒表把每一个基本动作所需时间记录下来，然后选择其中最快的方式。
>
> 第四步，删除所有错误、缓慢以及无用的动作。
>
> 第五步，将这些不必要的动作除去之后，将其排列成一个最快最佳的动作序列，并选择最好的工具。

换句话说，泰勒最早精确描述了这些人们在工作中所使用的程序，然后将其重新“编程”，也就是说系统地重新设计。这些新程序明确下来之后，接下来的一步就是使其成为习惯。

20 世纪管理学的总体方向，就是对组织中越来越精细复杂的工作形式加以描述和重新编程。泰勒在 20 世纪之初这样做的时候，他的宏伟心愿是——让工人更好地搬运生铁和铲煤。后来，工业工程师运用“时间-方法”研究技术把这种成果带到了工厂的各个地方，也带到了办公室。电脑出现以后，运营管理领域迅速发展，这项研究的根本目的就是要对组织中越来越复杂的信息处理工作进行重新编程。一些程序纷纷出炉，包括装配线之间的平衡、生产进度安排、存货控制等。现在，许多日常的中层管理工作（这里指的是专家性质的工作而非管理者的工作）也都已经或者能够程序化，交给电脑去完成了。

这基本上就是管理学的早期发展方向。但是我们有充分的理由相信，**管理学家日程上的下一个项目是高层管理者的工作**。从生产工作到案头工作，再到专家们复杂的信息处理活动，人们看到了管理学的力量。随着对专家们复杂工作重新编程的成功，很显然，管理学家将会把注意力转向高层管理者——那是他们最终的也是最大的挑战。

管理学目前发展到什么地步了？我对 5 位首席执行官的研究清楚地表明，

高层管理者所做的工作几乎没有什么是明显程序化的，也就是说一系列正式记录下来、按照一定顺序执行的系统步骤。**管理者的决策是“非程序化”的。**但是严格说来，所谓“非程序化的决策”是不存在的，因为大脑必然也使用了一定的程序（某种高级程序）来对刺激做出反应。认知心理学家在将复杂的思维过程程序化方面取得了一些成功，例如下国际象棋①。在管理领域，则有克拉克森（Clarkson）所做的著名研究。他证明了被研究者能够对一个看似很复杂的决策过程（比如信托基金主管对投资组合的选择）做出描述，并据此实现电脑上的精确模拟。因而至少在理论上，我们有充分的理由相信，管理者的所有决策行为都是可以程序化的。

要发展一门管理学，首先，我们需要知道管理者使用的是何种程序。管理活动和管理角色的分类表明有多种基本程序，例如时间安排和协议谈判。其次，是描述每个程序的内容——激发程序的刺激因素、执行中的各种信息、执行的步骤顺序（包括所使用的启发法或者决策规则）和程序的输出。之后，是把这些程序联系起来，形成一个全面的管理工作模拟。这项工作的规范部分要求我们对程序展开详细的研究，以对其加以改进（并且可能实现自动化），从而达到改善工作效果的目的。

所有的迹象都表明，管理工作极为复杂，这将是一个浩大的工程。管理者的程序中易于描述的很少，而很多都特别复杂，与“领导者”角色相关的程序可能是最难理解的；与“名义领袖”“发言人”和“传播者”角色相关的程序大概是最简单的；而与“联络官”“监控者”和 4 个决策制定角色相关的程序估计是介于两者之间②。无论如何，一个合理的管理工作模拟恐怕离我

---

① 参见费根鲍姆（Feigenbaum）和费尔德曼（Feldman）、西蒙和纽厄尔 (Newell) 和西蒙的论著。

② 请注意，角色只是对管理者从事工作的一种分类；实际上，每个程序所描述的是一个角色的某个具体方面是如何实施的。

们还很遥远。但不管怎样，一些重要的程序肯定是比较容易描述的，它们很可能成为最先引起管理学家注意的地方。

在接下来的部分，我们将介绍一些用程序的术语来描述管理工作的初步尝试，然后评估一下管理学家可能在哪些领域对管理者的工作产生一定的影响。

管理工作的程序化系统

我们来审视一下两派关于“管理工作程序系统”的观点，以及另外两项深入探究管理者所使用的具体程序的研究结果。

管理术语

克拉尔和莱维特提出了一种有趣的对管理者的工作编程的方式。他们把组织工作比作计算机程序，复杂的计算机程序就是一系列闭合的例程，通过一个“执行程序”彼此联系起来。

他们就透过这个执行程序来勾画管理工作。

首先，（执行程序或管理者）放眼程序（组织）之外，从环境中接收一种形式的信息，然后再将其以另一种形式转发回环境中。他们要观察哪些类型的工作出现积压，接下来要做什么工作等。其次，他们观察程序（组织）的内部，保持对子程序的控制。

- 他们有探测功能，可以检查已经做了什么，还需要做些什么。
- 他们有中断功能，可以命令一个子程序停止，让另一个子程序启动。
- 他们有监控功能，以确保没有错误或者不可接受的情况发生或临近。

- 他们有资源调配功能，可以为适当的例程（部门）分配计算机的时间、空间和计算设备（金钱、空间、人力等），并指定特定的程序来处理问题。
- 他们有协调功能，确保当活动的各个部分完成之后，结果可以顺利地进入下一个阶段。他们按照适当的顺序进行安排，确保各个部分逐渐结合成一个有意义的整体。
- 他们有常规事务处理功能，可以检查和清理自己的所有工作空间，清除无用的空间以容纳新信息。常规事务处理功能可以完成被子程序遗漏的零星事务。他们令整个程序（组织）时刻处于备战状态。

这个类比的有趣之处在于，它把管理者工作的描述和一套已知的程序联系起来。如果克拉尔和莱维特展示的类比被证明成立的话，那么我们就有可能把计算机的执行程序看作是管理者程序系统的前期模拟。

王龙使用更加直接的方法把管理工作描述为程序系统。他把我的结构观察表（参见附录 B）同克拉克森等人进行思维过程研究的方法结合起来。

管理实践

王龙研究了三名中层管理者：一位是中等城市市政府的管理者，一位是运输公司的副总裁助理，还有一位是负责行政管理工作的大学教授。在观察的同时，他还收集了邮件和口头联系的数据，并记录下他们的行为方式——执行工作时候的行为描述。根据这些数据，王龙用一张流程图标出了这些人在工作中所使用的程序。

王龙的研究集中关注了第 4 章所描述的信息传递角色和决策制定角色。大体上，他把管理者的工作过程描述成 4 个相互联系的部分：**信息扫描、信**

息存储、决策制定和信息传播（参见图 6-1）。通过扫描（或者监控）活动，管理者从环境中接收新信息。一些信息被存储起来，可能是等到日后再传播出去或者用于决策。一些信息会引起立即的决策活动。一旦决策制定，管理者就会把结果及其相关信息传播到环境中。

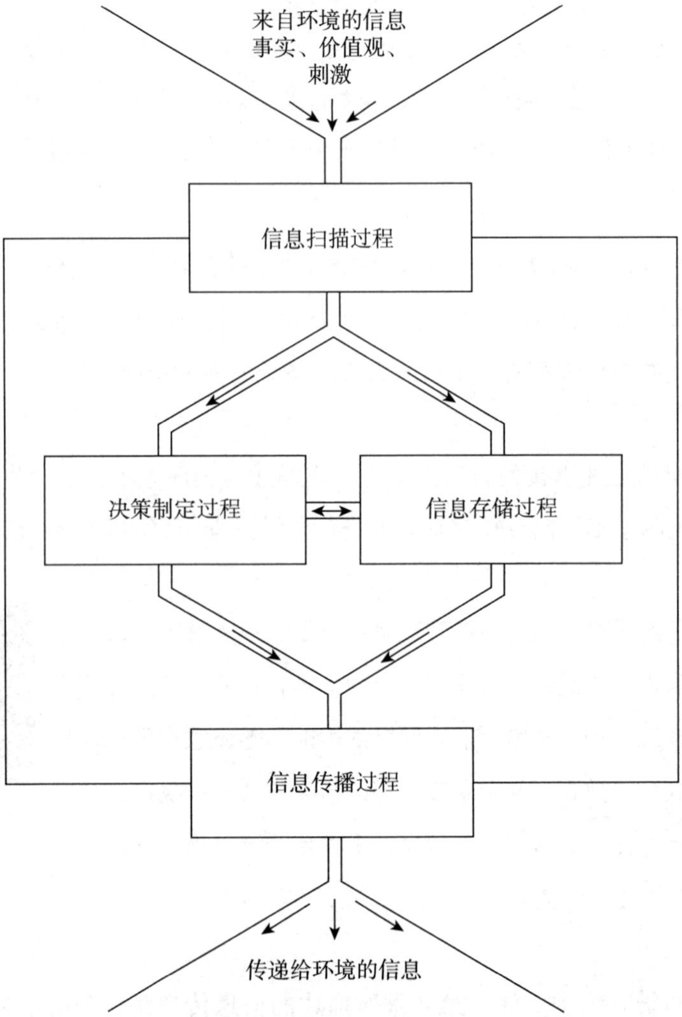

图 6-1　4 个管理工作过程

图 6-2 和图 6-3 显示了王龙所描述的两个程序，但略有修改。管理者接收的新信息触发了信息存储程序，他必须决定哪些需要剔除、哪些需要存储、哪些需要立即传播。3 个基本的存储方式是自然记忆，包括概念、理念、价值观信息和现实世界模型；手头存储，指的是随手写下的文档、日记、备忘录之类管理者经常放在手边的东西；正式存储，包括各种组织文件、磁带和光盘信息等。图 6-2 所示的程序很简单，表明管理者使用一套简单的规则来决定如何存储信息。

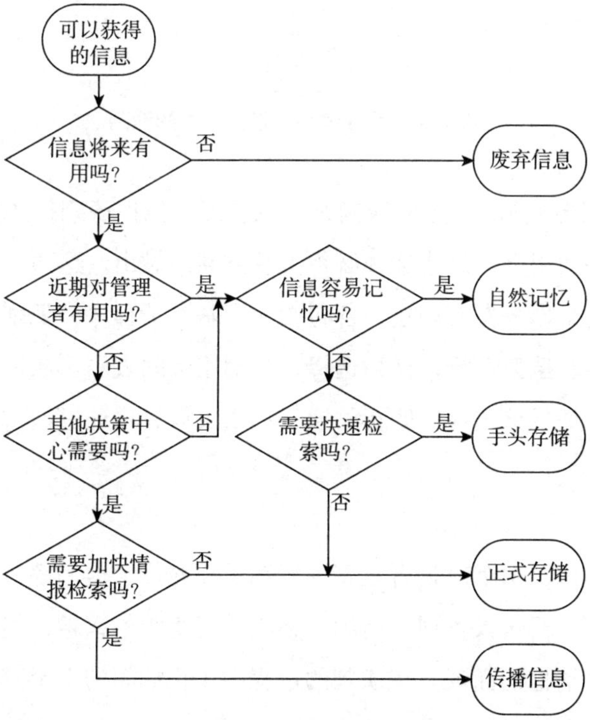

图 6-2　信息存储系统

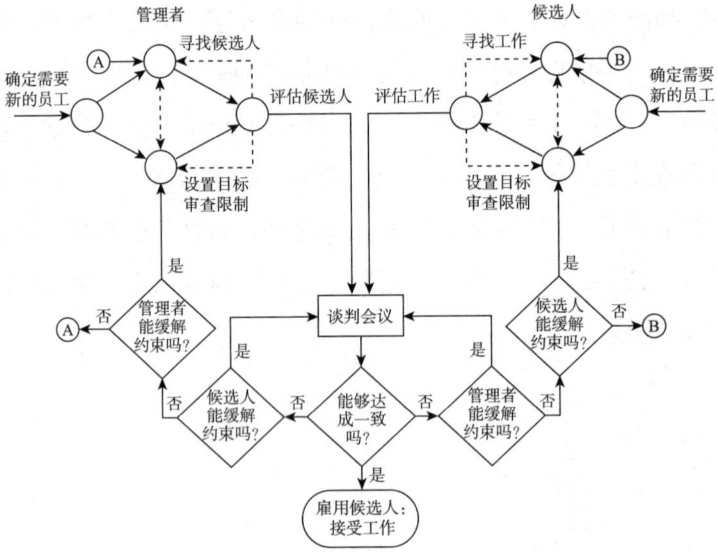

图 6-3　管理者和候选人之间的谈判

图 6-3 是修改后的王龙的谈判过程概念图。他把谈判描述成两个独立的决策制定程序的组合，最终选择必须由双方共同做出。这两个决策制定程序分列在图的上半部分左右两边，各包含 4 个基本子程序：**识别决策、开发目标和限制条件、搜索选择、评估选择**，分别用圆圈表示。从评估子程序返回的箭头表明，如果该选择证明行不通，那么决策者将通过搜索新选择来实现目标。

在这张图中，两个决策者是管理者和潜在雇员，他们都首先执行自己的决策制定程序。候选人发现了组织，并表达对组织的兴趣；组织找到自己满意的人员，并请他们面谈。在谈判的过程中（正如图的下半部显示的那样），他们先要测试一下是否对条件达成一致。如果没有，则双方同时审查限制条件，提出新条件，并再次谈判。这个过程会一直持续到达成一致，或者其中一方决定寻求其他选择。

王龙提出的扫描（或监控）程序在阿吉拉尔的研究中也出现过，她询问过 41 家公司的 137 名管理者如何搜索信息，图 6-4 是阿吉拉尔的扫描和模式分配规则。面临着一个问题（第 2 点）的管理者首先要决定，他是否需要更多信息（第 3 点），如果不需要，他就要对此问题做出决策（第 16 点）；如果需要，就要从 3 种模式之中分配一个给随后的搜索程序（第 4~13 点）。他可以被动地接触特定类型的信息（“条件观察”，第 6 点）；他可以为某个特殊目的而以一种非正式、有限的模式搜索信息（“非正式搜索”，第 10 点）；或者可以有意识地、系统化地搜索与具体问题有关的信息（“正式搜索”，第 13 点）。如果进一步的信息表明，这个问题不具备相关性，管理者就会回到第 4 个模式，“随意观察”（第 1 点），阿吉拉尔将其定义为“观察者没有特殊目的地接触信息，或者只是为了探索而已”。如果搜索不成功，或者没有适当的搜索程序，管理者会选择子程序来改变自己的扫描规则。

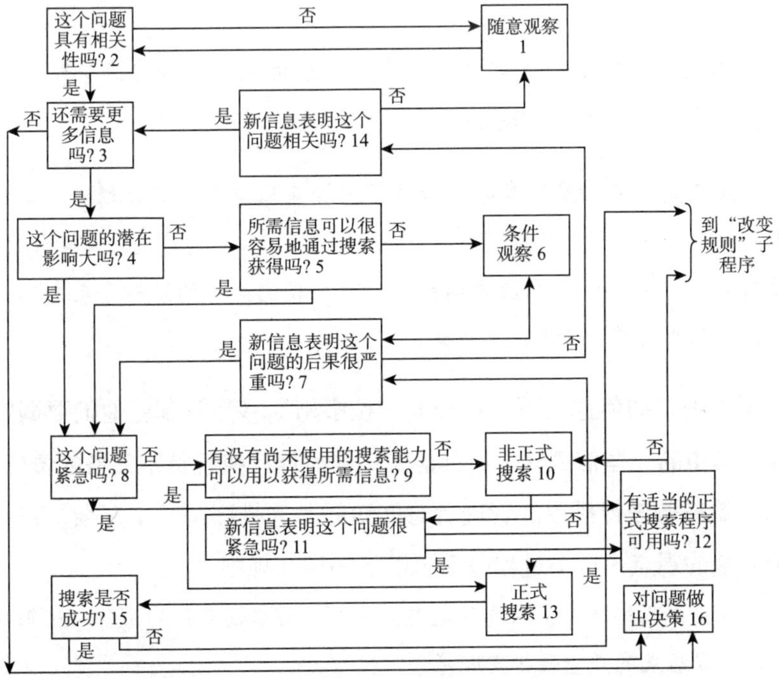

图 6-4 扫描程序

管理者使用一个特殊的程序来把自己的各项活动联系在一起，“日程安排程序”就是用于确定各项任务的轻重缓急，以及在特定时间内应执行哪项任务的程序。它所处理的输入相对而言，结构化程度较高（确定的任务、清晰界定的时间段），或许比较容易精确模拟。

到目前为止，这类研究中最重要的一项可能就是约翰·拉多姆斯基（Jonh Radomsky）对一家大公司三位中层管理者的日程安排行为的研究了。在这项拉多姆斯基称为“问题选择之问题”（The Problem of Choosing a Problem）的研究中，他使用了一种非常有趣的研究方法。当管理者做决策时，他要求他们说出自己的想法。拉多姆斯基用录像机录下管理者的图像和行为，然后第二天再与这些管理者一起重新审看这些记录。他发现，这种方法激起了管理者们不少的回忆，而且他还可以提取出有关他们日程安排规则的重要信息。

拉多姆斯基首先分析了管理者工作日的总体安排，注意到其中存在着一些基本议程和一天工作开始时的总体工作方向。

> 处理完一些零星的事务之后，管理者开始着手完成日程安排中排定的项目。一条最新的信息到来，于是他们对工作的排序进行重新评估，然后对日程安排做出相应的调整……可见我们面对的是一个动态的过程，是基于当前的情况做出决策。

至于管理者如何选定下一项任务，拉多姆斯基注意到，**他们要浏览新信息，并把其中的一些信息转发给其他人（同时伴有执行特定任务的责任），然后对剩余的任务进行排序**。管理者对已知问题的排序是一个复杂过程；根据拉多姆斯基的观点，这个过程包括了以下的潜在规则：

- 找出已经延误、不能再延误，或者必须尽快开始的工作，根据延误后果的严重性排定顺序。

- 比较可用时间和所需时间，如果存在冲突，若时间宽裕，则暂时搁置造成障碍的工作；若工作不能拖延，并且问题很明显，则把自己手头正在进行的项目或者造成障碍的工作分配给下属。
- 如果没有更高级别的工作存在，就考虑在完成时间仍宽裕的新工作之前，先完成那些只完成了一部分的工作。
- 按照优先级安排时间仍宽裕的工作。不要重新安排已成为障碍的工作，而是选择适合该时间段的具有最高优先级的工作。
- 用短时任务填充空闲时间，舒缓一下节奏，开始一天的工作。
- 当处理时间宽裕的项目时，随时注意按照先到先做的原则，审查新的任务。

拉多姆斯基的详细描述见图 6-5。

以上对管理者的程序不同方面的四种描述只是一种探索，但却具有巨大的价值。这就意味着**管理者拥有一系列的通用程序，可根据具体的情景结合或顺序使用，同时又有一个专门程序——日程安排程序，以便对自己的任务进行选择和排序**。我们大概还可以添加一个“控制程序”，它负责决定执行某项特定任务时可以使用的程序和信息。正如在一台分时使用的电脑中，日程安排程序以时间为导向，选择要处理的事件；控制程序则以逻辑为导向，进行模式选择。

另外，为了其他特定的目的，管理者也可以使用其他一些专门程序（例如，雇用一个下属）。为了从程序系统的角度描述管理工作，准确预测管理者的行为，我们必须全面理解这些通用程序和专门程序，以及管理者在工作中所使用的启发法和其他记忆方法。

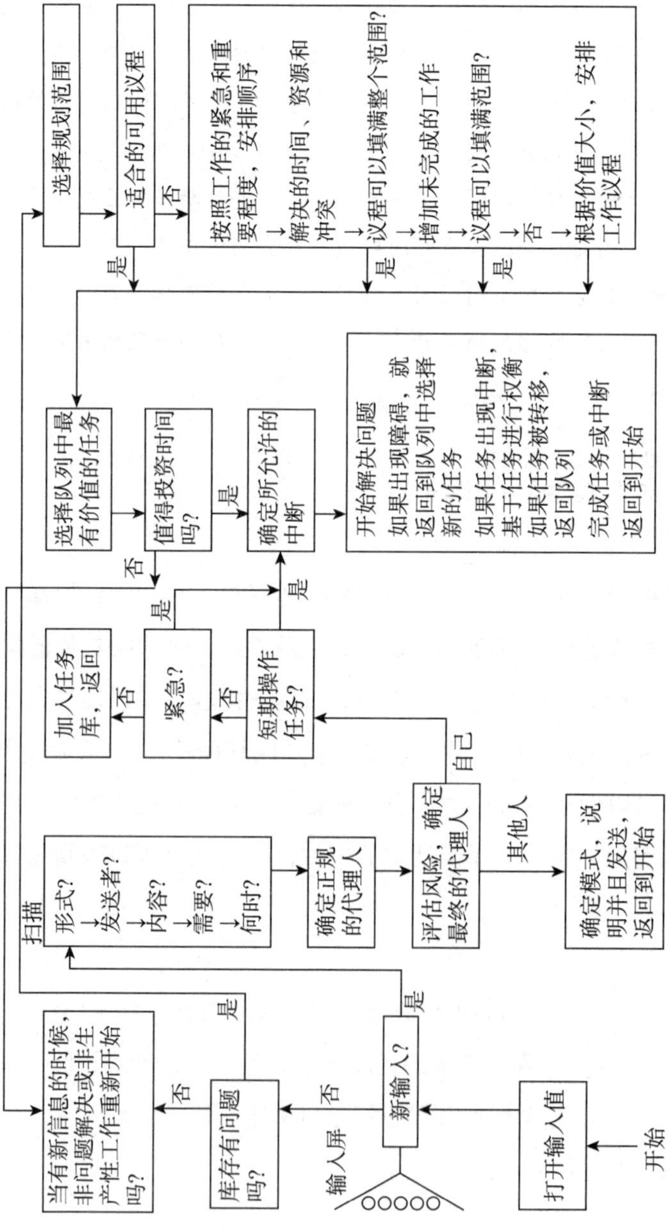
开始
打开输入值
输入屏
新输入？
否
是
库存有问题吗？
否
是
当有新信息的时候，非问题解决或非生产性工作重新开始吗？
扫描
形式？→发送者？→内容？→需要？→何时？
确定正规的代理人
评估风险，确定最终的代理人
其他人
确定模式，说明并且发送，返回到开始
自己
短期操作任务？
否
紧急？
否
加入任务库，返回
是
是
选择规划范围
适合的可用议程
是
否
按照工作的紧急和重要程度，安排顺序
→解决的时间、资源和冲突
→议程可以填满整个范围？
是
→增加未完成的工作
→议程可以填满范围？
是
→否
→根据价值大小，安排工作议程
选择队列中最有价值的任务
值得投资时间吗？
否
是
确定所允许的中断
开始解决问题
如果出现障碍，就返回到队列中选择新的任务
如果任务出现中断，基于任务进行权衡
如果任务被转移，返回队列
完成任务或中断
返回到开始

图 6-5　日程安排程序

管理学家的重新编程

在第 3 章中，我们研究了管理工作的各种特征。管理者受到严格的时间限制，无论一个问题多么复杂，他们都无法分配一长段完整的时间给它。即使是那些需要理论和历史调查的问题，管理者也倾向于关注当前的和具体的方面。虽然他们也需要细致研究文件，但更倾向于口头联系。这些特征显然表明，管理学家有责任为高层管理者提供分析性的支持。

这里我们所说的“管理学家”（以及分析者），包括所有的运营研究者、计划制订者、系统分析员、信息系统设计者，还有其他所有致力于把研究成果和分析技术投入组织工作过程的人们。管理学家能够帮助管理者弥补不足。他们有时间，也有关注问题的习惯，还有从研究正式文件获得知识的经验，并受过将分析和理论用于实践的培训。很明显，那些能够承担得起代价的管理者（大公司的高层管理者）将能够从运用管理学家的技能中获益。

近几年来，这种需要逐渐被认可。正如所预料的，管理学家们已经把注意力转向了管理者的工作，转向了高层所遇到的政策问题。企业的战略规划师集中精力制定战略；政府部门的系统分析员应用成本效益分析来处理资源分配的决策问题；信息系统设计者使用计算机来为管理者提供信息。但这些进展却相当缓慢，原因有两点：

首先，和我们大家一样，管理学家也同样缺乏有关管理者的工作过程的正规知识。这是个很复杂的问题，描述不清楚是无法分析的。

其次，当管理学家希望了解管理者的信息时，经常遭到婉拒。管理者是组织的神经中枢，只有他们才可以接触组织内外一些能够提供独家信息的联系人。但是这些信息没有形成文档，而且很多都是未经证实、无法量化的。

所以管理者就无法系统地把这些信息传递给管理学家，可以说，大部分的信息是管理学家永远也接触不到的。如果对管理者的信息不了解，分析者如何能够设计出有效的信息系统呢？规划师又如何能制订出有效的战略计划呢？

因此，**管理学家有必要打破管理者对非文档信息的垄断**。这些都是推动组织前进的信息，而管理学家却很难接触到它。如果管理者希望获得解决组织政策难题所必须的知识，他们就必须和管理学家一起付出更多的努力。

如果信息充分，管理学家就能够因循泰勒的传统将管理者的部分工作“重新编程”——分析管理者在程序中所使用的步骤，检验其他的可行步骤，提出修改建议。在管理者的所有活动当中，有一部分由于需要人的灵活反应能力，很难重新编程。例如，管理者必须激励下属，必须参加礼仪活动，必须联络同事。但是，也有一些活动，也许是很少的一部分活动，能够大致上实现重新编程和自动化。特定信息的分类和日程安排活动或许就属于此类。

而绝大多数的活动都包含了前面所说的那一类活动，因此可以部分地重新编程。管理者将可以在分析者（或者人机系统的计算机）的支持下完成这些活动。管理者提供自己的特定信息和对环境的动态理解，分析者（计算机）提供分析能力和分析时间。许多管理者的重要信息处理和决策制定活动可能都属于这一类型。

现在，我们把注意力转到管理学家可能得到最大收益的方面——日程安排、信息处理、战略决策。这里我们所提出的看法都是一些推测，但其中也确实有一些是管理学前进的方向。

日程安排活动的重新编程

正如前面所述，管理者的时间存在着巨大的机会成本。如果时间不够用，他可能会推迟批准一些申请、搁置改进计划、减少传播信息的数量等，从而减缓组织的发展。日程安排活动是一个让管理学家大有可为的领域。通过让管理者的日程更加连贯，节省管理者安排自己工作日程的时间和精力；根据管理者和组织的需要，运用系统方法安排日程，管理学家可以大大提高管理者的效率。实际上，我们对组织中其他人员的研究已经相当深入了，唯独在这方面没有下力气进行分析，这应该说是件很奇怪的事情。

日程安排程序应该包括：

- 确定管理者的时间限制。
- 对时间要求进行界定和分类。
- 制定一系列可调整的日程安排规则，以控制时间分配。

只要问问管理者，他的上下班时间以及是否愿意在晚上和午餐时间工作，第一条就可以很容易确定下来。同样地，对管理者时间的不同要求进行分类也很简单。附录 B 已经初步完成了这些工作——礼仪职能的时间、谈判和审批的时间、改进计划的时间、巡视的时间等。

日程安排的指导方针或许可以是这样的：

1. 某些特定时间段应该预先留出来。

现在，管理者定时参加的活动数量很少，结果导致他们需要花大量时间来协调和安排自己与他人的活动。这个规则需要：

- 每天留出一定的时间来处理邮件。
- 每周定期安排时间与下属会面。

* 每月审查几个职能部门的情况。
* 每周拿出半天时间审查当前进行的改进计划的进展情况。
* 固定巡视或其他调查工作的时间。

2. 另外留出一定时间以满足一些临时需要。

建立不同的优先等级，例如，呈报审批的事务要得到最高优先级。要另有规则保证，从总体上看私人联系、名义领袖的责任、信息处理和其他活动，也都能得到一定比例的时间。

3. 建立一个改进计划的总控机制。

由于每个项目的进程都难免会耽搁时间，因此总控机制应该监控每一个项目，决定何时应该安排这些项目的后续阶段，并留出适当的时间（这一点在战略决策部分将会进一步讨论）。

4. 还要有一条规则来保证日程安排的活动相互错开。

在一天当中留出几个空余的时间段，从而让管理者可以根据环境做出动态调整——与下属进行“即时沟通”、处理危机事件、回复电话。

5. 一天的时间安排还要考虑到工作效率问题。

根据管理者的偏好，活动可以是交替变化的，也可以是连续进行的。例如，杂务活动之后可以是礼仪活动或者邮件处理活动。考虑到效率问题，还可以设立一个休息期：一个除了管理者之外，其他人都参加的日程活动。如果管理者在早晨工作效率最高，那么信息处理和资源调配活动可以安排在早晨，把仪式之类的活动安排在下午。

这个机制虽然看起来与一些主要职位上的管理者目前所使用的相似，但是至少有三个方面的不同：

其一，在一定程度上，它可以通过启发法使日程安排明晰化，使之可以成为标准规则。

这样一来，管理者就不需要亲自操心日程安排活动了。他们节省下来的时间就可以从事其他的活动，而日程安排的工作交由助理（也许有朝一日是一台电脑）来完成。

其二，只要在日程表里明确安排上那些不很迫切但很重要的活动——关于信息处理和战略决策的事务，管理者就会给它们以更多的关注。

管理者往往是根据他人的要求来安排自己的工作日程，这样一来，很多重要的工作都要看运气——监控、制订改进计划、巡视、传播信息。正如第 3 章中提到的卡尔森的说法，管理者变成了“日程表的奴隶”，只顾着完成自己日程表里那些标有具体时间的具体活动。西蒙说，管理领域中也存在劣币驱逐良币的法则，程序性的活动大有驱逐非程序性活动的趋势。这个法则的两个推论可能是，有日程安排的工作往往驱逐没有日程安排的工作，不重要的工作往往驱逐重要的工作。

其三，应用一系列明确的规则（实际上就是一个日程安排模型）以及通过使用这些规则而收集到的数据，可以进行多方面的分析。

尤其是对于那些基础活动，比如信息处理、项目计划、名义领袖的任务，时间分配可以多样化，对于组织的效果也可以得到评估。分析者可以问问管理者，是否要用更多的时间来收集信息，或者是否应该花更多的时间来传播自己的信息？他们的改进计划是否应该再多一点或者再少一点？他是应该少花点时间在名义领袖的责任上，而更多地履行领导者或联络官的责任吗？对这些问题的答案可以让管理者的日程表更加平衡。

信息系统的重新编程

管理者的信息处理系统有三个基本要素——监控、存储和传播。下面我们分别讨论对每个要素重新编程的可能性。

监控系统

在第 3 章和第 4 章中我们提到过，管理者的信息往往具备以下一些鲜明特征：

1. 当前信息。

对于管理者来说，看来更重要的是迅速获得信息，而不是确保信息的绝对正确性。因此，闲谈、道听途说和猜测是他获取信息的一大途径。谣言得到证实总是需要时间，而要成为量化的报告则需要更长的时间。

2. 触发信息。

管理者更喜欢具有明确的刺激性或者触发性的信息，而不是一般的含混信息。用诺伊施塔特的话来说，管理者需要的是“切实的细节”而非“无关痛痒的消息”。管理者希望了解到具体的事件、理念和问题。

3. 口头信息。

为了获取信息，管理者必须依赖于口头媒介。邮件中很少有能够让人有所行动的信息，而会议和电话则会带来他所需要的最新的触发信息。

这些特征让管理者与大多数正式信息系统产生了直接冲突，他要的是触发性的、预测性的最新信息，而正式系统为他提供的则是集成的、确切的历史信息。此外，管理者渴求外部信息，而正式系统提供的大多是内部信息。正式系统信息是为了服务于控制和调节（生产计划、销售报告、标准成本）工作，这对于基层和中层管理者来说非常有用，但它排除了高层管理者制定非程序性决策时需要的很多信息。

于是管理者有时候不得不忽略正式的信息系统，而自己设计一套系统，这个系统才可以为他提供自己所需的信息。他与外界广泛接触，订阅期刊，参加行业组织，以及鼓励下属越级向他汇报信息。

管理者必须这样来设计自己的监控系统，并亲自进行筛选吗？尽管这样一个监控系统确实可以提供管理者所必需的信息，但它既粗糙又缺乏持续性。这个系统受制于管理者的时间限制，而管理者的时间本来就很紧。另外，由于这个系统很大程度上是口头的，所以其覆盖面就很有限。管理者根本没有足够的时间亲自去传播下属需要的所有信息，他只能通知几个关系密切的下属；而一旦超出他的日常谈话范围，系统就无能为力了。

信息分析者有足够的时间和信息理论知识来帮助管理者设计这个监控系统，并可以进行一部分的操作工作。这样的监控系统比管理者自己的监控系统要有效得多。**分析者也许首先要找出某位管理者需要哪些信息，不是通过询问，而是通过研究他搜寻、接收和使用的都是什么样的信息。**

> 我们经常听说，一些饱受打击的信息分析者就是不明白，为什么管理者不想利用分析者认为他们完全应该利用的信息。分析者还试图通过询问管理者“你需要什么样的信息”来解决问题，但最终都徒劳无功。有证据（参见附录 A）表明，管理者很难抽象地描述自己的工作,而这对于分析者来说却是非常有用的。为了了解管理者的信息需求，分析者不得不研究管理者实际运用信息的情况。

管理者是否向下属传播大量的外部信息？他是否会花大量的时间进行巡视、寻找问题？他是否经常参加交易会？他是否对技术报告很感兴趣？他是否通过定期的报告来寻找关于行业趋势的信息？他对什么样的业内传言感兴趣，又如何获知这些闲言碎语呢？毫无疑问，分析者最后必将得出结论：很多信息来源只对管理者开放，只有他们才具备获得这些信息的必要身份。但分析者可以在很多领域上助他们一臂之力：信息技术、市场趋势和内部运营。他可以全面地寻找其他信息来源，在这些领域中构建一个设计精密的监控系统，不仅能够提供更多的信息渠道，而且可以帮助管理者进行扫描和筛选。

然后，分析者把这些相关的信息摆到管理者面前，包括各种想法、问题、闲言和事件。

正式存储中的数据库

如今，管理者已经真正成为一个重要的组织信息数据库。只可惜他是一个会行走、能说话的数据库，而不是一个书面的数据库。这就是问题的所在。当他忙碌的时候，信息就停止流动；当他离开后，数据库也就不存在了。

管理者的信息应当便于组织成员访问。有些信息诉诸文字便于获取，但大部分的信息只存在于管理者的记忆中，只能通过口头传播。管理者最好还是下定决心把这些信息记录在案，转移到组织的正式存储部门，以便于下属获取。比如说，可以做成一个每周短讯，先把每周重要的信息记录下来，然后再写成详细的报告。这样的信息成为正式存储后，分析者把它和经过重新编程的监控系统结合起来，就可以构建出一个明晰的战略决策信息数据库。这样一个数据库明显的问题就是不安全。然而你还要看到，让下属的消息更灵通，可以带来很大的利益。这个问题将在结语中详细讨论。

传播系统

正式存储部门的数据库使系统化的信息传播系统成为可能。数据库信息可以根据组织不同成员的需要，分门别类地传播到他们手上。

这样一个传播系统建立在信息明确的数据库基础之上，因此避免了很多管理者严格遵循的那套系统的缺陷。信息的传播数量不再取决于管理者有多少空余时间。另外，与管理者不在一起工作、难以与之实现口头沟通的人们（例如海外工作的员工），比起那些在总部办公的员工，也不再处于劣势了。此外，即使管理者离开组织，记录着明确信息的数据库也不受影响，需要这些信息的人仍然可以得到它们。

在计算机对于高层管理者的作用问题上，人们有很多猜测[①]，我们的证据表明，在重新编程后的信息系统中，计算机的作用微乎其微。许多信息都是定性的，很不精确，而且很多信息需要的只是一个简单转发而已。例如，一位管理者把会议记录转交给另一位管理者。大多数情况下，把这类数据也输入电脑中让计算机进行分析代价太大了。另外，参与这种典型系统的高管恐怕不会很多。相对于计算机分类和打印所带来的节约而言，信息编码的成本太高了。换句话说，**用电脑来传递这类信息也许根本就得不偿失。**

如果我们希望预测一下信息处理硬件的复杂应用情况，可以想象一个未来的组织，每位高管的办公室里都有一个控制台。“即时沟通”会自动依照每位高管的具体需要收发信息。获得了新信息的高管，只要决定哪些管理者需要接收这些最新信息，然后他键入密码打开适当的通道，信息就会马上出现在适当的办公室。或许就像新闻办公室一样，新闻题材的轻重缓急可以用一次、两次或三次铃声来表示。

如今的大型组织中有两种信息系统——计算机中构建的正式系统和管理者自行设计的非正式系统。组织非常需要一个介于两者之间的系统，一个可以系统化处理计算机现在不能处理，而管理者现在却又需要的信息的正式管理信息系统。这样的系统也许部分地要依靠分析者来操作，但恐怕无法实现自动化。

管理理论家很热衷于辩论计算机对于组织结构究竟是起到了集权作用还是分权作用（可参见莱维特和惠斯勒的论著）。从上面的讨论中，任何有利于传达管理者信息的系统（不论是否为计算机系统）对于组

---

① 迈尔斯表达了首席管理者使用计算机问题的很多观点。

织结构来说都有着分权作用。现在，每位管理者都把对组织具有重大意义的信息放在自己的头脑中；他不能随意传播它们，而只是和一部分人沟通。因此，通过控制更为广泛的知识，他可以对组织的重大决策保持集中控制权。有了有效的信息传播方式后，管理者就可以分享这些决策责任，因为他的下属将分享更多的数据。由此决策权就发生了转移，产生了分权作用。

然而这个论点有一个重要假设：**信息系统，而不是战略决策系统可以实现再编程**。这在短期看来是可行的，因为信息系统比较简单，相对易于重新编程。但从长远来看，管理学家也许能够实现战略决策的重新编程。或许有一天，借助强大的规划程序和必要的信息，规划部门也许能够比一个个单独的管理者做出更好的决策，因而造成组织的重新集权化。加尔布雷思（Galbraith）在《新工业国家》（*New Industrial State*）中指出这种情况已经发生。因此，对这个度的把握应该是，分权程度应以能够设计出有效的信息系统为准，集权程度应以能够设计出有效的战略规划系统为准。

战略决策系统的重新编程

管理学家现在所面临的最复杂也最有利可图的工作就是，对于组织做出重大决策并使之相互关联的系统（也就是战略决策系统）进行重新编程。本节首先要对比管理文献中描述的两个战略决策途径。其中一个认为，战略是随着管理者对环境压力做出反应而逐步演化出来的；另一个则认为，战略是通过规划师的正式分析而构建起来的。这两种观点都面临着一个“规划的两难困境”。也就是说，管理者拥有权力和信息，而规划师拥有时间和技术。我们将首先审视这个困境，然后再来看看管理者和规划师也许可以合作为战略决策系统重新编程的 7 个领域。

规划的两难困境

管理术语

"规划的两难困境"，是指管理者拥有信息和对于环境变化动态的理解，而分析者拥有复杂决策需要的时间和系统分析技术。管理者和分析者至少在 7 个领域可以合作进行战略决策的重新编程。

在两类关于战略决策的文献中存在着根本分歧，一派将战略决策描述为一个适应性或渐进性的过程，另一派则提出战略决策是一个全盘规划过程的结果。在第 2 章中的决策理论学派部分，我们回顾了一些"渐进主义"管理学家的著作[①]，第 4 章又回顾了管理者的决策制定角色，此处也倾向于把战略决策描述为一个复杂的适应性过程。

战略似乎是随着管理者各种各样的资源调配决策而演化发展的。为了获得反馈和等待时机，管理者往往把自己的改进计划分成一系列连续的决策。无论是他们对不同可行方案的搜索还是评估，看起来似乎都没有经过什么系统的设计，组织价值观在决策中的体现方式也显得颇为神秘。管理者似乎是借助自己巨大的信息储备和头脑中松散酝酿着的计划，而把自己的决策彼此结合起来。只有从这个层面上，战略决策过程看起来才具有内在完整性。可见当前的战略决策实践并不是什么"全盘规划"的产物。尽管渐进主义降低了"创业者"角色的作用，低估了管理者的能力和组织进行重大自我变革的能力，但确实更好地描述了目前的战略决策行为。

战略决策难道就永远只能是管理者独自做出的判断过程？其实未必，理由至少有三：

① 参见西尔特和马奇，以及布雷布鲁克和林德布卢姆的著作（1963）。

1. 管理者的时间有限，但他的规划师团队却没有这个问题。管理者只能拿出部分时间来做的工作，规划师却可以用全天来做。美国的一名参议员曾说过：

> 知道吗？内阁官员典型的一周生活是这样的：7个正式发言、7个非正式发言、7场国会听证会、7个官方鸡尾酒会、7个晚宴。这样的日程表根本就不可能有时间进行创意规划所必需的思考。他们能做的、应当作的、必须做的以及人们要求他们做的，就是把判断力转移到定义极为清晰的政策问题上。
>
> 我相信，如果我们期望高层管理者积极参与规划过程，那么我们将永远也得不出需要的政策规划。他们没有那个时间，也没有优秀规划师的远见或天分。他们不能深入地、系统地探讨问题。如果你要和别人明确各自赞同和反对的立场，那么你就要剖析问题的利弊得失，但问题是他们也不具备那种深入探讨的能力。（安东尼）

2. 随着组织的壮大，决策变得更加复杂，分析成本也相对降低，管理者的直觉判断法越来越靠不住，因为这种方法的改进速度太慢。另外，随着越来越多的信息记录可以经济地变成文档，正式方式将占据上风。查尔斯·希契（Charles J. Hitch）写道：

> 我们几乎从未找到过对所有知识领域都具有直觉把握的人。也许我们可以聚集一群专家，他们中的每一个人分别对问题的某一方面具有非常准确的直觉，然后由他们共同讨论出一个相当明确的答案。但一般来说，特别是不仅只有两个选择而是有多个选择时，系统分析则成为必要。
>
> 当相关要素繁多而又复杂时，比如国防问题，单靠直觉根本无法一一做出权衡，更不可能得出好的决策。

3. 那些在适应性过程中先后制定出的渐进性决策很难彼此关联起来。明确规划的战略，则比较容易整合。

规划派的支持者设想可以利用分析程序来制定一个完整的大战略，其中的代表人物有伊戈尔·安索夫（H. Igor Ansoff）和乔治·斯坦纳（George A. Steiner），希契和麦基恩（McKean）。安索夫和斯坦纳在著作中提出了一套组织战略设计的详细程序；而希契和麦基恩在《核时代的国防经济学》（*The Economics of Defense in the Nuclear Age*）中勾画了罗伯特·麦克纳马拉（Robert McNamara）首先在国防部使用的“规划–编程–预算系统”。这些分析方法源于经济学家的“理性”决策观点。正如一些文献中所描述的，战略规划过程首先是研究高层管理者的价值观和目标、组织的优势和劣势，以及所面对的机遇和挑战；然后以目标为导向，在优势基础上设计解决问题的战略计划；接下来，明确一些项目和长短期预算，成为计划的具体表现。

对这个“理性”战略决策论持批评意见的人认为，它过于简单，战略决策者面临的问题远比这要复杂，因此这样的战略决策方式简直是毫无意义。林德布卢姆在《决策的战略》（*A Strategy of Decision*，与布雷布鲁克合著）中提出“概要的”（synoptic）途径是行不通的，因为它没有考虑到人类解决问题的能力有限、信息不足；分析者无法明确具体的操作目标；管理者需要对自己的行动进行排序，以及管理者面临战略情景的复杂性和开放性。林德布卢姆还进一步提出，分析的代价过高。尽管林德布卢姆说的是公共部门的问题，但其中大部分观点也同样适用于企业规划。对于小公司来说，规划的代价无疑很高，而对于大公司，战略环境又太复杂。

这就出现了一个“规划的两难困境”[①]。管理者拥有在动态环境中进行操作的信息和灵活性，而缺少集中处理复杂问题的时间；而规划师拥有系统分析的时间和技能，却缺少必要的灵活性和信息。管理者了解顺应时势的重要性，而规划师则准备整合未来的行动。**一个简单的渐进式方法是，管理者**

① 要想更加详细地了解这个问题，请参见海基曼恩和明茨伯格的著作。

在没有危机发生的时候努力寻求机遇，所有的改进计划都被认为是独立的、互不承接的，而且计划只存在于管理者的头脑中。但环境的动态性和模糊性本质让正式规划显得苍白无力，反而鼓励管理者使用适应性的战略决策途径。显然，我们需要把管理者和分析者的技术结合起来。

管理者–分析者合作的 7 个领域

战略决策系统的重新编程要想获得成功，离不开管理者的信息和他对意外问题及机遇的敏感，也离不开分析者出色的分析能力。这个系统既要认识到管理者做出最终决策的责任，也要正视系统整合这些决策的必要性。它反映了这样一个事实：**管理者的时间有限，而分析者有充足的时间可以深入探究战略问题。**

管理者和分析者可以展开合作的领域很多，下面我们将讨论 7 个可能的领域，同时预测两方联手对战略决策过程进行重新编程的几种不同方式。讨论的领域包括寻找问题和机遇、拟议项目的成本和收益评估、模型构建、突发事件预案、分析“即时事件”、监控改进计划和发展适应性计划。

1. 寻找问题和机遇。“创业者”角色决定了管理者要寻求机遇、发现问题。分析者可以做其中的部分工作，他有更多的时间，可以在一些方针指导下为管理者识别一定类型的问题和机遇。他能够分析组织的优势和劣势，进行市场调研，开展预测研究①。分析者现在就在做着其中的一些事情，但并不是因为管理者要求他们进行这些研究，而是因为他们要广泛搜索需要决策的情景。分析者在这里的角色不应当是为管理者填写趋势和变化数据，而是分析

① 在预测中，政策方面的管理学家倾向于把大部分时间用在预测偶然事件（例如，贸易立法、技术突破）和社会变革（例如，消费者品位、政府导向）上，这和预测经济及其他定量参数正好相反。

这些数据中存在的问题和机遇。

2. 成本-收益分析。战略选择的职能对于管理者来说责无旁贷。他最了解组织的权力系统及其价值观，他要负责兑现承诺。尽管经济学家对于效用和偏好函数已经谈了很多，管理理论也一再呼吁设立明确的组织目标，但如何有效地实现这些却依然是个问题。正如林德布卢姆所说，许多组织的价值系统也许太动态、太复杂了，以至于无法用最通俗（最具实用性）的术语来表达目标。没有明确的可操作目标，管理者就必须承担起抉择的全部责任；分析者的角色自然就是提高管理者做出决策的能力。

成本-收益分析（也叫投资回报分析）是管理者改善决策的一种途径。分析者仔细地、系统地评估与问题的各个解决方案相关的成本和收益。分析者可以提取和排列管理者决策所需的数据，从而协助管理者提高决策质量。他可以研究和诊断某一具体情景，拿出不同的解决方案，为管理者系统分析每个方案的利弊。

尽管成本-收益分析法在麦克纳马拉的国防部中几起几落，但我们或许可以看到这个方法在重大政策问题上的应用稳步发展。运营管理研究的最初概念（不同领域的优秀分析者一同分析问题）是这些方法中最有力的一个，但近来的研究重点却转移到了具体的复杂技术的应用上来，这不是件好事情。对于政策分析，有必要回归到最初的基本方法上去。

3. 模型构建。除了为管理者提供具体分析的结果，分析者还可以给他们提供通用的分析能力，帮他们做出更好的决策。在第 4 章中我们建议管理者构建一个内在的模型，以便于做出选择。分析者则可以把这个过程正式化，为管理者开发更好的模型。

分析者也许可以开发出一些计算机模型来清楚地模拟管理者必须面对的

一些情景，例如，设计一个行业动态模型来模拟组织的生产和资金流动体系（福里斯特）、设计一个“输入-输出矩阵”来描述不同行业之间的贸易关系。也可以设计一些用于特殊情景的计算机模型，例如参与劳工谈判的管理者，也许会需要一个能即时计算出不同工资水平下的运营成本的模型。尽管这种途径有很多优点，但可以构建出有效的计算机模型的政策范围少之又少。到目前为止，它们还不可能既有很高的正确性，又像管理者那样能够灵活地适应新信息。

模型构建的另一种应用途径可能更实用一些，尽管用途没有这么大。管理者收集各种信息，慢慢在脑海中形成一个模式，并组合成描述环境各个方面的模型。实际上这些模型就是对现实的简单概念。有时候它们的作用非常大，可以做出有效的决策；但也有时候又太粗糙，会导致严重的错误。例如，美国总统手中的敌方军情或者本国经济运转模型的有效性，将在很大程度上决定着他的军事或经济决策的有效性。我们已经在这个层级的管理者身上，看到太多过于简单化的模型所导致的恶果，因而更加深知好模型的价值。

要改进管理者的模型，途径之一就是让他对所面临的情景有系统化和概念性的了解。而分析者的一个关键任务就是给管理者一些好的思考模型，为他提供对复杂现象的简单而有力的描述——其组织的消费者如何行事，竞争对手如何应付各种事件，技术变化对组织市场的影响，组织中的资金如何流动。在一些现代的或理论性的文献中可以找到此类描述，分析者也许可以再提供一些。关键是，即使得不到外界的帮助，管理者自己也会开发出这样的模型；通过专注于这些模型，分析者有助于确保设计出尽可能好的模型。

4. 制订突发事件预案。每位管理者都不时地要面对一些重大的破坏性事件，尽管他事先已经预料到了这种事情可能发生，但毕竟概率很小：银行催账、主要供应商错过了发货日期、大火烧坏了一处工厂、一个重要下属离职了，诸如此类。

管理者经常没有足够的时间来预见所有这些事件，他们只好把一些事件当作危机来处理。然而分析者却有足够的时间来研究其发生的概率及其对组织可能造成的影响。如果突发事件对组织的威胁很大，分析者或许可以说服管理者提前采取行动来加以避免。在有些情况下，分析者则可以制订一个（或一组）突发事件预案，这样，当真的发生了意外，压力增大的时候，管理者可以根据在冷静心态下制订的现成计划立即采取行动。

5. 实时分析。即使有了最好的突发事件预案，意外事件仍然会发生。有时候会出现机遇，有时候则是危机。有些危机是创新的意外后果。很难想象一个没有任何危机的绝对健康的组织。分析者不必再像以前那样对“见招拆招式管理”耿耿于怀，分析者大可发明一种方法，为身处危机之中的管理者提供服务。

今天的分析者常常不注意研究“实时”决策。研究方法经常导致很大的启动成本，且耗时很多。分析者学习过经济学传统的“理性”抉择，更喜欢全面地寻求多种可能方案及其后果，计算成本和利润。另外，分析者总是要借助高深的技术，进行复杂的运算。这种方式很耗费时间，以至于分析者往往被排除在实时决策之外。分析者必须培养一种“实时分析”的能力，在问题发生的时候为管理者提供解决方案。

管理者有了对环境的深入了解，再加上迅速行动的能力，在此前提下分析者能够应用自己的分析方法给深受重压的管理者提供帮助。分析者要随时准备好用简单的数学方法进行预测，在不考虑数据有效性的前提下做出快速的市场研究，根据几个可能的选择和概略的估算迅速计算出成本和收益。

一定程度上，规划师承担的是管理者的部分工作，如果他有时间就会自己做了。但是规划师更加深入，也许时间更加充裕。管理者继续一如既往地管理，关注邮件和电话，而规划师会处理问题。这样一种机制的关键是平衡。管理者也许会花一个小时给规划师提出一个问题，然后一周后花一个小时倾听规划师的建议。在那一周内，规划师及其 8 名下属所投入的是两倍的工作量。（海基曼恩和明茨伯格）

6. 项目监控。管理者亲自负责组织中最重要的一些改进计划的设计，他间歇地投入这些工作。通常，高层管理者也许会同时监督 50 个或者更多的项目，每个项目的发展阶段都不相同。要控制这么多项目可不是一件简单的工作，特别是对于那些需要考虑很多其他事情的管理者来说。分析者的任务之一就是监控这些项目，追踪每个项目的进展并排定进展顺序。在这种体制下，管理者得以继续监督他的项目，但他自己却可以从追踪每个项目进程的冗繁工作中解脱出来。

7. 适应性计划。从操作意义上来说，正式战略计划只是一套拟议中的改进计划的成文陈述，它们相辅相成、互为补充。然而制订这样一个计划却是件非常繁重的任务。组织必须可以在某一时刻提供大量可靠的材料，然后还要有能力充分理解这些材料，以便把它们整合成一个合理的文档。当大多数重要信息已经成文时，当环境的可预测性和稳定性已经达到今天制订的计划对于明天仍有一定意义的程度时，当组织大到可以支付昂贵的培训费用时，组织进行全面的战略规划也就在情理之中了。

一般来说，计划是一套等待实施确定的决策。但是管理者，即使是那些处在稳定环境中的管理者，需要的是他们可以灵活运用的计划。他们需要能够选择何时实施某个项目，有时候他们还需要能够从不同的可行方案中进行抉择。如果要确保计划的有效性，就必须考虑到不确定的事件和时机问题。例如，管理者也许希望等到政府的货币政策明朗一些以后，再决定是不是要实施扩张计划；或者希望可以等到那些悬而未决的人力资源问题尘埃落定后，再从几个可能的新组织架构中选择一个。

实际上，管理者需要适应性计划，好让他们可以在动态的环境中运作。

规划师必须提出多个可行方案，还要考虑时机因素；他必须以决策树的形式提出计划。计划应当是“一生二，二生三”，而不是“一条道走到黑”，正如图 6-6 所示[①]。

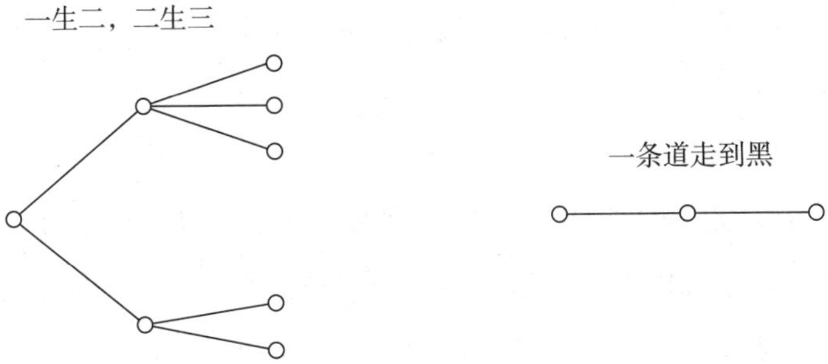

图 6-6　“一生二，二生三”和“一条道走到黑”

关于这 7 个领域的介绍，就此告一段落。管理学家在这些领域可以发挥政策性的作用。让我用弗雷德里克·泰勒当年的话来做个总结。他 50 年前曾经说过：

> 毋庸置疑，聪明、有教养的人总是发现推动机械之艺术进步的责任落在自己肩上，而不是那些埋首于这些具体工作的工人。他们几乎无一例外地踏上征程，在过去只能产生一些传统性或经验性知识的领域中，促进科学的进步。那些受过教育的人都有总结和寻找规律的习惯，当他们发现自己面临着多方面问题时，例如日常事务中存在的具有普遍相似性的问题，他们总是自然而然地试图把这些问题归结为一定的逻辑组，然后从中寻找一般规律或规则来指导自己解决问题……工人差不多每天不停地工作，即使他具备必要的教育和总结归纳的习惯，他也缺少发现这些规律的时间和机遇。

① 詹姆斯·施莱辛格（James R. Schlesinger），《组织结构和规划》（*Organizational Structures and Planning*）。

今天，管理仍是一门艺术，而非建立在科学基础之上的职业——尽管所有的管理者看起来都在扮演相同的基本角色，这仍是不争的事实。为了扮演这些角色，管理者必须处理好那些很难传播的非文字信息，并且利用自己那些令人难以捉摸的直觉判断法。因此，管理者从管理学家那里得不到什么帮助。于是，一些重要的信息处理和战略决策往往集中把握在组织最高领导一人手中。

有证据可以充分表明，管理学家在政策层面上可以大有作为，正如50年前在操作层面上所做的那样。这样做的前提是很明显的——描述管理者使用的程序，描写他们头脑中的信息，回归专注于解决基本问题的灵活分析，而不是使用高深的技术。

现代组织的扩张速度很快，不论是从规模上还是从复杂性上来说都是如此。这在很大程度上是因为生产技术的进步。社会科学的发展，特别是管理学，必须迎头赶上。尤其是在公共部门，现代组织的决策对于我们来说变得如此变幻莫测，传统的管理方法已经无法满足需要了。

THE NATURE OF MANAGERIAL WORK

管理工作的系统改进

小结

1. 管理者不是根据科学分析所提供的程序来进行工作，管理学家对管理者的工作方式没有影响。实际上，管理者现在的工作方式还和以前一样。

2. 管理学要求我们明确管理程序，将程序内容具体化，整合成一个对管理工作的模拟，对程序进行系统的分析和改进（重新编程）。尽管管理者的工作中极少有精确编程的，但研究表明，所有的管理决策行为都可以描述为某种高级程序。

3. 管理者拥有一些可以应用于多种情景的通用程序。根据某一特定情景的需要，他可以对这些程序进行排列组合。这些通用程序包括信息扫描、信息传播和谈判。另外，还有一些其他程序，例如一组领导力程序，这些程序更难分离。管理者使用一个专门程序（日程安排程序）来控制自己的活动，决定任务顺序，以及何时执行。另外，他还可能根据具体目的而使用一些其他的专门程序（例如，雇用一个下属）。

4. 在最简单的层面上，一组消息灵通的分析者可以将管理者的日程安排活动重新编程，从而发挥自己的积极作用。管理者提供一些日程安排规则，分析者负责其余的任务。一旦这些规则明确成文以后，就可以用于安排管理者的时间，以提高工作效率。

5. 通过把管理者的信息输入正式存储系统（通过他自己的信息简报和分析者对他的信息的收集和整理），关于组织最重要信息的正式数据库就会构建起来。这个数据库是改善信息传播系统的基础，而且即使管理者离开组织，数据库也依然可用。这样一个精确的数据库是对战略决策进行有效的重新编程的必要条件。

6. 管理学家所面临的最困难（但也是最有利可图）的任务就是战略决策的重

新编程了。目前的做法主要切合于文献中所陈述的“渐进性”决策观点，但它正变得越来越不适用，因为管理者的时间毕竟是有限的，组织决策越来越复杂，而且决策也越来越难整合。令人遗憾的是，通常文献中所介绍的那种正式战略规划程序过于简单，不能适应政策环境的复杂性。

7. 管理者需要强大而又简单的模型来帮助自己做出抉择，分析者能够在那些可以获得数据的领域中进行正式的模型构建，计算机模型可以灵活地为管理者精确模拟当前的情况。但更有效的是，分析者可以帮助管理者系统地理清他所面临的复杂现象，以便他头脑中的模型可以构建在对现象充分的概念性理解之上。

8. 有时候正式而全面的规划是行得通的——处于相对稳定和可预测的环境中，数据都记录在案而且可靠，组织支付得起成本。但计划也应当允许管理者在实施过程中具有一定的灵活性。规划师可以进行适应性计划，让管理者能够根据自己的处境调整，等到时机成熟的时候才将预定计划付诸实施；或者，管理者需要从多个可行的行动方案中进行选择。

THE NATURE OF MANAGERIAL WORK

结　语

管理工作的未来

这不是结局，甚至连结局的序幕都算不上。但它或许是一个序幕的结束。

温斯顿·丘吉尔
(Winston Churchill)

导 读

结语部分将综述第 3~6 章中出现的要点。尽管这些要点来自于对 4 个实证数据的单独分析，但我们保留了它们的出场顺序，以便显示其间的逻辑关联。从对管理者的定义及其基本目的的叙述中，我们可以看到 10 种工作角色的出处。这些角色指出了管理者在其组织中所承担的巨大责任，而这个责任又引出了管理工作的许多基本特性。正是由于这些特性，管理科学还没有出现。本章的第二节则描述了身陷“怪圈”之中的管理者。

总结部分之后分了 4 个小节，阐释了这些研究成果的一些规范意义。第三节侧重于管理者自身，包括一组自测题和管理者可以用来提高工作效率的 10 个基本点。在第四节，我们将介绍这些研究成果对管理教育者的意义，特别是在技能发展领域。第五节简单探讨了它们对于管理学家的影响。最后一节提供了一些有关后续研究的建议。后四节有机地联系在一起，体现着管理者工作发生变革的次序。**现在的管理者能够立即改变他们自己的工作方式，而管理教育者则会影响下一代管理者**。今天，管理学家可以在许多领域为管理者提供帮助，但是发展一门真正的管理科学还尚需时日。最后，研究者还要肩负起全面理解管理者工作的重任。不论是管理者、管理教育者、管理学家，所有这些参与者，如果他们真的想让管理工作旧貌换新颜，就必然会需要这种知识。

管理工作的全面描述

下面，我要对第 3~6 章中关于管理工作的基本观点做个总结。值得一提的是，这些观点背后的证据多寡不同，有些只是单纯的假设，而另外一些则有着相当雄厚的实证证据作为支撑。读者可以在前面章节的对应部分找到详细内容，这里我们将综述管理者的目的、角色、特征之间的相互关系及其对管理学发展进程的影响。

定义和基本目的

管理者是掌管一个正式组织或其分支机构的人。他被赋予负责该组织单位的正式权力，这就造成了他的两个基本目的。第一，管理者必须确保其组织可以高效地生产产品或提供服务。他必须设计并维持组织基本运营的稳定，并要以可控的方式对组织进行调整，使之适应环境的改变。第二，管理者必须确保其组织为控制它的人（“影响者”）服务。他必须解读影响者的价值观，并把它们结合起来形成组织的价值观，以此指导组织的决策。由于管理者的正式权力，他还必须面对另外两个基本目的。他必须在组织和其所处环境之间起关键的沟通桥梁的作用，并要负责维护组织的地位体系。

10 种工作角色

管理工作是通过所有管理者都要扮演的 10 种相互关联的角色来完成的。这些角色分为三组：三种是源于管理者的权力和地位的人际关系角色；三种是源自人际关系角色以及他们所提供的信息访问权的信息传递角色；还有 4 种是决策制定角色，他们源自于管理者的权力和信息。

1.“名义领袖”是管理角色中最简单的一种。由于地位原因，管理者要作为一种象征来承担许多社会、激励、法定和礼仪性的责任。另外，由于管理者的身份和权力，有些人会要求与他直接联系，这时管理者也要出面。在组织层级的最高层，“名义领袖”角色最为重要。

2.“领导者”角色定义了管理者和其下属间的人际关系。他必须同时照顾到下属和组织的需要，创造一个让他们能够有效工作的环境。管理者要激励他的下属，探究他们的行为，使之时刻保持警觉，同时还要负责人员雇用、培训和提升。组织民主制的社会变革导致了管理者必须在“领导者”角色上花费更多的时间。

3.“联络官”角色侧重于管理者如何对待自己组织以外的人员。他要建立一个联系网络，为了彼此的利益而互相帮助、互通信息。管理者会花相当多的时间来扮演这一角色。他首先要做出种种努力来建立这些联系，然后开展各种活动来维护它们。对于一些管理者来说，该角色是极为重要的。例如，在管理组合的两人搭档中，一把手一般会关注外部工作，二把手才是主抓内部运营的（“领导者”和决策制定角色更为显著）。一线销售经理主要是面向外部和人际关系的，所以他们也会特别重视“联络官”以及另外那两种人际关系角色。

通过“领导者”和“联络官”角色，管理者可以得到对独家信息的独享权，并且成为所处组织的“神经中枢”。唯有他才有权正式接触自己组织中的所有下属，而且他还有权与许多外部人员接触，而这些人往往在自己的组织中也都处于神经中枢的地位。因而，管理者是组织中的信息多面手，是最了解组织运营和环境的人。

4. 作为“监控者”，管理者不断从各种资源中搜寻并接收内部和外部的信息，以达到对所处环境的全面认识。因为信息中有相当一部分是最新的、未成文的，所以管理者必须承担起设计自己的信息系统的主要责任。这个系统必然是非正式的。尤其是刚接手新工作的管理者，会为了建立自己的信息系统而在“监控者”和“联络官”角色上花费相当多的时间。同时这也是为了提高自己的认知水平，以便做出有效的战略决策。

5. 管理者作为“传播者”要把一些内部的和外部的信息传达给下属。这样他们就可以维持自己对于独家信息的独享权。有些信息是各种事实，有些则与组织影响者的价值观有关。

6. 作为“发言人”，管理者要把信息传达给自己组织以外的人。他要展示自己的公关能力，为自己的组织进行游说疏通，向重要的影响者通报情况，向公众告知组织的运营情况，并且把有用的信息传递给他的联系人。此外，管理者还必须作为组织所属行业或职能中的专家而为外部人员提供服务。由于专业部门经理所领导的职能部门非常专业化，注重分析，所以他们会花大量时间发挥自己的专业能力，同时也更加注重自己的另外几种信息传递角色。由于管理者有正式权力和独家信息，所以他必须负责组织的战略决策系统，也就是说通过何种方式来制定对组织单位而言十分重要的决策，并将其融会贯通。战略决策是通过四种决策制定角色来做出的。

7. 作为“创业者”，管理者应负责启动和设计组织内的大多数可控变革。他不断寻找新的机会和问题，通过改进计划来加以应对。改进计划开始后，管理者的参与方式有三种。他可以把所有责任授权给下属，并暗中保留更换他的权利；他可以把设计工作的责任委托给他人，而保留在执行前对计划进行审批的责任；他也可以亲自监督设计工作。高层管理者似乎随时都在监督着大量的此类计划。每项计划都是分阶段执行的，每一步之后都会有一段延迟期，高层管理者就利用这一时期等待信息反馈或某个事件的发生。

8. 作为“故障排除者”，当组织面对重大干扰因素时，管理者要能挺身而出。由于每个下属只负责一定的专业职能，当组织面对一个新的刺激，而这个刺激又和现有的各种职能都对不上号，无法按程序回应的时候，只有管理者能够进行干预。实际上，此时管理者还扮演着组织中的通才角色——能够应对各种刺激的问题解决者。干扰因素可能反映了组织对问题的感觉不灵敏，但也可能是大胆改革所带来的意料之外的结果。因此，无论是勇于创新的组织，还是反应迟钝的组织，管理者的工作中总能看到许多干扰因素。在一段急风骤雨式的创新之后,“故障排除者”角色就被尤为看重；重大变革期之后，必然有一个巩固变革成果的阶段。此外，小公司的管理者和一线生产经理，特别是基层管理者,也往往把大部分的注意力集中在“故障排除者”角色（和其他决策制定角色）上，因为他们通常是最直接与工作流程日常维护相关联的人。

9. 作为“资源调配者”，管理者必须掌控所有组织资源的调配，并据此保持对战略决策过程的控制。有三种方式可以实现这一目的。第一，通过计划自己的时间，管理者可以排定组织行事的轻重缓急。不能得到管理者关注的议题，自然就无法获得支持。第二，管理者可以设计组织的基本工作体系，安排下属的工作。管理者决定要做什么，由谁来做，以及采用什么样的结构。

第三，组织的重大决策在付诸实施之前，必须得到管理者的审批，由此管理者可以保持最终的控制权。批准决策是很难做出的；问题很复杂，可用在上面的时间却很短。管理者可以通过选择下属而不是提案，来降低一些难度。当必须就提案本身做出决策时，管理者会使用一些松散的模型和计划。这些模型和计划是从管理者的神经中枢信息中潜移默化形成的。模型用概念方式描述了管理者所面对的各种内部环境和外部环境。计划（改进计划）是对于组织发展方向的灵活愿景。这些计划被管理者当作一个通用的参照系，据此对各种提案做出评估，并由此将所有提案关联起来。

10. 最后，作为“谈判者”，管理者在其组织与其他组织进行重大谈判时，要负责压阵。作为“名义领袖”，他是自己组织的代表；作为“发言人”，他要替组织说话；作为“资源调配者”，他要与对方组织即时进行资源交换。

总之，**管理者必须规划自己组织的工作，监控组织内部和外部的环境，必要时进行变革，遇到干扰因素时进行恢复并保持组织稳定运营。**管理者必须领导其下属有效地为组织工作，必须为下属提供专门信息，其中一部分是通过他所发展的联系网络获得的。另外，管理者还必须完成许多常规事务，包括向组织外部人员通报情况、扮演“名义领袖”角色以及领导重大谈判。

通常，人们对管理者的看法是：他必须能高瞻远瞩，做非程序性的工作，对系统的缺陷进行弥补。这种看法并不完全。管理者也有自己的常规工作要做，也要参与一些正在进行的组织活动。

基本工作特征

前面我们提到过，管理者必须负责组织战略决策系统的运作，独自发现并处理许多重要信息，他还要承担大量的常规事务的责任。此外，管理者的工作还有很大的开放性。管理工作中没有一个明确的里程碑，没有一种迹象能够告诉他们："你暂时不需要再做什么了。"只要有时间，他们就会思考某件事情还有改进的余地。因此管理者肩负的责任总是很沉重。

此外，他的很多问题都被搅成一团。多数管理者的信息都是最新的、预测性的，这就意味着这类信息必将是口头的。但是，传达口头信息是很耗费时间的，因此管理者要面对"授权的两难困境"。只有管理者才有权获取非常重要的信息，而他又缺乏正式高效的信息传播方法。结果管理者发现自己很难有信心把任务授权下去，因为他既没有时间，也没有方法来把所有的必要信息一并发送出去。

这一切的实际结果就是，管理者的时间有着很大的机会成本。大量的责任令他不堪重负，但他又很难把自己的任务授权下去。当组织变得更大、更复杂后，这一负担也会随之加重，特别是对高层管理者。不无遗憾的是，这些人又无法显著增加可用时间，或是改善他们的管理能力。因此，**大型复杂的官僚组织其管理者有成为决策和信息流中主要障碍的危险。**

以上方面解释了管理工作中许多与众不同的特征。管理者感到自己有大量的工作不得不做，他的工作步伐永不停歇。管理者在工作日中很少有自由时间，也很少休息。高层管理者即使在工作时间之外，也无法从他们的工作中摆脱出来，因为他们会把工作带回家，心中总是牵挂着工作。

管理者活动的特征可以用短暂、多样和零碎来形容。大部分工作的持续时间都很短暂，基层管理者的工作持续时间用秒计算，首席执行官的用分钟计算。他们要完成的活动多种多样，没有明显的模式可循。琐碎的小事和重要的大事接踵而来，所以管理者必须能够迅速地、频繁地转换心境。工作零零散散，中间被打断是家常便饭。差不多所有管理者的工作都明显具有短暂性和零散性，特别是那些最靠近“行动”的人（小型组织的高层管理者、基层管理者尤其是生产性工作的管理者，以及工作环境不断变化的管理者）。

> 有趣的是，管理者在工作中显示了偏好短暂性和间断性行为的迹象。无疑，他对工作量已经习以为常。他懂得评估自己时间的机会成本，他知道无论自己做什么，总会有其他一些或许更重要的事情可以或一定要去做。流于表面是管理者最主要的职业危害。

在对自己活动的选择中，管理者总是倾向于那些可能具有更多活跃元素的方面——最新的、定义明确的和非常规性的事务。最新的信息——闲谈、道听途说和猜测受到他们的欢迎，而常规报告则遭到冷落。他们的日程安排表明，他们关注的焦点集中在明确具体的事务上，活动则倾向于明确的事务而不是一般性的事务。这些特征鲜明地体现在首席执行官的活动上，其中大部分在基层管理者的身上表现得尤甚。管理者的工作没有把他们塑造成埋首沉思的计划制订者，而是造就了适应性强、喜欢“刺激-反应”型环境的信息处理者。

管理者的工作本质上是沟通，他所使用的工具是 5 种基本媒介——邮件、电话、临时会议、预定会议和巡视。**管理者显然更喜欢三种口头媒介，大多数人把时间的 80% 用在口头联系上。**也有一些管理者，例如专业部门经理，独处的时间相对较多。但是，几乎所有的管理者都把大部分时间用于口头沟通。口头媒介之所以受欢迎，乃是因为它属于互动媒介，能够提供最新信息和快速反馈。邮件因为其传递较慢,且其中几乎不包含任何“即时行动”材料，所以未受太多重视。邮件处理往往被管理者看作是一种负担。

非正式媒介（电话和临时会议）通常在双方互相很了解、信息或请求必须快速传达时，被用做短暂沟通。相反，预定会议则更为正式、持续时间更长、参加者更多，而且可以在组织之外举行。特别值得注意的是，**在预定会议开始和结束时经常有重要信息交流**。预定会议的召开通常是出于仪式、战略决策和谈判之类的特定目的。大型组织的管理者和公共部门的高层管理者在预定会议和其他正式活动上花费的时间更多，而基层管理者和处在动态环境中的管理者花在这类会议上的时间则相对较少。

巡视给管理者提供了非正式观察各种活动的机会。然而管理者在这一媒介上花费的时间很少，或许是因为这项活动的不确定性以及没有明确的行动导向。

对管理者与他人互动的特征进行分析后显示，管理者处在自己的组织单位和广阔的联系网络中间。这张网可能包括本单位的客户、供应商、业务伙伴、同级和同事以及上级和下属。

惊人的数据

非上下级关系是每个管理者工作中的重要组成部分，通常会占去他总联系时间的1/3~1/2。

大型组织中的管理者有更多的联系人和更好的沟通方式。但是，他们的横向联系往往只局限于一小群作为专门信息中心的同事；下属占去管理者联系时间的1/3~1/2。管理者与许多下属展开互动，绕开正式上下级关系来获得自己想要的信息。最后，有证据显示，管理者花在上级身上的时间相当少，只占他们联系时间的1/10。

上述结论表明，**管理者的工作负担导致了他们在很大程度上被自己的工**

作所左右。但能力较强的管理者（除非是在高度结构化的工作中）能够巧妙地控制自己的工作。首先，他可以主动发起某些日后能够给他带来一系列活动的工作。其次，他可以从那些必须参与的活动中获益，获取信息，为自己进行游说疏通，或是实施某些变革。

对角色进行分析更进一步地表明了义务和权利是密不可分得。义务来自于“名义领袖”“发言人”“故障排除者”和“谈判者”角色。但是在“领导者”“创业者”和“资源调配者”角色中，管理者有机会在组织单位上留下自己的印记，定下它的发展方向。

工作中的科学

有证据显示，管理工作不具有科学性。也就是说，管理者不是根据科学分析所描述的程序而工作的。事实上，现代的管理者同历史上的管理者没有多大区别。他可能寻求的是不同的信息，但是绝大多数信息都是通过同样的老办法得到的：口耳相传。他的决策可能会用到现代科技，但决策方法却是同样的直觉（非明确的）过程或“程序”。

管理者在工作中要使用一整套通用程序。面对具体任务时，管理者挑选、组合、排列出一套程序来加以应对。我们可以辨别出许多通用程序——例如信息传播、可能方案的选择和谈判。还有其他一些比较难以一一分辨的通用程序，例如与“领导者”角色相关的一些程序。另外，管理者还有一些专门用途的程序。他用日程安排程序来控制自己的活动，决定任务的执行顺序。

目前的状况是，所有这些程序都还“锁在”管理者的脑子中，还没有被管理研究者“挖掘”出来。等到这些程序得以界定，内容得到明确，并在实际管理工作中加以模拟验证，其中一些特别的程序得到了系统的分析和改进，管理科学才会出现。

"怪圈"里的管理者

我们发现管理者，特别是高层管理者，其工作负担总是过重。随着现代组织及其问题的复杂化，管理者的工作负担会更加沉重。他的工作将变得短暂、零碎而流于表面。然而由于管理者掌握信息的特性，他很难把工作委派出去。管理者无法增加自己的可用时间，或者显著提高自己的管理能力。此外，尽管组织所面临的很多复杂问题都需要管理者进行深入思考和长远考量，但他只能把主要精力放在当前的、切实的工作上面。

管理者工作的这些特征令我们很难对其加以改进。研究者试图描述这项工作的特征，但却遇到了很大的困难。管理者为了应付工作的压力和复杂性，而采用短暂的、零碎的、口头的沟通方式，结果就给试图理解它的研究者带来障碍。因此，我们对于管理者如何扮演自己的角色、采用什么样的程序、这些程序的内容是什么，几乎一无所知。

> 有证据显示，管理学家必须肩负起把科学引入管理工作的重大责任。实践者忙于工作，他的工作是去做工作而不是去分析工作。迄今为止，管理学家对于管理工作的影响微乎其微。他们无法理解管理者的工作，不能描述他的程序，无法接触他的信息，于是只得把自己的精力集中在组织的其他方面，关注那些公开的、结构化的、常规的、易于分析的活动。

而管理者继续像以往那样进行管理，管理学家对他们根本没什么帮助。但是，当组织的问题变得日益复杂后，尤其是在公共部门，管理者工作的特征（如零碎性、强调切实性和注重口头媒介）变得更加显著。这些特征使得管理者变得更加无法应付困难问题，也让提供帮助的管理学家更无从下手。

于是乎管理者被困在一个“怪圈”里——工作压力导致了上述的工作特征，这些特征又反过来增加了工作压力。管理者对此也无能为力。社会成为输家，因为它要依靠这些高层管理者来解决所面临的主要问题。所以，**这种恶性循环必须被打破。**

第一，管理者必须更好地理解自己的工作特征以及其中的问题，他们必须改变自己的工作习惯。

第二，我们必须通过授课来教授管理技能，加深人们对这一工作的理解，寻找应对复杂问题的更好方法。

第三，管理学家必须把他的精力投入到那些科学能够有用武之地，可以对管理者的工作产生影响的方面。

最后，研究者必须提出一个对管理者工作的精确理解，好让管理者、管理教育者和管理学家能对管理工作的执行做出重大改进。

给管理者的启示

今天，管理仍是一门艺术，而非一门科学。管理者所使用的大多数方法仍未得到正确理解，因此也就无法进行任何正规意义上的教授或分析。从某种意义上说，这意味着**管理者目前尚不必担心因为科技的发展而遭到淘汰。**管理的先决和首要条件是一系列先天的技能。到目前为止，管理学在后天起到的补充作用非常小。

管理不是科学，这一点给管理者造成了沉重压力。管理者基本上需要自己设法计划自己的信息系统、组织战略决策系统的运营。随着组织规模更大更复杂，压力也随之增大。而他们没有系统的信息传播方法，于是工作负担又被加重。管理者也会面对在决策和信息流中成为主要障碍的现实危险。

管理者可以用一些方法来缓解这些问题。**第一，他可以研究自己的工作情况，了解自己对组织的影响。**下面，我们给出一些自我分析问题来帮助管理者进行自我分析。**第二，管理者可以改变自己的管理方式。**为此，我们也根据研究提出有效管理的 10 个要点。

自我分析

首先，我们的研究指出，管理者工作的方式及其对工作内容的选择对其组织有着显著的影响。他越了解自己的工作和自身，对组织需要的感觉也就越敏锐，表现得也就越出色。

这种了解可以通过对研究成果的探究而实现（如第 3 章和第 4 章的内容）。但更重要的是，管理者还可以（正式或非正式）研究自己的具体工作情况。正式研究，意味着聘请一位研究者来观察管理者的工作，记录下他的邮件和活动的细节，分析结果，并将它们反馈给管理者。非正式分析可以由管理者自己进行（也许需要借助秘书的帮忙）。他可以有意识地注意自己的行为，弄明白自己在做什么以及为什么这样做。

为了鼓励管理者理解自己的工作，帮助他们进行自我分析，我们特地列出以下 15 组指导性的问题：

- 我从哪里获得信息，采用何种方法？我能更好地通过我的联系人来获取信息吗？其他人能够为我做这些事情吗？哪些是我最薄弱的领域，我如何让他人为我提供所需的信息？在组织内部以及我所必须了解的组织环境中，我是否有关于这些领域的强有力的思维模型？我怎样才能建立更加有效的模型？
- 我应该把哪些信息传播到组织中？获得信息对于我的下属来说有多重要？我是否由于害怕浪费时间或传播不便，而给自己留了过多信息？我怎样才能将更多的信息传达给他人，以便他们做出更好的决策？

- 我在收集信息和采取行动之间保持了平衡吗？我会在得到足够信息之前盲目冒进吗？或者会等待很长时间，收集到“全部”信息，却让机会擦身而过，从而让自己成为组织的瓶颈吗？
- 我让组织承受的变革程度如何？这种变革是否可以保持平衡，使我们的运营既不会一潭死水，也不会天下大乱？我是否已经深入分析了这种变革对组织未来的影响？
- 对于下属提交的议案我是否足够了解，能够给出正确的建议吗？可以把其中一些提案的最终批准权留给下属吗？我们是否已经由于下属过多地独立决策，而出现了协调问题呢？
- 我对组织的愿景是什么？这些“计划”只是松散地存在于我的头脑中吗？为了更好地指导组织中的其他人决策，是否应该把它们诉诸文字？或者我需要能够随意地改动它们吗？
- 我们的组织是否遇到了太多的干扰因素？如果我们放缓变革的步伐，这些干扰因素是否会减少？这些干扰因素是不是一种对问题的后续反应呢？我们不常遇到干扰因素是因为我们停滞不前吗？我们应该怎样对待干扰因素？我们可以预见其中的一些干扰因素，并相应制订一些应急预案吗？
- 我是个什么样的领导者？下属对我的领导风格反映如何？我对他们的工作了解多少？下属对我的行动的反应，我是否非常敏感？我在激励和压力之间是否找到了最佳平衡点？我是否压制了他们的积极性？
- 我维持着一种怎样的外部关系，如何维系？我需要和某一类人走得更近吗？我是否在维系这些关系上花费了太多时间？
- 我的日程安排有系统性吗？或者我只是在对当前的压力做出被动反应？我是否找到了合适的活动组合方式，还是仅仅出于兴趣而特别关注某一具体职能或一类问题？我是否在一天或一周的某些特定时间段对某种特别的工作效率更高？我的日程表是否反映出了这点？（除了我的秘书之外）还有其他人可以负责大体排定我的日程表，并提高其系统性吗？

- 我操劳过度吗？工作量对我的效率有什么影响？我应该强迫自己多休息或是放慢节奏吗？
- 我所做的事情是否过于表面化？我真的可以迅速且频繁地转换心境，跟上工作变化的节奏吗？我是否应该尝试减少工作的零碎性？
- 我过于注重当前的、有形的活动吗？我是否成了活动的奴隶，沉迷于工作带来的兴奋感，因而无法保持专注？关键问题得到了应有的关注吗？我是否应该花更多的时间多读读有关某一问题的书，以加深了解？我能够更加深入地思考吗？
- 我是否恰当地使用了不同媒介？我知道如何合理使用书面沟通方式吗？我是否过多地依靠面对面沟通，而让大多数下属得不到足够的信息？我是否定期安排了足够多的会议？我是否花了足够多的时间巡视我的组织，直接观察各项活动的情况？我是否太远离活动的中心，看到的事物太过抽象？
- 我怎样平衡自己的权利和义务？我的义务会耗尽我全部的时间吗？我怎样才能把自己从义务中抽离出来，并确保组织向着我所希望的方向发展？我怎样才可以把义务转化为自己的优势呢？

上述问题中的有一些可能听起来有些玄。这并非故弄玄虚。管理工作中的问题很复杂，解决之道自然也不简单。本书或许提出了一些正确的问题，但是如果管理者想要改进自己的工作，他必须给出自己的答案。因此，管理者必须要更好地理解自己的工作。

有效管理的 10 个要点

我们的研究显示，管理者可以通过更多关注一些领域来提高工作的效力。以下就举出了 10 个这样的领域。我们相信，管理者必须对工作中的关键难点敏感起来，有意识地搜寻自己应对各种问题的方法。

1. 分享信息。

管理者可以接收到大量的独家信息。他的地位使他可以从组织单位外，通过特殊渠道获得特别消息。他在自己组织中所处的至高地位，也使得他对于内部事务最为了解。但由于管理者的重要信息中许多都是口头的，所以传播不便。结果就导致管理者不愿广泛传播信息（看起来像是要囤积信息）。有些能够很方便地与管理者进行口头沟通的下属，则能够得到大量信息。

因此，**管理者必须有意识地多关注一下将信息传达给下属这件事情**。他必须意识到，自己有很多信息资源是下属难以获得的，他们需要依靠管理者来获得很多重要信息。如果没有这些信息，他们就无法有效地做出决策。

> 下属需要管理者定期提供口头信息，如客户的新点子或供应商的闲谈。他们还需要从他那里获得两种特殊信息。第一，他们需要管理者阐明组织的价值观或目标。管理者必须在利益、发展、环境保护和员工福利之间，建立起重要的平衡。第二，下属希望管理者具有方向感和计划性。如果管理者不肯提供明确的、始终如一的指导方针，那么他就必然无法把任何重要决策的责任授权给下属，因为下属可能会背离管理者心中的目标或计划。

只要管理者的关键信息还只是保存在他的记忆里，信息的传播就必然会很困难。他必须下大力气把自己的信息诉诸文字，这样信息才能有效传播，甚至传播给那些难以实现口头沟通的人们（例如海外工作的员工）。通过经常的简报会议，管理者可以建立起一个重要信息的正式数据库，这对于那些需要它的人是很有用的。

有人可能会提出这样两点意见，来反对这种信息的自由流动。第一，有些信息是保密的，一旦诉诸文字就可能被错误使用；第二，信息意味着权力，分享信息就意味着权力的分散。第二点不值得我们进一步论证。**囤积信息的**

管理者是在拿工作效力来换取自己的权力，时间久了肯定会给管理者带来麻烦。至于保密，则是一个利弊权衡的问题：信息的自由流动可以提高管理的有效性，但相应地，泄密的风险也增大了。人们往往过于看重保密。当然，也确实有些信息只能是心知肚明，不能变成白纸黑字。把尽可能多的信息传播出去固然是有风险的，但是也要考虑到获得通畅信息的下属可以做出更加有效、更有竞争力的决策，这是个巨大的优势。

2. 有意识地避免表面化。

肤浅、表面化是管理者最主要的职业危害。工作脱节而零碎，活动多样而短暂，重大决策采用渐进方式做出。在这项工作中，很容易停留在表面上，看似所有问题都被很快解决了，没什么需要特别注意的。

管理者必须有意识地顶住那些让他变得表面化的压力。他必须保持平衡，对于那些需要相当专注和深入理解的问题多投入一点，而对那些一般问题则可一带而过。问题可以用以下三种方法处理：

管理者应该把手中的大部分工作转出去。有些工作只要管理者有时间，他可以比其他人处理得更好，但即便如此，也还是应该把其中的大部分分派出去。事实上，管理者没有这个时间。如果一个问题不是很重要，或者有专人能够处理得很好，抑或是要把必要的信息传播出去，管理者就必须把这份工作分派出去。

管理者必须以最低限度参与的方式，亲自处理一些其他问题。也就是说，他的参与只限于对最终提案的审批。为了确保提案与组织进行的其他变革相协调，保证管理者将负责为此提供资源，他必须这样做。但是在这种情况下，管理者必须认识到自己对于问题的了解可能只流于表面，虽然他对问题的全貌有所了解，但对细节的把握却远不如某个下属。对问题的最终决策，必须反映管理者对总体形势的理解和下属对细节的理解。最重要的是，管理者必须意识到，如果他过于草率地对一个还没有充分理解的提案说“不”，很可能会挫伤一位充满热情的下属的积极性。

这是最重要，往往也是最复杂、最敏感的一些问题——组织结构重组、组织扩张、处理重大纠纷等。然而，由于其工作本质所致，他无法给每个问题单独分配一段较长的、不被打扰的时间。这些复杂问题要在一个很长的时间段里一点点地轮流处理。但是，这种渐进式的问题处理方式，可能导致在不知不觉中偏离既定方向。管理者可能会过分关注最新进展，而忘记了这个问题的整体复杂程度。对此还没有百试百灵的解决办法，但如果管理者能够意识到这一点，就应该能够更好地加以避免。管理者可以采取的一项措施就是，更好地借助专业人士的力量，他们可以就问题提出一个全景式的报告。管理学家可能还没有得到充分的机会来对政策问题进行系统分析。管理学家有时间，也愿意对政策问题进行基本分析，他们中立的观点可以提醒管理者要全面看待问题。

3. 如果信息可以分享，工作也要分担。

克服管理工作负担过重的一种办法（特别是在大型组织的高层）就是工作分担，所以就有了两人搭档或三人组合共同分担同一管理岗位的“管理团队”或是“总裁办公室”。**这种方法有两大明显优势：它在减轻一个人的工作负担的同时，还让不同的人可以分别专攻特定角色。**比较常见的是两人搭档：一位专注外部角色（“联络官”“名义领袖”“发言人”和“谈判者”），另一位主抓领导和决策等内部工作。如果合作良好，工作分担可能是解决管理工作压力问题的最佳途径。但是，如果合作不好，压力反而会更重。

第 4 章中讲过，10 种管理角色构成了一个格式塔——一个完整的整体。权力和地位为管理者获得信息提供了便利，而这些信息又使管理者能够扮演决策制定角色。在管理者所做的各种工作中，信息是一个关键的连接要素，所以工作分担的效力与管理者分享信息的能力息息相关。“监控者”角色无法分开——团队的每位成员都必须拥有全部的信息。

例如，在常见的两人搭档中，如果主外人不与主内人共享外部信息，那么后者就无法做出有效决策。同理，如果主外人不了解内部事务，也就无法当好组织的“发言人”“联络官”或是“谈判者”。

工作分担的主要缺点在于，仅传递必须共享的信息就要耗掉相当多的时间。团队成员可能必须花许多时间彼此沟通，以至于连完成其他职责所必需的时间都被挤占，所以有时一个管理者一把抓的理念可能反而更有效率。

还有一些其他因素也对工作分担能否成功构成了影响。管理团队必须由能够互补的人组成，他们要分工负责不同类型的工作，所有的管理角色都要有人扮演才行。但是这种互补还必须有一定的包容性。特别是，管理者之间必须能够轻松高效地沟通，并且对于组织发展方向的愿景必须相同。如果他们无法就此达成一致，就会各行其是，团队（或组织）就会分裂。

因此，我们不得不认为工作分担很难取得成效，但是对于那些难度很大的管理工作岗位，还是值得小心一试。

4. 从义务中获益。

如果管理者只把义务当成义务，那么他就会觉得自己的时间全被义务占据了，根本无暇给组织留下自己的印记。因此，从一个重要的角度来看，**管理者的成功并不是因为他可以为所欲为，而是因为他能够从不得不履行的义务中让自己受益。**

不成功的管理者往往把自己的失败归咎于义务，认为如果不是因为那些危机、来访者和礼仪责任，他本可以做得更好。但是，同一件事对于一个人来说是义务，对另一个人而言则可能是机会。事实上，对于真正精明的管理者来说，每项义务是一个达到自己目的的机会。一个危机可以简简单单地解决掉，也可以借助它所引发的混乱带来一些自己希望的变化。一个礼仪责任可能是浪费时间，也可能成为为某个计划进行游说的机会。作为“名义领袖”

会见某人，也可能会带来打开新的信息来源的机会。出席简报会议的义务，可能会给管理者一个施加领导力的机会。管理者无论做什么，都有机会从中获取信息；他与下属的每次互动，都使管理者能作为一位“领导者”来影响下属。管理者能否将义务转化为优势，在很大程度上决定了他能否取得成功。

同时也要注意，事实上，管理者的很多义务都来自于他自己早期所做的一些工作。他所建立的联系网，后来都变成了他的信息渠道；他所加入的公共机构和社会团体，后来都对他有所要求；他自己启动了许多改进计划，这些计划后来占用了他大量的时间也就怨不得别人。当时管理者可能并没有意识到，或者至少没有完全意识到，这些计划最终可能带来的影响。管理者必须认识到这些早期工作的重要性，酌情处置。

5. 从义务中自我解放。

如果管理者想要得到对工作的控制权，那么从义务中获益是必要的，但这还不够。他还必须能够释放自己，腾出一部分时间，投入到他感觉应该注意的问题上。也许当时还没有其他人留意过这些问题。

管理者必须在组织的变革与稳定之间寻求平衡。他有责任保证组织既能有效地提供今天的产品和服务，又能适应明天的新环境。但是，今天的生产压力可能会使他无暇考虑明天的改变。在邮件、来访者和危机之间，且不要说那些下属在苦苦等待着获得自由的那一刻，就连穷于应付的管理者也同样苦于没有自由的时间可以处理那些重大但尚不紧迫的问题。

在管理者的工作中，“自由”时间是被创造出来的，而不是找出来的。管理者必须强行把它写进日程表里。就像以前提到的那样，许多管理者都患上了“日志综合征”——没有安排进日程表的事情就不做。专门留出所谓思考时间或者“全面规划”的时间是行不通的。管理者并不是沉思型的计划制订者，也没有谁在管理著作中劝他这样做。他所处的环境是“刺激-反应”型的。管理者必须把自己想要做的具体事情纳入日程表中，然后他才不得不去做。如果他希望进行创新，就必须先开始一项计划，然后让其他人去做，这些人会向他汇报；如果要他巡视厂区，就必须等到其他人希望他进行巡视的那一天。然后他会继续以这种“不得已”的方式进行管理，为组织的总体目标而努力。

6. 强调适合于情景的角色。

尽管管理者要扮演所有的基本管理角色，但大多数管理者都必须在特定的情景中给特定的角色以特别的关注。至于管理者究竟要侧重哪些角色，取决于若干因素，其中包括：行业、组织规模、管理者级别、所监管的职能、当时的情景和管理者的经验[①]。

工作本身和环境都可能会提出一些明确的要求。政府组织的管理者可能不得不在“联络官”和“发言人”角色上花更多的时间，来满足外部压力集团的要求；生产经理可能需要特别注意“故障排除者”角色，以维持生产顺利进行；面对激烈竞争的管理者，为了在竞争中领先，则可能要特别强调“创业者”角色。显然，管理者必须研究自己的工作需要，相应地调整自己的工作。

具体要强调哪种角色，则必须根据当时的情景而定。管理者的工作是动态的，必须不断进行调整，以符合当前的需要。对于任何一项管理工作，总有一段时间要集中进行变革，一段时间要致力于寻求稳定；一段时间要强调领导力，一段时间要构建数据库；一段时间要处理干扰因素，一段时间要补充资源。

我们的研究发现了一种模式。当管理者开始一项新工作时，他很可能会发现自己缺乏外部联系和必要信息，难以有效地制定和执行决策。**显然，在新工作伊始，管理者必须投入相当多的时间来发展联系人，建立自己的信息渠道，收集关于新组织及其环境的信息。**稍后，当他对自己所得到的信息比

① 见第 5 章对这些因素的分析。

较确信时，就可能逐渐把重心转移到“创业者”角色，努力按照自己的设想来塑造组织。

组织要在稳定与变革之间寻求平衡，这一需要也可能影响到管理者对角色的关注。管理者可能会发现，在某些环境下，应该交替进行全面变革和成果巩固，这种模式的效果远胜于缓慢稳定的变革。换句话说，管理者在一段时间里强调“创业者”角色，一次性做出所有他认为必要的变革，让组织一下子经受所有的“破坏”。当组织无法再承受更多变化时，管理者要巩固已经取得的成果，并恢复稳定，此时就要强调“领导者”和“故障排除者”角色。当所有一切归于正常后，又开始一个新的循环。

7. 小中见大。

管理者所面对的困难与玩拼图的人是相同的。尽管他的工作都是些细枝末节，但他必须时刻保持整体观念。管理者必须通过细节的拼凑获得信息。为了加深对环境的了解和发现特别的机会与问题，管理者需要具体的信息。

所以说，**有效的管理意味着必须建立能够以某种相对原始的形式传递特定信息的渠道**。直接观察（巡视）和与尽可能多的人进行讨论，是获取这种信息的好方法。

然而，这样做也有一定风险，因为管理者在搜寻具体细节的时候，可能无法看到问题的全貌。他必须知道怎样从资料中跳出来。要全面而精确地理解问题的方方面面，靠的不是堆积如山的细节，而是一组全面而强大的模型（概念性描述）。管理者思维模型的力度，在很大程度上决定了其决策效力的好坏。

对于一名工人来说，质量是他的唯一追求，而管理者对于工人行为方式的理解如果是建立在“工人的工作动机是为了钱”的前提下，其决策必然显得很没有领导水平。同样，如果一个政府官员相信通过紧缩货币政策就可以遏制通货膨胀，而经济的运行并不符合他的预想，他就会遇到麻烦。

尽管管理者的模型大多来自于由他自己收集的数据所构建的，但他也必须认识到其他人的模型的价值——也就是对他所面临的情景的其他概念性描述。经济学家关注经济模型，市场营销研究者要开发有关消费者行为的模型，心理学家要描述工人的动机，运营管理研究者则要构建生产过程的计算机模型。管理者必须面对这类模型，把它们与自己的模型相比较，记住在他所面对的情景下最有效的模型。

8. 认识自己在组织中的影响力。

下属对其管理者的行动极为敏感，他们对管理者的工作优先选择顺序、决策、态度和情绪都会做出反应。在小型组织中，老板对每位员工都有着明显的影响。就算是在有许多层级的大型组织里，首席执行官的影响实际上也还是很大，也许远远超乎他们自己的想象。很多事情都是潜移默化的。**一些管理者可能根本没放在心上的事情（随口一说的评论、转瞬即逝的想法、无意间透露的信息），都会对组织造成深远影响。**为此，管理者在行动中必须有意识地注意到这一点。

工作优先选择顺序问题值得我们专门讨论。通过自己的日程安排方式（也就是决定要做什么），管理者可以给组织施加重大的影响。如果管理者比较偏向某一职能，比如营销或者生产，那么下属就会投其所好。如果偏好的选择与实际需要不一致，那么组织就会出现失衡。管理者对于自己时间的分配要特别小心，就好像是在调整组织运营的优先选择顺序一样——因为时间分配也确实能起到这种作用。

9. 面对联盟的发展。

任何一个组织单位的存在都是因为有特定的人（“影响者”）创建了它，而有其他一些人愿意支持它。管理者要面对的一个难题就是，如何维系这种影响者联盟。他必须保证各方所获得的利益与他们的影响力相均衡，并且要能够说服影响者在危机时刻放弃眼前利益。

对于那些面对着简单联盟的管理者来说，工作相对容易一些。只对董事会负责的公司总裁，或者只有一位老板的中层管理者，在权力问题上通常不会有什么困难。但是现在我们看到，社会的两个重大变革将要明显改变这种联盟，并对每位管理者的工作产生深远影响。

西方社会对于民主政治的见解扩大化了。人们不再满足于把“自由”简单地定义为定期去投选票，而是不断寻求在工作场所获得更大的自由度和控制权。有时候，他们不惜为此而损害生产效率。尽管组织行为学家看到了在工人满意度和生产力之间的必然联系。组织民主化的压力在逐渐加大，特别是在中层管理者当中。

因此，管理者将不得不面对一些下属当中的新影响者。联盟将会扩大，一些权力被授予为管理者工作的员工。他们会要求更令人满意的工作以及对领导者行动（甚至是对领导者人选）的部分控制权。

有些管理者可能会憎恶这些改变，但他们也希望了解这些改变，因为这些改变会明显影响到自己的工作。当权力以组织授权的形式、用所处层级来表示时，“领导者”角色就很简单。管理者只管发号施令，效率就是一切。但是当“领导者”角色为了适应新的权力结构而发生改变后，它会明显变得更加复杂。管理者将不得不学习迁就员工的要求，而这些员工对管理者对他们的影响也日益增强。

这种联盟同时也遭受着来自外部的影响。曾几何时，企业管理者只需让股东满意，大学校长主要对理事负责，但现在他们必须对若干不同的影响者做出反应。事实上，大公司的高层管理者正变得越来越像政治领导人，在各种压力集团之间寻找着平衡。质疑这些压力的合法性对管理者来说没什么帮助。它们是真实存在的，反映了富裕社会需要组织不仅仅关注效率，还有其他更多东西。社会问题愈加重要——污染、少数族裔、对消费者的态度。如果权力像在大公司里那样被集中起来，人们自然会分析它的使用情况，希望权力可以被明明白白地用于为公众谋福利。

这种倾向对高层管理者的工作影响非常深刻。管理者被迫把更多的注意力集中在外部角色上，注重“联络官”“发言人”和“名义领袖”角色是为了维持与各种压力集团的和谐，注重“谈判者”角色是为了处理他们之间相互冲突的要求。他不得不将更多与内部运营相关的工作委派给下属。

10. 借助管理学家。

在大型组织中，借助管理学家的技能来帮助处理日益复杂的问题已成为一种趋势。高层管理者所面对的问题的复杂性使他们越来越多地求助于管理学家。但是，要想这种合作取得成功，管理者和管理学家必须学习如何在一起工作。管理学家必须学习在一个动态系统下工作，而且他必须找出一些新方法，尽管这些方法远没有他现在所使用的那么精巧，但更加适合政策方面的问题。他的方法必须有适应性，而且必须是“即时”（问题发生时）有效的，不能放马后炮。

管理者必须学会有效地与进行广泛调查研究的分析者一起工作。到目前为止，管理工作的特征已经没有什么可分析的了。但是，如果管理者愿意帮助分析者理解他的工作和问题，如果他允许分析者访问他的口头信息数据库，管理者就有望从分析者那里获得强有力的支持。

> 我们可以设想一个完备的日程安排系统，由管理者来决定其事务的轻重缓急，而由分析者来负责开发一个能够系统有效地进行日程安排的系统。此外，我们有理由相信，分析者还可以为管理者做很多信

息监控的工作（浏览期刊、分析报告），并且对收集到的大量信息进行筛选，并制成文档。

在战略决策方面，管理学家可能会有很大帮助。战略问题都很复杂，而管理者却没有时间去分析它们。管理学家可以帮助管理者寻找机会，分析可选方案的成本收益，以及开发更好的选择模型；他可以为预见到的危机设计预案，针对管理者所面对的高压情况进行快速分析；他可以监控管理者所必须主抓的计划；他可以制订一个明确而又灵活的组织战略计划。

分析者参与战略制定的目的是给“规划的两难困境”提供一个解决方案。管理者有信息和权力，而分析者有时间和技术。因此，就要想办法把信息传递给分析者，让他的时间和技能得到充分利用。

说起来我们其实是又回到了本节的开头。为了获得管理学家的帮助，管理者必须采用某种方法和他们共享信息。这可能会引出一些崭新的、更有效的管理方法。

给管理教育者的启示

在开始本节之前，我们不妨先问一问，管理能否算一个真正的职业，是否真的能够教授和学习？**识别一个职业可以有两个标准：在完成工作的过程中，有一系列共同的角色和程序；对一部分知识或科学的认识。**有明确的证据表明，所有的管理工作都要求任职者扮演一些共同角色，但是几乎没有证据可以表明，任何一个角色的扮演需要正式学习。你何时见过管理专业的学生学习如何拓展联系网、处理不可避免的干扰因素、与其他组织进行谈判、在组织内进行创新？通常，他们会学习一些有关领导力的内容，但事实是，总体而言，我们对于应该如何教授管理角色所知甚少。

在我们管理学院的课程设置中，根本没有这些知识的一席之地。案例研究法在教学上曾经盛极一时，这大概是因为人们相信非结构化的决策练习有助于管理者的培养（其实应该称为选择练习，因为问题和资料都是教师提供的，而不是学生自己去发现的）。但是我们的研究让我们有理由相信，这种教育方式无助于培养管理者所需的多种才干。

案例研究法得到如此广泛的运用，或许是因为管理学院清楚，它们无法实实在在地教授管理所需的具体才能。学校只能希望让学生更快地学到那些他们可以在工作中学到的东西。于是教室就变成了工作实践的演习场。

在 20 世纪 60 年代，许多管理学院摒弃了案例研究学习方法，转而把注意力投向理论教学。有趣的是，这些理论大部分并不是关于管理工作本身的，而是一些基础学科：经济学、心理学和数学。这些学校也教授应用理论，但大多也与管理过程没有直接关系。营销研究、运营管理、投资分析等全都是组织内专业职能领域的理论。所有这些知识对于管理者的培养来说都很重要，但与他们在管理工作岗位上所要做的事情没什么直接联系。由于找不准目标，管理学院培养的多半是处理结构化问题的技术专家，而不是处理非结构化问题的管理者。而一门有可能真正涉及管理过程的课程——政策课程，要么没有出现在现代管理学院的课程中，要么就是纯粹以案例研究法教授。

我们必须认识到，尽管管理学院给了学生 MBA 和 MPA 的学位，但实际上却没有教他们如何进行管理。因此，这些学位不足以作为判定一个人是否适合从事管理工作的先决条件。世上很多优秀的管理者一天管理课都没上过。

技能培养

只有当管理学院具备了教授一系列同管理工作真正相关的“技能”的能

力之后，它才能够显著地影响管理实践。就好比医科学生必须学诊断、工程学学生必须学设计一样，管理专业的学生也应该学习领导力、谈判、干扰因素处理和其他管理技能。

这些技能可以通过三种方式来学习：**认知学习**，通过阅读或听课，给学生灌输相关技能的最新知识；**模拟学习**，在人工环境下进行技能的实践（如角色扮演），并对学生的表现给予反馈意见；**在职学习**，让学生在工作中使用各种相关技能，然后从自我反省和他人的反馈中吸取有益经验。

认知学习很有用，但通常没什么效果。只有让学生真正在尽可能接近真实的环境中使用技能并剖析他的表现，学习才是最有效的。一个人永远也不可能通过阅读有关游泳的书来学会游泳。他必须下水，在水里扑腾一番，按照懂得游泳这门技能的人的指导，来练习不同的游泳技能。最后，在充分的反馈意见中，他学会了游泳。许多管理技能的培养也是如此。学生必须投入到环境中去，对技能进行实践，然后从了解该技能的人那里获得建设性的绩效反馈。

一些文献著作表明，人们越来越重视管理技能教学。利文斯顿（Livingston）在《哈佛商业评论》上发表了一篇名为《受过良好教育的管理者的迷思》（*Myth of the Well-Educated Manager*）的文章，文中称“很多从基层爬到最高层的人们磨炼了自己的技能，而这些技能是正规的管理教育课程所不教授的。许多受过很高教育的人，可能很难在工作中学到这些技能”。他提倡技能教学，不要给学生喂“嚼过的馍”，而要帮助学生从自己的第一手经验中学习。

拉多舍维奇（Radosevitch）和乌尔里克（Ullrich）在他们关于毕业生职业教育的分析中提倡“为学生提供机会，实践新学到的技能”，他们还补充道：

管理专业的毕业生必须既是“实干家”，又是思想家。不同于其他学科，管理专业教育需要一种在智力和行为两方面都有所收获的学习环境。例如，关于麦格雷戈 Y 理论的标准讲座，既不能让人学会感同身受，也没有让学生在实际工作中运用 Y 理论所需的技能得到发展。

在肯尼迪政府学院，诺伊施塔特所教授的公共政策课程中，就为学生提供了一系列简短的备忘录，用以讨论一些具体的员工技能（比如简报、激励）。尽管诺伊施塔特主张技能是从工作中而不是教室里获得的，但他还是在自己的课程里介绍了一些参谋性工作所需技能的训练，让学生对自己在未来的工作中需要哪些技能有一点初步的认识。在他们职业生涯的早期，很有可能要从事一段时间的事务性工作。

有一种方法可以确定管理者需要哪些技能，那就是分析他们所担任的角色。通过对第 4 章中的 10 种角色的研究，**可以归结出 8 套基本管理技能**分别是：平级技能、领导技能、冲突解决技能、信息处理技能、模糊决策技能、资源分配技能、创业者技能、自省技能。它们或许是应该教授给学生的。下面就对其一一进行讨论。

1. 平级技能（peer skill）。

平级技能是管理者与同级建立关系，并有效加以维持的能力。这其中包括许多技能。管理者必须知道如何为了共同需要，而与其他方面的成员形成默契。他必须了解，怎样建立并维护一个广泛的联系网络，以便从中得到帮助和信息。他还必须知道，怎样与对手进行正式的和非正式的沟通。谈判也属于平级技能，也就是即时进行资源交换的能力。另一种重要技能，就是咨询技能，特别是对于专业部门经理而言，也就是实现一种“专家-客户”关系的能力。最后，大型官僚组织中的明争暗斗还需要许多“政治手腕”。

管理术语

社会心理学家替我们对平级技能做了一番考察。他们研究了契约关系，提出了“T 型团体”（T-group）的概念，或许还有我们现在用来在模拟（真实）环境中培养平级技能的具体方法。通过对管理者谈判活动的实证研究，还得出了对于可教授的方法和程序的描述。博弈论和“案例对照”可能也是平级技能教学的有用手段。

平级技能很适合于经验学习法。在组织发展的过程中，管理者可以很容易地从自己与同级打交道的经验中吸取教训。大学生对于平级情景肯定不会陌生。这二者都提供了在现实情景中进行系统检查的大好机会。

2. 领导技能（leadership skill）。

领导技能主要关注的是管理者对待下属的能力，包括激励和培训、提供帮助、处理权威和信任问题等。关于领导技能的书籍非常多，但其中绝大部分仅论述了独裁式领导和与之相对的员工参与式领导的问题。还有许多关于领导技能的培训课程，例如布莱克（Blake）和穆顿（Mouton）的管理方格理论（Managerial Grid）。

领导技能也许远比其他技能更需要参与式的培训。领导力就像游泳，不是看看书就能学会的。但是，领导技能与天生的个性有很大关系，所以要在教室里实现很大的行为改变还是很难的。

3. 冲突解决技能（conflict-resolution skill）。

冲突解决技能包括对冲突各方进行调解的人际关系技能和处理干扰因素的决策技能。管理者要同时使用这两类技能，他的压力很大。但是，既然身体可以通过锻炼来承受更大的生理压力，那么人的精神肯定也能通过训练来增强对心理压力的耐受力。可以使用角色扮演法在教室中模拟冲突，锻炼管理者的冲突解决技能。此外，还要了解一定的调解技能，这在管理培训课程中是十分有用的。

4. 信息处理技能（information-processing skill）。

管理专业的学生应该学会如何建立非正式的信息网络，寻找信息来源并获得自己所需内容，验证信息，吸收信息，建立有效的思维模型。此外，他们还应该学习怎样传播信息，有效地表达自己的想法，或是代表组织正式发言。

今天，我们已经在大学课程里安排了一些时间，专门用于这些知识的学习。运营管理课程包括正规模型的构建，还有很多职能领域的课程都会告诉学生，到哪里寻找相关的专门信息。比如经济学课程中的国民收入统计、会计学课程中的成本核算。一些学校让学生阅读关于研究方法的读物，并要求学生提交各种计划或论文，给他们以获取现场数据并进行验证的实践机会。图书馆作业促进了学生信息收集技能的发展。案例研究法加强了学生思想交流的能力。给学生一小段案例，让他自己收集进一步的资料，这种事件案例法更能培养学生的数据收集能力。

每门管理学硕士课程都会有一些这样的内容，教导学生获取管理者最常见到的非结构化、非书面的信息。我们在管理人员培养课程中，需要特别注意口头表达技能的培养。事实上，我们需要开发一种方法来培训管理专业的学生使用各种管理媒介。电话、预定会议和临时会议、巡视和邮件是管理者的主要工具，我们应当系统地培训学生使用这些工具。

5. 模糊决策技能（skill in decision-making ambiguity）。

高层管理者决策的最大特征就是情景的非结构化。管理者必须先确定决策的时限，然后审时度势，计划出一个应对方法；他必须寻找解决方案并评估其后果；最后，他还必须选定一个可行方案。这个过程只是冰山一角。其实我们都知道，一个“决策”实际上是由一系列环环相扣的小决策所组成。此外，管理者并不是一次只处理一个决策，而是一次处理一组，轮流进行，并同时尝试着把它们整合起来。

管理学院目前把相当多的注意力都集中在教授决策技巧上。但是，高层管理者所面对的问题往往是复杂而模糊的，相比之下，学生所学到的方法就太初级了。在案例研究法中，问题和资料都打印得整整齐齐，要学生去进行分析，并讨论各种可能的方案。商业游戏提供的也是一种严整的、结构化的情景，每个阶段所要做出的决策内容都是相同的。

> 管理学中产生了许多值得教授的技术——贝叶斯分析、线性规划、排队论和投资分析等，不胜枚举。如果我们要从后果已知的若干行动路径中选择一个，那么这些方法确实能有所帮助。但是，面对管理者决策中的开放性和动态性，它们也无计可施。管理者所面对的不是课本上那种具有确定性，或者有一定风险性，甚至是具有不确定性的决策问题，他们是要在一团模糊中做出决策。管理者面对着战略问题，所得到的信息很少，而且几乎全都是没有经过梳理的。战略规划或长期规划的意图是处理相互关联的战略决策，但它们也同样派不上多大用场。同管理战略决策实践相比，正式规划科学还是太简单粗糙了。

过去，管理学一直偏重于为组织中的职能专家服务，他们要根据结构化的信息做出相对常规的决策。因此，管理学课程教给学生的都是技术专家的那一套，而不是管理者所使用的方法。当然，对于任何一个想要成为管理者的人来说，那些都是理应学习的知识。既然管理之路的趋势是技术专家领导一切，那么管理学院也就打算让学生顺应潮流。此外，管理学的实践还是有可能提高学生的决策技巧的，虽然管理者在工作中所要处理的决策是不同的。学生学会了梳理问题，设计解决方案并寻找可靠的数据。无论这种说法究竟有几分道理，我们都还是要继续寻找更好的方法，在教室中模拟模糊形势下的现实决策，并教授那些适合于实际问题复杂度的方法。管理专业的学生应该学会一些必要的技能：寻找问题和机会、诊断非结构化问题、寻找解决方案、管理动态决策、同时进行多个决策并将它们整合为计划。

6. 资源分配技能（resource-allocation skill）。

有时候资源需求是相互冲突的，所以管理者必须进行选择。他们必须决定如何分配自己的时间，决定下属应该做什么，工作应采用何种正式结构，对各种需要组织资源的计划做出判断，而且有时候还要迅速判断。

除了教授组织设计理论（这对于任何一个管理者来说都是应当学习的）外，管理学院在资源分配技能的培养方面做得很少。但是管理培养课程的情况则有所不同，因为它们有时也会关注一下时间分配的问题。如果有什么好方法能够解决这一问题，那将非常有价值，值得进一步开发。此外，我们还应该设法在教室中进行情景模拟，让学生轮流对多个复杂问题做出判断和决定。还可以在课堂上锻炼学生使用“一揽子处理法”，一次处理一堆不同的文件。

7. 创业者技能（entrepreneurial skill）。

这一组决策技能要负责寻找问题和机会，并在组织内实施可控变革。除了组织行为著作中的“变革代理人”技能（change agent skill）之外，这方面恐怕没多少东西可以正式传授。但是，管理学院本身的性质和课程设计背后的哲学思路，却可以产生鼓励使用创业者技能的氛围。很明显，管理学院可以有意识地鼓励学生的创业者意识。明智的冒险和革新会受到赞扬，创造力也可以得到很高的评价。显然，僵化的课程结构、消极被动和倒行逆施的行为则不被欣赏。如果不这样做，那就会形成一种学究式的环境，把那些最应该接受正规管理培训的人吓走。

8. 自省技能（skill of introspection）。

管理者应该十分了解自己的工作，能够敏锐地感知自己对组织的影响，能够通过自我反省而学习。一般认为，政策课教授的角色就是告知学生管理工作的本质——工作本身的性质与特征、组织目标的形成、战略决策过程的特点和规划师的角色。最重要的是，他应该鼓励学生培养自省技能，这样他们就可以在工作中继续学习。或许组织也可以通过给管理者提供自学工具，召开鼓劲会来加强这种学习。在鼓劲会上，管理者可以针对彼此的行为给予对方最诚实的（保密）反馈。如果管理者懂得怎样从自身的经验中学习，那么再没有什么学习环境（教室、高管培养课程、同级反馈会议）能比工作本身更好了。

就像我们在前面强调过的，迄今为止，管理学院仍不是很重视基本管理技能的培养，所以它们在培训管理者方面也没什么作为。现在有迹象表明，管理学院和管理教育者都开始认识到技能传授的必要性。技能培训或许将会成为也应该成为管理教育的下一场革命。

关于选择的注解

对学生的选择在很大程度上影响了管理培训和培养课程的效果。如果把正确的培训给了错误的人，那显然是一种浪费。正规教育并不能制造出管理者来。它唯一能做到的，就是把学生原有的基本技能进一步提高，并为其提供知识。如果学生有领导的潜质，培训可以帮助他更有效地进行领导；如果他没有这种潜质，那么无论你怎么在课堂上下功夫，都无法让他成为一位高效的管理者。因此，只有能做到以下几点的管理学院，才能获得巨大的成功：

- 能够准确无误地判定，哪些申请人显示了管理技能。
- 能够显著改善他们对上述技能的运用。

令人遗憾的是，我们依然缺少一种系统高效的方法，来选拔出能够在管理岗位上取得成功的人。利文斯顿提供的一些有趣的证据显示，在MBA课程中取得佳绩的人，并不一定会在管理工作中获得成功。他得出了如下结论：

> 毋庸置疑，那些以学历、智力测试成绩以及分数作为衡量管理潜质标准的商学院和企业组织，所使用的是一把不可靠的标尺。

事实上，今天的管理学院只有一种办法来保证其选择的可靠性，那就是选择已经在管理岗位上有所成就、有经验的报考者。但与人事心理学家的科学方法相比，有多少负责选拔其他管理人员的管理者对自己的直觉预测法更有信心？

> 缺乏系统基础的选拔，导致所谓“最佳推销员综合征”的长期持续。它是指管理者在选人的时候，以为擅长于本部门工作的人必然能管好该部门。很明显，管理技能与专业技能不是一回事。另一个有趣的现象就是，在选举政府高级官员（总统、首相、市长）时，我们极少听到对候选人管理技能的分析。按理说，这些应该是决定其成败的最关键的因素。然而我们对这些因素知之甚少，因而也就无法对它们进行分析。

总之，我们还是要继续探索一种能系统而有效地选拔具有成功管理者潜质的人的方法。

管理术语

特质论（trait theory）是一种力图预知管理效力的重大努力。这方面的早期研究者想要分离出所有高效管理者都具备的一种或一组基本特质。

但总体来讲，这些研究不是很成功。衡量这些特质，并寻找它们与高效管理者之间的联系是很困难的。而那些被分离出来的特质往往又太过泛泛（比如智力、移情），没有什么实践价值。结果，最近许多研究者都选择了关于领导力的情景理论或权变理论。他们假设，特定情景决定了领导者身上出现的优良特质。

但是，特质论到底错在哪里？是所有成功管理者都表现出一些共同的个人特征这一观念本身就错了，还是研究者挑选出来进行衡量的特质选错了？我倾向于后者。而且我相信，**分离和衡量一般管理特质的难度不应该挡住我们的研究脚步**。正是这些特质导致在各种管理工作中，有人成功，有人失败。这里我们要着重强调两点：

第一，本书自始至终都主张管理工作本质上是相似的，在此基础上又有所变化。这就意味着高效的管理者都具有共同的个性特征，除此之外又分别具有一些与各自的具体工作相关的个性特征。换句话说，我个人相信，领导力效力理论必须同时考虑领导者的基本特质和附加特质两个方面。

第二，我们也必须向这种对特质的关注提出质疑。“特质”是一种无形的概念，很难操作，或者与管理行为相关联。而“技能”则是一个更具操作性的概念，并且与行为直接相关。技能就是一种特定的行为，能够使工作得到有效履行。如果我们试着用一般的（和附加的）管理技能来代替特质，就可以把行为作为衡量的基础。例如，我们可以从上述的技能列表中得出结论：成功的管理者可能会表现出一些特别的能力，在平级关系里游刃有余、在下属关系中能够领导他人、善于解决人际和决策冲突、使用口头媒介、制定复杂的相互关联的决策、分配资源（包括管理者自己的时间）以及进行创新。研究者如果愿意花点时间来尝试衡量人们在这些一般技能方面的表现，很可能会有所收获。

总之，**如果想要提高管理培训和培养的成效，我们必须学习如何挑选出那些具有管理工作所需特殊技能的候选人。**

给管理学家的启示

在第 6 章中我们详细探讨了管理学家在管理工作重新编程中的角色，并在最后做了总结。在这里，我们要为广大读者再复述一遍各个要点。

现在的管理者工作量过大，而且也没有多少办法可以减轻这个负担。最终还是要靠管理学家来帮助他们重新设计工作方法，从而显著提高工作效力。但是要想让管理学家（他可能是系统分析员、规划师、信息系统设计者或运营研究者）帮助管理者，就必须先让管理学家了解管理工作。如果一个规划师连管理工作是怎么回事都不知道，那么谁还能相信他可以帮助制定战略？而如果相信管理学家无须了解管理者的信息，就可以帮助他们进行决策，也同样荒唐。管理著作很少谈到管理工作本身，即使偶有提及，也反映出对管理工作的普遍不理解。管理学家好像经常用经济学家“理性”决策的简单模型来看待管理工作。这种模型有清楚的目标、不同的可选方案以及互不牵扯的选择，只求净收益的最大化。管理学家根据这个模型来为管理者设计系统，然后为管理者不理睬他的长期计划，或是不采用他的信息系统而百思不得其解。

管理学家要为管理者设计系统和解决问题，就必须研究和了解他们的工作。他必须能够接触管理者一直都没有诉诸文字的信息，然后才能为管理者设计出真正有用的系统。管理学家会发现，管理者通常需要的是大量不确定的、特别的外部信息，而非信息系统通常所提供的定量的、常规的内部信息。

他会发现，管理者会采用可以随时修改的灵活的计划，而不是那种固定的长期计划。他会学到当面对危机的时候，“快速而粗略”的分析以及实时提供结果，远比重要的统计数据有用得多。

对于管理者所使用的程序，现在我们还不是很了解。**管理学家必须帮助管理者对工作重新编程**。他必须将管理者的程序详细列明，然后进行重新设计，以求能有更出色的表现。管理者的有些程序，例如涉及领导力的程序，就无法重新编程。少数程序能够在很大程度上重新编程。管理者的日程安排程序，特别值得管理学家关注。日程安排的特殊性质使它可以被分析，并重新编程——决策是重复性的，信息是具体的，且在一定程度上可以量化。对于某些管理者来说，更好的日程安排能够带来巨大的潜在回报。

最后，管理者的很多工作都可以部分地重新编程，管理者可以与管理学家（或者人机系统中的电脑）共同工作。管理者定义问题，并提供一些输入信息，而管理学家则提供时间和分析能力。第6章讨论了这方面的若干可能性：监控和传播信息、寻找问题和机会、进行成本-收益分析、监控管理者监督下的计划、制订适应性的战略计划和应急预案、提供模型以帮助选择、进行实时分析以帮助处理意外事件。

> 自从弗雷德里克·泰勒率先开始试验在工厂提高效率的方法以来，管理学家对组织管理层级的影响就在不断向高层攀升。但近年来，方向上的变化减缓了它的发展。管理学家开始追求技术的精密。如果是要处理高度结构化的问题，这并没有什么不妥。但是，政策层面的问题往往是很多因素纠缠在一起，管理学家要花时间来学习如何梳理它们。过于沉迷于精密技术的管理学家，将会降低其参与解决政策问题的能力。在不背弃这门科学的前提下，管理学家必须准备好放弃对于

精密技术的追求，根据问题调整方法，而不是寻找适合于某个解决方法的问题。管理学必须回归其对于管理问题的基本分析——依靠明确的资料进行清楚、系统的思考。

给研究者的启示

管理教育者和管理学家在帮助改进管理实践方面的成功，依赖于研究者的成功。研究者必须为他们提供更好的管理工作描述。对此进行的研究提出了几个研究方向：

1. 开放性研究（open-ended study）。

我们对于管理工作仍然所知甚少，研究人员想要通过归纳法来获得一些基本了解，为此还迫切地需要进行大量的研究。

2. 后续研究（follow-up study）。

在本书中，我提出了一些值得进一步深入研究的点。这里所描述的活动是否也能够用来描述所有管理者的工作？对角色的描述可否更加精确、更具操作性，以便更加精确地比较不同管理者的工作？附录 B 讨论了实施角色设置的问题。很明显，我们需要对更大范围、更多类型的管理者展开更长期的研究，以验证这些研究成果。

3. 工作差异研究（study of job differences）。

我们必须非常注意工作差异研究。不同管理工作的角色和特征有哪些不同，为什么？我们对由文化或管理者个人风格所引起的工作变化，几乎一无所知，对引起管理者工作变化的其他因素也知之甚少。我们必须研究专业人才型的管理者、日本的管理者、通过选举上台的政府管理者、在不同类型的学校中受过培训的管理者、稳定环境下的管理者、不断面对危机的管理者以及其他管理者类型。工作分担是一个非常有趣、也非常重要的现象，值得深入细致地研究。情景因素对管理者工作的影响和社会变化的作用也需要研究。

4. 对工作特殊方面的研究（study of special aspects of the job）。

只要别忘记各部分之间的内在联系，集中注意力研究管理工作的具体方面还是有好处的。**我们可以对角色的构成进行有益的研究，这些角色有外部角色、信息传递角色和比较偏重义务方面的角色。**我们必须更多地了解管理者的领导行为、处理危机的方法、分步骤进行的决策、拓展联系以获得信息的过程，及其寻找机会和问题的过程。管理者工作的每个方面都需要好好研究。

5. 管理者效力的研究（study of manager effectiveness）。

我们必须找出成功的管理者和不成功的管理者到底有什么不同。我们的研究必须包括从疲劳程度调查到对干扰因素平息的分析的全部范围。我们必须设法弄清楚“效力”（effectiveness）和“效率”（efficiency）这两个词在管理者工作中的含义。

6. 对工作进行编程（programming the job）。

最后，可能也是最重要的，我们必须将管理工作描述成一个程序系统。我们带来改进的能力大小，取决于我们能否恰当地描述现实。以我们现在的理解程度，很难给管理者做出什么可靠的指示。**描述管理工作最精确的方法就是把它编程。**这包括识别管理者所使用的程序、明确其内容，并把这些结合起来，放到一个管理工作的模拟中去。只有当这类努力取得成功之时，管理科学才能真正发展起来。

管理工作所得到的关注之少非常令人吃惊。这显示了当代的研究者对这个领域的消极反应，他们试图远离那些阐述得很不清楚的原理和职能。他们经常把自己埋在职能领域里，这里的模糊性比较少，而量化又比较容易。**我们不能继续对管理工作这个研究领域视而不见了。研究者为管理者和管理学家提供知识，他将最终决定大型组织处理重大问题的能力。**

我希望，各位能将本书看作是通向对管理者工作的深刻认识的一个起点。它的地位也仅仅如此。我还希望，这项研究能够带动更多的人从事管理者工作研究这项有趣而又重要的工作。

THE NATURE OF MANAGERIAL WORK

附录A

关于管理工作的主要研究

诺伊施塔特的总统权力研究

诺伊施塔特在其《美国总统任期》(*American Presidency*)一书中对罗斯福、杜鲁门和艾森豪威尔三位总统的个人能力进行了分析:“是什么?如何获得?如何保持?如何利用?”

我们也可以采用这种思路来研究管理工作,尤其是在信息收集和决策制定方面。例如,诺伊施塔特认为总统“必须成为自己的中央情报部门的总指挥”:

> 总统获益于流入脑中的信息,这是他的第一需求。毫无疑问,总统既需要顾问所提供的资料,也需要关注他们所未提及的细枝末节。

在时间分配问题上,诺伊施塔特强调了总统职位的要求:需要做的事、期限以及突发事件。如果总统希望做成某件事,那就:

> 需要给自身加压,自设期限,并掌握那些他有能力使用,可以随意选择的工具。自设期限的作用不亚于切实的信息:前者智慧了头脑,后者提供了武器。

诺伊施塔特总结道："有用的信息、及时的可选答案，这些可能并没有摆在他的面前，他要自己去寻找。这样可以帮助他扩大自己的个人影响力。""酷爱总统职权"的罗斯福和"喜欢做决定"的杜鲁门都很善于自己帮自己，而"拒绝成为政客"的艾森豪威尔就无法做到。这本书中充满了此类深刻见解，使之成为有关政治家工作最有趣的研究之一。

霍曼斯的领导力研究

霍曼斯在他的书中用了整整两章的篇幅来讨论领导力。他首先回顾了怀特著名的研究《街角社会》(*Street Corner Society*)。怀特曾以参与者兼观察者的身份生活在一个他称之为"街角村"的贫民窟里，并特别研究了其中一个叫"诺顿帮"的帮派。他详细描述了这个帮派的活动，得出了一系列关于这个帮派的内部结构及其与所在社会的关系。有意思的是，这个帮派中有着清晰的等级制领导结构。霍曼斯写道：

> 总之，诺顿帮同样采用了金字塔式结构——小卒向小头目报告，小头目则向大头目报告，和我们在当前的企业组织和军事组织中看到的一样，只是规模小一些而已。这个金字塔通过群体的规范、活动、情感和互动交流等动态关系而自发地演变着。事实就是，现代社会中的大型正规企业、政府部门或私营部门的组织形式，是对人类群体中的自然趋势的模仿与合理化。

霍曼斯对"诺顿帮"中的领导力做了许多总结：

- 一个人的社会地位越高，直接或间接与之产生关系的人就越多。
- 一个人的社会地位越高，他与自己群体外的其他人互动就会越频繁。
- 帮派大哥往往是最遵守本群体规范的人。这些规范可能很稀奇古怪，但只要为本群体所真心接受，那么该群体的大哥就必须身体力行。

- 大哥的信息比其他人更灵通，且有更多渠道可以发布命令。
- 大哥可以通过那些或多或少能够约束群体成员其行为的命令来改变本群体的社会状态。他们会通过既定的渠道发布命令。
- 与大哥互动最多的是社会地位与他最接近的人，他的命令通常是通过这些手下传达下去的。
- 大哥位于联系网络的中心，无数信息流都需经由他向外传播。
- 大哥，无论层级如何，在需要做决策时就必须决策，尤其在事关整个群体的紧急事件发生时，群体成员会期望大哥能够挺身而出，并动用全部权力发布必要的命令。
- 领导工作具有两面性：（a）达成群体的目的；（b）同时保持奖惩等刺激因素的平衡，促使追随者服从自己。

霍奇森、莱文森和扎莱兹尼克的“管理者角色格局”

这是一次深入而全面的研究，研究对象是某大型精神病院的高管。研究基于对管理者及其环境的非结构化的密切观察。霍奇森、莱文森和扎莱兹尼克以复杂的分析充分揭示了管理行为的复杂性。

他们说得很明白，他们所研究的是个人或人际的行为，而非工作本身，因此全书始终把工作和个性放在一起来讨论：“我们从未打算要将工作形式同工作内容割裂开来。”相反，作者提出了“角色–任务工作”（role-task work）的理念：**一个人为实现其职位要求与个人需求、利益及志向之间的统一，而做出的持续且有目的的努力。**

书中讨论了三位管理者各自的工作，然后分析了他们之间的关系，即

“管理者角色格局”的形成和运作。

管理术语

组织中的管理者角色往往趋于专业化，专司某些任务和表达某些情感。角色的专业化深深根植于管理者的个性中，并极大地影响着他在组织中的行为。高管团队的一些专业角色相互区别，同时又紧密联系、互补共生。对此我们称之为“管理层角色格局”。

对医院院长（高层管理者）来说，工作的专业化意味着“加强组织与其环境间的联系”，他表达出来的情感是“坚定果敢”。医疗主任的专业是“在组织内部主抓医疗服务”，表达“爱与帮助”；相对应的院长助理的专业是“负责无法紧密整合到日常管理工作主流中去的创新活动”，表达“友好平等”。

他们还指出，不同组织可能有着不同的管理风格——反格局式领导、家长式领导、两人搭档式领导或三人组合式领导。

卡尔森的领导日记法研究

卡尔森 1951 年发表的对 9 位瑞典高管（公司总裁）的工作分析，是迄今为止首次意义重大的对于管理工作的实证研究，并引发了广泛的兴趣。卡尔森是这样阐述自己的研究目的的：

> 这项研究的目的，既不是为了制定一些管理者必须执行的规范性规则，也不是为了描述他们“典型的”或“一般性的”行为方式。我希望的是，通过研究这一系列的个案，来发现共通的行为模式，及其一些体现这些模式的常见关系。

由卡尔森设计并使用的方法后来得到了广泛应用。他让管理者们填写时间日记以记录其日常活动。管理者们要记下每项活动的：

- 工作地点。
- 所联系的个人或机构（如下属、客户）。
- 沟通方式（直接的：亲自察看、谈话、预定会议和临时会议、电话。间接的：中间人传达、书面传达）。
- 所处理问题的性质：
  a. 活动领域或职能领域（财务、生产、人力资源等）。
  b. 发展或当前运营。
  c. 政策或应用。
- 活动（获取信息、建议和解释、做决策、下达命令）的类型（或内容）。

卡尔森的日记格式参见图 2-1。**卡尔森的研究结论分为三类——关于工作时间、沟通方式以及工作内容。**

工作时间。卡尔森分析了工作地点、沟通方式和总工作量。最著名的结论就是连续不受干扰的时间很少。

惊人的数据

卡尔森指出，尽管管理者平均每天有 1 个小时的独处时间，但通常每一段"独处"时间却只有 10~15 分钟，而且在 35 天中，超过 22 分钟的独处时间只有 12 次。

"他们知道，只要一开始着手新任务，或者坐下来点支烟，就肯定会有人进来，或者有电话打过来。"卡尔森还得出结论，认为管理者的工作量很大，平均每天要工作 8. 5~11. 5 个小时。他指出，这些工作量还不包括社会活动和文化活动。此外，管理者对于自己每天工作的控制权极小。

沟通方式。卡尔森的大部分分析都是关于首席执行官的沟通方式。他发现，管理者每天发出的邮件比收到的要少得多，平均每天要花 3. 5 个小时接待来访者，而办公室的布局在某种程度上决定了管理者见的是谁、频度如何。

工作内容。关于管理者活动的真正内容，卡尔森对自己的结论就不那么有信心了，因此也没写下什么特别有分量的东西。他只是说不同的管理者对“活动领域”都有自己不同的见解，而且许多活动都被记录成多领域活动（如人力资源兼生产）。同样，在谈及其他工作内容时，卡尔森指出：

> 有些问题在管理者甲看来是发展问题，而管理者乙却认为是当前运营的问题，甚至同一位首席执行官在不同时期也会对同一问题有着不同的看法。更难的是，确定某个问题算不算政策问题。

卡尔森的结论也颇为含糊：生产问题比组织规划问题常见得多，销售问题经常被定义为政策问题，而财务问题通常被认为是应用问题。最后，在讨论我们最关心的“活动类型”时，卡尔森写道：“正如我所料，对活动类型的研究是我们整个研究中最为困难的一部分，我们所采用的理念和记录方法也都不足以使之更为明确。”关于这个问题，他只写了一页纸，重大研究成果也只有一项：

> 面对呈交给他的问题，首席执行官的主要问题就是获取信息。在我们问卷的所有题目中，“获取信息”的使用频率遥遥领先，比第二名高出至少一倍。

后续的日记法研究：伯恩斯、科普曼、杜宾和斯普莱、霍恩和勒普顿、托马森

卡尔森的研究激发了相当数量的后续研究，其中绝大多数都在英国。20

世纪 50 年代中期，伯恩斯发表了两份日记法研究报告。在第一份报告中，他分析了 4 位“联系紧密”的中层管理者之间的关系。他让他们先估算一下自己的时间分配，然后用日记法进行 5 周的记录。他的第二项研究样本更大，有 76 位中高层管理者。伯恩斯的两项主要研究成果得到了其后几乎所有研究的证实——谈话占用了大量时间、横向和侧向沟通量大。伯恩斯还注意到，管理者经常会花大量时间与一个特定的管理者圈子保持联系：

> 也许研究成果中最引人注意的是一种普遍存在的通常为三人、有时是四人的高层管理者团体隔离现象。在总经理与企业（如工厂）员工的总谈话时间中，有一半都是与这个团体中的另两名成员进行交谈。

和卡尔森一样，伯恩斯所收集的资料既包括活动又包括内容（获取、发出、系统化和记录信息及解释）。然而他也不十分肯定：“或许活动也可以根据另一种分类标准进行分析——也就是依照内容进行分类。但对此我们并不十分确定。”伯恩斯在这方面没有提出什么确切的结论，但他详细讨论了这样一个研究成果：在 1/3 的会议中，不同与会者的记述彼此矛盾。他还发现，管理者对自己时间分配的判断力很薄弱，特别是用于“人际关系”的时间。

科普曼用日记法比较了 29 位首席执行官和同样数量的部门主管的工作，有如下发现：

> 首席执行官花在工作上的时间更多（每周为 53 小时，而部门主管为 43 小时），并且更多时间用于“书写”和“规划”，而起草报告的时间较少。

惊人的数据

他们与下属沟通的频率与部门主管差不多，但较少与上级沟通（1. 5%：14. 5%），而与同事沟通较多（16%：10. 5%）。

杜宾和斯普莱用两周的时间观察了 8 位美国管理者，发现高层管理者较少关注一个活动。但和伯恩斯的研究不同，这两位研究者并没有发现高层管理者花在横向关系上的时间更多。无论层级如何，管理者们在这些关系上都花了可观的时间。杜宾和斯普莱对管理工作的不同之处得出了这样的结论：

> 首席执行官和那些以客户为中心的行业中的管理者与组织外人员的交往，比与下属的交往多得多。职能的专业化，如会计，可能会使管理者能够有较长时间做自己的事情，而无须与他人联系或协调。

霍恩和勒普顿用日记法对 66 位英国中层管理者进行了一周的研究，得出的结论之一是，这些人并没有超负荷工作，而在具体职能领域上所花时间也取决于管理者的工作类型（如人力资源）而非层级。此外，两位研究者试图用“FOUR 法”研究管理者的工作内容。

管理术语

作为 POSDCORB 的替代，FOUR 表示制定（formulating）、组织（organizing）、统一（unifying）和调节（regulating）。

研究者指出，管理者花了大量时间进行“非制定性活动”。他们的图表似乎是想显示各公司间有相当大的不同，但在旁观者看来，无非是想表明管理者的“调节”工作多一些，而“组织”工作少一些。

最后是托马森的分类研究报告。由于来源于管理课程的学生作业，因此这些研究的样本巨大、数据丰富。在第一篇文章中，托马森总结道：“沟通结构看起来就好像一个密密麻麻排列着很多中心和空隙的百衲被，循环的沟通模式按层级自上而下。”在第二篇文章中，托马森发现了不同职能领域工作中一些有趣的变化。例如，随着级别的上升，花在生产上的时间就会减少，而花在政策上的时间却会增加。他得出的重要结论是：沟通中心也许是专业信息的焦点。

整个层级变成了一个由不同主题导向的沟通网络所组成的复合体，而网络的中心就在层级中允许或需要相关主题到达的结点上。管理结构也许不像一连串过滤器和放大器那样运作，但却有可能是一系列相互连接，围绕在上述所谓"热点中心"周围的网络。在这些网络中，沟通流会出现间隙。

斯图尔特的管理工作差异研究

斯图尔特的报告仍应当算是一项重要的日记法研究。她研究了 160 位中高层管理者，每人观察四周，以发现他们在时间分配上的相似性与差异性。她也使用了日记法，但有一个方面却与先行者相异——她对工作内容几乎未做研究。

> 我们试验了多种类型的日记，得出的主要结论就是，要想获得有可比性的信息，就只能收集那些简单且易于定义的信息。特别是先前研究中所采用的活动分类，显然就非常不可靠。虽然让管理者在使用"获取信息"或"规划"之类的标题给自己的活动分类时保持一致性并不是什么难事，但在研讨会和课堂上的讨论表明，人们对这些术语的理解各不相同，即使专门对词汇做出定义，解释仍是五花八门。因此，我们决定在主要日记中摒弃诸如"规划"或"获取信息"之类的活动类型。

这项研究的所有结论都以柱状图的形式表示。其中很多证据都表明，绝大多数管理者，但绝非全部，都具有一些共同的工作特征。下面我们列出其中一些主要的研究成果，数字为平均值：

- 管理者平均每周工作 42 个小时。

- 75% 的时间花在公司中，51% 的时间花在自己的办公室里。
- 60% 的时间用于讨论——43% 用于非正式讨论，7% 用于委员会，6% 用于电话沟通，4% 用于社会活动。
- 34% 的时间用于独处，25% 用于与直接下属沟通，8% 用于与上级沟通，30% 用于与同级等沟通（其中，12% 用于与向同一上级汇报工作的同事沟通，8% 用于与组织内其他部门做类似工作的同事沟通，5% 用于与其他内部联系人沟通，另有 5% 用于与外部联系人沟通）。
- 从三种不同的衡量角度来看，管理者的工作都是零碎的：在 4 周中，管理者平均连续独处时间超过 30 分钟的只有 9 次（5 位管理者中有 4 人这样的独处时间少于 15 次）；每天平均有 12 次短暂的沟通（长度不超过 5 分钟），日记表明，他们每天平均还要额外增加 13 次沟通，因此共有 25 次沟通。
- 管理者的工作差别很大，包括工作地点、联系对象、各种活动及其内容。

斯图尔特在报告的结尾对她所研究的管理者工作的变量做了一个分析。对 25 个变量进行群集分析后，她勾画出 5 种基本的工作形态：

使者。这些管理者将大量时间用于公司之外，与外部人员交际周旋。他们的工作时间更长，但一天中的事务不像其他人那么零碎。这群人的典型代表便是销售经理和作为公众人物的高层管理者。

作家。这些管理者将大量时间用于书写、阅读、口授和与数字打交道。相比而言，他们是孤独的。他们工作的时间较短，日常压力也较轻。这群人通常应该是专业人员或管理专家——技术部的经理助理、总工程师之类。

讨论者。这是最常见的管理者。他们花大量时间与其他人，尤其是与自己的同事合作，执行多种活动。很多不同类别的管理者都属于这一群体。

问题解决者。这些管理者必须花大量时间解决危机，因此他们的工作也最为零碎。他们更多地与下属在一起，而与同级在一起的时间较少。用于视察的时间相对较多。绝大多数生产部门的经理属于这一群体。

委员会成员。这类管理者把大量时间用在开会上。他们也进行纵向沟通和横向沟通，但不会跨出本公司。研究成果中的这类人全部在大公司中任职。

观察法研究：凯利、庞德、格斯特、亚辛斯基

有些研究者用观察法研究工厂一线主管的工作。下面是对相关4篇文章的回顾。凯利采用“活动采样”法来研究冰河金属公司（Glacier Metal Company）4位工段长的工作。活动采样是对活动随机、瞬间的观察。在3周的时间内，凯利做了2 800次观察，所收集的信息同日记法研究者相似。用他自己的话来说，他的主要研究成果就是：

> 通过这次研究，我们可以描绘出工段长的工作情形。他们花2/3的时间与其他人在一起，花1/5的时间与本单位的管理者一起，1/3的时间与同事一起，1/2的时间与下属一起。他们的工作主要是做计划（占用1/2的时间），然后是技术类的事务（占用1/4的时间），以及一点点人力资源工作（占用1/10的时间）。较之其他研究，他们将更多的时间用于处理工作细节。一句话，他们是“任务专家”。

凯利根据自己的研究成果得出结论：**工作而不是个人风格，决定了管理者该做什么。**“从这项研究中可以得出的最重要的结论就是：任务是决定工段长行为的主要因素。由此可知，个人因素对其行为的影响必定很有限。”

庞德的研究是在通用电气公司里进行的，旨在区别高效率的与低效率的制造企业的基层管理者（根据其上司和下属的评断）在工作上的差异。他对24位基层管理者每人共观察16个小时，总计历时4个月。用这种方法所搜集的信息也如日记法研究一样，是把所有活动都记录下来。庞德发现“基层

管理者的工作也是极不连续的"，高效的基层管理者平均每天要进行 200 项不同的活动，而低效的基层管理者则要进行 270 项。这两类人同下属在一起的时间大致相当，但高效的基层管理者更关注人力资源问题（时间比为 23% ∶ 12%），较少关心生产问题（20% ∶ 40%），更多地与员工和服务人员在一起（32% ∶ 20%），联系较少，下达的一般性工作命令较多，授权较多。

格斯特和亚辛斯基对 56 位基层管理者每人观察了一天。以分钟为单位记录了事件、时间、主题、所涉及的活动、地点、联系人和互动的性质。观察对象平均每天有 583 项事件，范围在 237~1 043 件。

惊人的数据

每 48 秒基层管理者就要做一件事。

格斯特指出，他们的工作中鲜少有空暇，打扰不断，需同时处理多个紧迫难题。另外他还特别强调指出，基层管理者每天需要与各种各样的人打交道，"极少少于 25 人，经常多于 50 人"，运营部门和服务部门不同层级的人员所接触的人数也有差异。每天他们的横向沟通和侧向沟通大约要用去 2 个小时。

俄亥俄州的领导力研究

迄今为止，关于管理工作最雄心勃勃的研究当属俄亥俄州领导力小组。他们出版并发表了大量的书籍与文章，时间跨越了 30 年，从 20 世纪 40 年代末一直延续到 20 世纪 60 年代中。这些著作推动了许多其他的研究，尤其是在 20 世纪 50 年代和 20 世纪 60 年代初。然而近年来人们对俄亥俄州学派的热情已然消退，只有1968年的一篇文章是个例外。

沙特尔是这个小组的早期领导人，他于1949年在一篇文章中这样介绍了这些研究：

> 俄亥俄州立大学正在进行一项名为“民主中的领导力”的研究项目，其中包括对企业界、产业界、军界和教育界等的行政管理职务的研究。
>
> 研究者希望通过这个为期10年的研究，积累资料和技术，从而能够有助于企业界、产业界、政府部门和教育部门培养、选拔、培训和任用领导人才。

他所描述的研究方法成了以后很多研究的原型。20世纪50年代初，又对这些方法做了改进，改进后的方法包含三个基本步骤。

陈述列表（List of Statement）。首先列出一个很大的陈述列表（有时可达600条，甚至更多），以涵盖工作中所有要研究的方面。典型的陈述有：“他（即管理者）跟银行商讨给公司的贷款事宜”“下属能做的事，他也都能做”“他协调其他人的活动”。这些陈述的来源包括：（a）研究者的个人经历；（b）管理文献；（c）当前的工作描述；（d）需要研究的人；（e）这些人的联系人（上司、下属、同级）；（f）对研究对象进行观察而得到的证据。

问卷（Questionnaire）。把陈述列表分发给被研究的管理者（及其某些联系人），并提供每个陈述的判断尺度（总是、经常、有时、极少、从不）。

还原基本要素（Reduction to Basic Factor）。利用一些数学技术（通常为要素分析）将相关回答分别纳入管理行为的基本面。

这种研究方法（或是它的一些派生方法）已被俄亥俄州立大学等用于无数研究之中。此后数年，研究对象包括了企业的经理、基层管理者、军官、工会领导、学校领导、政府官员和议员等。

要素覆盖了管理者及其工作的各个方面，如义务与权利、人际活动、工作满意度、管理风格和管理行为本身。这些研究者起初使用“职能”一词来描述性质相同的管理活动，后来则多改用“角色”一词。“角色”这一概念通常能让人把系统和个人联系起来，它指的就是与特定岗位或工作相关的一系列活动和责任。

在这些研究中出现了对各种管理活动的分类。以下这 14 项分类最早出现在沙特尔 1949 年的研究中：

- 对组织的视察。
- 调查和研究。
- 规划。
- 步骤和方法的准备。
- 协调。
- 评估。
- 计划和步骤的解释。
- 技术操作监督。
- 人力资源活动。
- 公共关系。
- 专业咨询。
- 谈判。
- 进度安排、例行事务、调度。
- 技术和专业操作。

此后一些年里，研究者们或沿用这一分类法，或使用其改进版。有些研究者把沙特尔的分类做了归纳，先是缩减成 4 组，后来缩减为 2 组。例如，弗莱什曼（Fleishman）研究伊始列了 150 个条目（这还是从最先的 1 800 项缩减而来）。后来他根据“专家判断”将这些项目浓缩为领导力行为的 9 个维度——整合、沟通、强调生产、代表、亲睦、组织、评估、创始和控制。从第一轮调查的结果看来，这些维度缺乏独立性，于是弗莱什曼重新做了修改，后来又将问卷发给300名空军机组人员（要求其描述指挥官的工作）、220名基层管理者（要求其描述主管的工作）和394名工人（要求其描述基层管理者）。要素分析后的结论显示，“实际上所有这些变量都可以归为两个主要维度”。

管理术语

“关怀”（consideration）维度下的内容主要是关于领导者对员工情感的关心程度，反映了团队领导力的“人际关系”方面。

“创始结构”（initiating structure）维度中的项目则反映了领导者在促成或推动团队合作，合力达成目标方面的力度。他通过规划、沟通、进度安排、批评、尝试新理念等方法来实现这个维度。

因此，《主管行为描述》（*The Description of Supervisory Behavior*）的主要结论就是，所有的管理工作都可以被描述为“关怀”和“创始结构”。这一结论曾被反复强调。在弗莱什曼研究10年后，普里恩（Prien）发表了他对基层管理者及其主管的研究：“从此分析来看，生产部门基层管理者的角色包含两种基本职能，即管人和管生产。”

俄亥俄州领导力研究者之一——亨普希尔（Hemphill），他的研究因其样本的性质及其对管理工作明显的关注而值得一提。亨普希尔的研究从研究文献、采访管理者和研究工作描述开始。

从中他得出了1 500项陈述，并最终挑选了575项发给5家大公司的3个管理层级（高层管理者、中层管理者和基层管理者，不包括一线工段长）、5大职能领域（研发、销售、生产、行政和劳资关系）的96名管理者。

他对反馈（93 名管理者做出了答复）一一进行了比较评估。5 家公司、3 个管理层级间均未见具有统计意义上的异同点。此外，工作头衔与工作特征并没有多大联系。只有在按照五大职能领域对信息进行分析时，才会有相同点出现。例如，劳资关系岗位就很明显地彼此相似。

亨普希尔进而进行了要素研究，分离出 10 个陈述群（或称为要素）：

要素 1：在非运营领域提供人才服务。向主管提供各种人才服务：收集信息、面谈、挑选雇员、向上级做简报、核实陈述、确认事实、做出建议。职位示例：人力资源部主管、财务部副主任。

要素 2：工作监管。规划、组织、控制他人的工作；关注设备的有效使用、下属的动机、运作的效率、劳动力的保持。职位示例：工厂厂长、地区货运经理。

要素 3：业务控制。关注降低成本、维持适当的库存、制定预算、资本支出审批、目标决定、主管责任界定、工资支付、规章执行。职位示例：预算管理员、运营经理。

要素 4：关于产品和市场的技术事务。涉及新业务开发、竞争对手活动、客户联系、为销售人员提供帮助。职位示例：研究部门主管、分管销售的副总裁。

要素 5：人员、社区和社会事务。涉及公司在社会中的声誉、参与社区事务、在公众前讲话等。职位示例：区域经理、零售部总经理。

要素 6：长期规划。考虑未来的大方向，不涉及日常事务，常常也不受直接监管。职位示例：分管设计的助理副总裁、研究部门的主管。

要素 7：广义权力和权威的行使。对非常重要的事务提出建议、了解公司绩效、解释公司政策、居于高位。职位示例：部门经理、销售总经理。

要素 8：业务声誉。处理产品质量和公共关系问题。职位示例：招聘经理、加工工程部主管。

要素9：个人要求。任职者认为必须按企业管理者的传统形象来规范自己。职位示例：采购主管、控制者。

要素10：资产保护。处理资本支出、纳税、资产保护、公司资金损失事宜。职位示例：助理出纳。

亨普希尔按照3个管理层级和5大职能领域，对自己的10大要素制表。表格信息显示，高层通常最注重的是人力资源管理、规划和广义权力，而基层则是人才服务、工作监管、技术产品和市场。从职能领域来看，研发部门特别突出人才服务、规划、技术产品和服务，而生产和销售职能则强调业务控制。

亨普希尔的研究后继无人，唯一已知的后续研究是卡策尔（Katzell）等人所做的。他们研究了194名军队文职官员，以期在角色和工作情景要素之间建立联系。他们发现这些在组织中主要负责行政事务的管理者，强调的是控制和人员配置，而不是规划。那些生产型组织中的管理者则更在意规划、人员配置和与他人的协作，而研究型组织中的管理者则看重规划，却不太注重其他两项。高层管理者对于人员配置和控制维度并不太在意，而小型组织中的管理者则特别强调规划。

对于亨普希尔的研究后继乏人的局面，坎贝尔等人推断，那是因为"维度分析的复杂性"，或者是因为亨普希尔在对高管的研究工作中，有太多方面没有从行为学的角度做出定义。诸如"提供人才服务""工作监管"或"长期规划"等维度，从行为学的角度来看根本看不出什么名堂，无法让大家知道有效执行这些工作需要怎样的资质。

据我们对俄亥俄州领导力研究学派的观察，他们的巨大努力之所以没有引起学术界相当的兴趣，原因有二。

数据不适合。此类研究中一贯采用的方法都是研究管理者对工作的“感知”，而不是“工作本身”。沙特尔声称：

> 高层管理者所做的事情有两大类。一类是组织要求且以书面或口头形式说明，体现在义务、职能和责任中的事务。第二类是管理者真正做的事情，这些事情可能因为对管理者的正式期望而有所变化。

但沙特尔似乎没有意识到：**除了管理者被认为应该做的事情和管理者实际上在做的事情之外，还有他认为自己做了的事情**。因此沙特尔所说的“我们必须讨论管理者真正做的事”就完全不对了。

管理者对工作的感知和工作本身之间的差异在伯恩斯、霍恩和勒普顿、哈伯的研究中得到了清晰的体现。他们分别让管理者记录下自认为完成了的事项，然后用日记法衡量他们实际做了些什么。最后他们全都得出了相同的结论：管理者对于自己的活动看得很不准。

维度不适合。每项研究都是从数以百计的各式各样的陈述中提炼出一些来，以描述管理工作的维度。这些维度不可避免地成了模糊的 POSDCORB 型术语的大集合，有些是非常具体的活动，有些则是一系列的个人风格和个性特征（比如，合作、公共关系、对生产的关心等）。在最后的分析中，这些术语便搅成了一团。

通过以上原因可以看出，前期研究的重点不在于问卷填写或要素分析，而是陈述列表。很多研究者正是受困于此。任何一个重要的管理工作因素，一旦在此阶段被疏漏掉，此后便再也不会出现。而在此阶段之后，研究就只不过是对给定的工作因素进行比较衡量而已。所以说，**那些研究者对陈述的选择漫不经心，但却对数据的常规数学处理如此重视，这实在很令人吃惊**。

亨普希尔在其论文中指出，当他把问卷拿给被研究者时，“他们没有建议增加任何新的工作因素，这本身就足以说明这张表已经很完整了”。但是这个结论能当真吗？面对一张575项的列表，哪位管理者还有精力再去添上几项？即使他想这么做，他又有能力实现吗？很多传记文献，甚至亨普希尔自己的副手沙特尔的书中都提到，管理者很难描述自己的工作。正如杰克逊（Jackson）和梅西克（Messick）在其创造力分析中指出的：

> 有证据表明，至少在某些领域，即使是最敏感的人也无法精确地表述自己的意识。他们的敏感源自直觉，凭直觉行动的人对无法用言语表达的信息很敏感。

凡编过计算机程序的人都知道，不管程序有多精巧严密，如果输入系统的信息本身就有问题，那么输出的信息也不会正确。如果输入受到了传统文献的不良影响，尤其是POSDCORB，而不是具有启发性的系统研究的正面影响，那么人们对俄亥俄州领导力的研究成果不感兴趣也就不足为奇了。

斯蒂格利茨对首席执行官工作的研究

虽然全美工业会议完成的研究并非从俄亥俄领导力研究衍生而来，但方法却是相同的。斯蒂格利茨将问卷发给了280位首席执行官，半数以上都不是美国人，得出的结论如下：

- 尽管他们绝大多数都需要对董事会负责，但有些首席执行官只不过将其看作是一种形式而已。
- 1/4的人对于自己并没有一个评估标准，其他人大多也只能提出诸如“总体绩效”之类的模糊标准。甚至几乎没人能够有一个标准可以用来在退休后评价自己的事业成功与否。

- 只有30人说自己是按照活动的重要性来分配时间。规划工作就是一例：183人认为这是最重要的一项工作，但只有106人说自己在这方面投入的时间最多。
- 管理者报告的工作日和工作时都很长，而且自觉很难将私人生活与工作分开。

问卷还涉及首席执行官对自己工作的看法。3个问题如下：

- 你认为自己最重要的职责是什么？
- 当你决定要将哪些工作分派下去的时候，决定因素或依据是什么？
- 你是否认为有些工作不能下放，而必须由你这个首席执行官亲自掌握？这类工作包括哪些？

按作者的话说，这些答案揭示了若干"几乎所有首席执行官都认为必须保留的职责"。

1. 确定整体目标和总体计划。
2. 确立优先顺序，分配资源。
3. 制定政策。
4. 组织和主要高层管理者的挑选与培养。
5. 继任者的培养和任命。
6. 与董事会的关系。
7. 关键的外部关系。
8. 控制。

领导力被认为是以人为本而不是以工作为本。它得到了特别强调，被视为是理解管理者工作的又一大关键要素。

以上8个类别几乎就是POSDCORB的翻版。其实也不足为奇，这只不过是因为研究者将责任转交给了管理者而已。管理者描绘自己的所作所为，研究者只负责把信息列成表。而由于管理者读书多、研究少，因此很自然地在问卷的回答中套用了书中最流行的 POSDCORB 理念。

对基层管理者的两项研究：维克斯特伦以及沃克、格斯特和特纳

我们要介绍两项对基层管理者的实证研究。这两项研究采用了完全不同的方法。在《基层管理》（*Managing at the Foreman Level*）一书中，维克斯特伦描述了对 4 家公司的研究成果。他最感兴趣的是"基层管理者算管理者吗？"在题为"让每个人都行动起来"的一节中，维克斯特伦描述了一批又一批专家——生产工程师、质量控制专家、维修员、人力资源专家和劳资关系专家对基层管理者职责的"侵蚀"，而公司政策恐怕又是另一制约因素，结果似乎是"剩下来给基层管理者做的事真的很少了，（他们）几乎无权决定任何事情，而只是作为规章制度和主管及其他人员的指令的解释者"。维克斯特伦对这一普遍观点提出了置疑。他在研究中发现了一些具体案例，基层管理者握有权力，并与下属、上级等建立了新型的关系。

> 显然，如今生产运营的复杂程度所要求的专业化并未剥夺基层管理者工作的地位和重要性。只不过是专家和一线生产经理在管理结构中的角色分工有所不同罢了。

在维克斯特伦看来，关键因素在于协调。"（专家的存在）是否削弱了基层管理者工作中的管理成分，要看基层管理者是否能协调与这些和自己分担职责的专家的工作。"有些基层管理者是管理者，有些只是"负责监督他人工作的工人师傅"或"充充样子而已，因为他们相信协调是上面的事情"。

对基层管理者工作内容的第二项研究成果参见沃克、格斯特和特纳《装配线上的工段长》一书。研究采访了 55 位基层管理者。"尽可能对基层管理

者工作环境的每一方面都进行细致的观察，并特别注意实际职责、基层管理者对职责的看法、与其他人以及自身环境的关系。”

在所讨论的职责中，有一组涉及与工人关系的问题：个人关系的发展、培训和提拔、吸收而不外传压力（发挥减震器的作用）、支持工人、提供咨询和分派工作；另一组涉及基层管理者与其他人的关系，尤其是职能部门和服务部门、其他基层管理者、基层管理者自己的上司以及高层管理者。基层管理者往往根据这些人的“助益程度”进行判断。

接受研究的基层管理者最重视的是人员配置，特别是旷工问题；此外还有质量——“基层管理者工作的根本即在于推动‘质量意识’和尽量减少人为的失误”，还有紧急会议（这是他的“首要角色”）。紧急事件的出现往往是因为进度计划的变动和“产品的复杂性、装配线的技术性强制规定等”。

该书主要讲解的并不是工作的本质，而是基层管理者对工作的感觉以及复杂的技术对这些感觉的影响。对基层管理者每日工作的详细观察与分析是为了便于说明。

塞尔斯对基层和中层管理者的研究

这项研究颇为与众不同。在《管理行为》一书中，塞尔斯给管理工作研究带来了一线光明。他这样谈道：

> 这项实地研究采用了人类学研究的方法：研究者在被研究者的文化中体验一段生活，以理解其中重要的关系和观念——即使这些有悖自己原先的猜测与期望。

> 我们并不想摆出一副科学实验的做派，因此我们并不是系统地收集支持性数据，然后据此提出科学假说。我们的做法是长时间地观察、思索，进行一系列的分析，以期用最少的概念“解释”所发生的各种事情。

这项研究也有瑕疵，但其问题与亨普希尔的正好相反。塞尔斯的研究太不严谨——看不到系统化的研究工具、没有提供有力的数据，其结论也没有得到多少实际证据的支持。读者只知道研究者观察并采访了一家美国大公司的 75 位基层和中层管理者。但有一点可以清楚地从书中看出，那就是塞尔斯是少有的几位认识到管理工作的内在复杂性的研究者之一。

塞尔斯把管理者的主要目标定义为“让班组所依照的一道或多道工序能够保持规律性或有序性”，然后在分析中如此描述管理工作的三个方面：

- 管理者作为外部工作流中的参与者。
- 管理者作为领导者。
- 管理者作为监控者。

在外部工作流中作为参与者时，管理者与其直接管辖之外的人有着 7 种基本关系：

1. **交易关系**。与组织中的其他成员进行交易，以保证工作的进行。
2. **工作流关系**。管理者所负责工作之前或之后环节的联系。
3. **服务关系**。付出或接受专业小组的服务或支持的联系（如，打字小组或维修部门）。
4. **咨询关系**。专家向基层管理者提供咨询和建议（如，劳资关系部门）。
5. **审核关系**。与评估或鉴定组织工作的人员的联系（如，质量控制）。
6. **稳定关系**。与那些有权根据组织政策限制或控制管理者决定的人的关系（如，生产进度安排）。
7. **创新关系**。与专司研究职能的独立团队的联系。

塞尔斯特别强调，这些外部联系都相当费时，需要商议而不是权威。管理者对这些关系的关注，反映了他们追求稳定性、力图避免内部干扰打乱工作节拍。

“领导者”角色着重于管理者与下属的关系，属于层级职责，而不是横向职责和侧向职责。塞尔斯指出了领导力行为的 3 种基本类型：

- 以领导力作为指引，让下属对管理者的行动做出同步回应。
- 以领导力作为回应，回应下属寻求帮助或支持的行动。
- 以领导力作为下属与组织中其他人的联系代表或对此进行干预。

作为“监控者”，管理者工作中的第三个方面就是评价自己的内外关系，搜寻需要自己干预的情景。塞尔斯认为，监控作用的发挥不是依靠测量结果，而是靠追踪整个系统的工作流程。管理者要进行口头或观察确认，接受下属汇报，检查数字记录。需要发现各种改变。一旦发现这些并不是随机现象，而是真正出现了重大改变，就要立即采取行动。

强行变革时最重要的一个因素就是保持塞尔斯所说的“动态平衡”，即稳定与变革之间的平衡。

> 管理者的目标并非人际关系这一静止的体系，而是要寻求一种动态的稳定，根据内外压力做出调节和再调节。通过对环境变化的回应，以保持一种前进中的平衡。

短期变革（管理者只需采取一点纠正或恢复稳定的行动）并不难；但当问题出现长期化或彼此叠加，或是积累太多，又或是出现恶化影响到组织的其他部分时，长期变革就势在必行了。

塞尔斯在总结中以精确划分的职责、确切的权威类别和最大化的概念批

判了对管理工作的经典看法。对塞尔斯来说，通常的工作描述都“躺在从未用过的文件中睡大觉”，因为“工作中的动态要素仍未确定”。相反，塞尔斯对工作的看法特别强调了系统的开放性、持续微调的必要性和互依互惠的相互关系网的动态本质：

> （管理者）必须采用多种管理模式，以适应工作接口的变化：工作接口也就是其工作与他人工作的交汇之处。
>
> 在这些日复一日的管理模式之上，就是对管理者发展出一套良好的控制机制，以确定其麾下的组织部门运转情况的要求。管理者必须估计直接下属对自己行为的反应，还必须确定自己侧向关系的行为模式。管理者基本上都奉行权变主义，努力寻找人际关系系统中哪些方面可能出现问题。只要管理者的控制方法足以发现问题，他就会通过补救性的变革使系统回复平衡。这就要求他改变自己的行为，同时努力改变他人的行为。如果做不到这一点，而且变故迭生，管理者就需要进行结构变革了。

THE NATURE OF MANAGERIAL WORK

附录 B

5位首席执行官的研究

本附录是我于1967—1968年所做的关于管理者工作的研究报告。我在设计此项研究前翻阅了很多相关文献，发现关于管理工作内容的描述性材料还是个空白。没有人告诉我们管理者到底是干什么的。因此，**我的研究设计侧重于工作而不是人，管理者工作中的根本相似性而不是差异性，工作的基本内容而不是外围特征。**

出于这些目的，我选择了一种具有归纳性、全面性、深入性的研究方法。必须具有归纳性是因为，研究的目的在于描述我们所未知的事物，从几位具体管理者身上得出对管理角色的普遍看法；必须具有全面性是因为，我要观察的不是一时引起我的兴趣或吸引我注意力的事件，而是整个管理工作；必须具有深入性，则是因为需要深入探究复杂的管理活动，而不是浮于表面。

我们摘录了一位管理者上午工作的详细案例，所列事件来自于不同管理者。这是一天观察结束后，经过初步整理的结果。

管理实践

早上8:20，M先生走进办公室，与秘书贾尼斯打了个招呼，电话响起。是当地生产经理的电话："昨晚工厂失火，损失将近3万美元。下周三可以恢复生产。"

挂上电话，贾尼斯进来，提醒他上午11:00有个约会，还有他打算给公司的律师打电话。“乔来了，希望见您，哦，对了，到巴黎的机票已经订好了，下午 4 点起飞，5 号登机口。邮件中除了安特卫普的那封之外没什么要紧的。”随即他处理了 7 份邮件：

- 一份在一个行业组织上发言的邀请函，由贾尼斯以 M 先生出国为由婉拒。
- 一份关于并购与收购的杂志的广告，被删掉。
- 一份通知 M 先生董事会会议日期的通知，日期在日历上标明。
- 浏览《财富》杂志，并剪下一则关于某种生产设备的广告。
- 安特卫普分公司的主管写信来抱怨财务部长不肯为 10 周年庆典拨款。M 先生让贾尼斯通知财务部长今天来一趟。
- 扫了一眼本月内部财务报告，放入“发件”夹送去归档。
- 看也不看就在研发副总提交的一份文件上签上了字。这是一项联邦资助项目的拨款申请，呈送华盛顿前须先经 M 先生签字。

8:40，M 先生的助理探头进来：“会议似乎出了些问题，他们认为麦克是被迫离开的，想要借此大做文章。”他们开始讨论局势问题。

8:55，打电话给董事长。“乔治，会上要出事儿。”M 先生重复了刚才得到的消息。

谈话刚好在 9:00 结束，人力资源部一位成员领着即将退休的贾米森先生进来。M 先生听完介绍后问他：“离开公司后你准备干什么呢？”贾米森先生聊了聊在新罕布什尔州的野营地，然后M先生授予了贾米森一个荣誉勋章，纪念其在组织工作30年。

9:30，等候在外的财务部长进入。“约翰，看看这个。”M先生把安特卫普的来信递给他。“这是怎么回事？”财务部长向M先生做了解释，M觉得她说得有理。10:00，财务部长离开后，M先生立即写信给安特卫普分公司的经理，解释说自己无法干预财务部长的决定。

10分钟后，叫贾尼斯进来。“11:00来的都是些什么人？”得到答案后，让贾尼斯安排他的助手参加会议。

10:10，M先生走过各高级经理办公室，向工厂走去。途中经过药物中心，似乎注意到了什么。在工厂里，他在各种机器前都要停一停，观察运转情况，并与工人交谈。他走到生产主管的办公室，但生产主管不在，于是把从《财富》杂志上剪下的广告交给助理生产主管，说：“杰瑞安排生产进度时也许用得着。”

10:45，回到办公室，M先生发现了一张留言，让他给现在正在洛杉矶的执行副总裁打电话。“他们要1 300万？告诉他们只有1 000万，多1分钱都没有，不过，乔，其实1 200万我们也可以成交。”

然后是管理员的电话。“您最近去过药物部吗？他们根本不需要那些新房间，就连现有的空间他们也还没全用上呢。”

11:00的会议在董事会会议室进行，边吃午饭边谈。M先生的助手和两位咨询公司的成员参加了会议。这种会议每月都要开一次，讨论咨询合同的延续问题。几句寒暄过后，矛盾显而易见。顾问想证明自己的收费是合理的，但M先生的助手提出了质疑。一直保持沉默的 M 先生突然问道："重订计划的费用呢？那项费用总不该也由我们承担吧。"经过一番商谈，在午餐时间达成了协议。

时序记录关注的是时间和基本活动，与另两项记录相互印证。表 B-1 即为本日早晨的活动。

表 B-1　　时序记录

时间	媒介	索引	持续时间（以小时记）
8:20	电话	A	0.02
8:22	案头工作	1-7	0.3
8:40	临时会议	B	0.2
8:55	电话	C	0.1
9:00	预定会议	D	0.5
9:30	临时会议	E	0.5
10:00	案头工作	（5）	0.2
10:10	巡视	F	0.1
10:40	巡视	G	0.2
10:45	电话	H	0.2
10:55	电话	I	0.1
11:00	预定会议	J	2.0
13:00	会议结束	—	—

表 B-2 是管理者接收和发送的邮件记录。

表 B-2　　邮件记录

索引	形式	发送者	目的	关注度	行动
1	信件	行业组织	请求发言	阅读	回复：婉拒
2	剪报	销售人员	推销	浏览	—
3	信件	外部董事	会议通知	阅读	—
4	杂志	—	商务新闻	浏览	将广告转送生产经理
5	备忘录	外地副总裁	要求解决员工矛盾	阅读	回复：解释
6	报告	管理员	财务数据	浏览	—
7	信件	研发副总裁	要求签字	—	签字

表B-3为联系记录表，描述的是会议、电话和巡视的具体情况。与时序记录一样，联系记录也要记录媒介，只不过多记录了参与者人数。参与者、持续时间和地点的意思不再赘述。“起始”指联系的直接诱因，“自己”指管理者，“对方”指两人联系中的第二人，“定时”表明是预约好的定期联系。目的跟邮件记录中的目的相同。“I. C. ”表示“即时沟通”，即迅速地交换最新的重要信息。

表B-3　　联系记录

参照	媒介	目的	参与者	起始	持续时间（小时）	地点
A	电话	得到通知（事件）	生产经理	对方	0. 02	办公室
B	临时会议 2	得到通知（I. C.）	助理	对方	0. 2	办公室
C	电话	通知他人（I. C.）	主席	自己	0. 1	办公室
D	预定会议 3	仪式	将退休员工	对方（人力资源部员工）	0. 5	办公室
E	临时会议 2	得到通知（行动）	财务部长	自己	0. 5	办公室
F	巡视	观察	工厂员工	自己	0. 5	药物车间
G	巡视	通知他人（信息）	助理主管	自己	0. 5	车间
H	电话	战略	执行副总裁	对方	0. 1	办公室
I	电话	通知他人（决定）	管理员	自己	0. 2	办公室
J	预定会议 4	谈判	助理、顾问	定时	2. 0	董事会会议室

对被研究管理者的选择

我将研究目标锁定为大中型组织中有经验的首席执行官：

- **定位**：首席执行官。

  挑选首席执行官作为研究对象是因为他们是把自己的组织与外界社会联系起来的桥梁，相对于那些把自己的单位与组织内部的兄弟单位联系起来的管理者，他们的工作比较易于理解；关于可否允许研究者在场、研究者能否享有“知情权”的问题，只需他一人最终拍板即可；任何关于该组织的出版物都必定会直接反映出高层管理者的工作。也许最重要的还有个人原因——我自己对政策制定过程以及管理学在政策层面的作用感兴趣。
- **经验**：丰富。

  新上任的管理者均被排除，因其活动可能还不稳定。
- **组织**：不同行业的大中型组织。

  研究侧重于大中型组织中的首席执行官。选择的组织类型各异（公共事务、消费类等）。

管理者A为一家大型咨询公司的主席兼首席执行官。研究时他已在位3年，6年前便加入公司，职位甚高，是美国公共事务圈内的著名人物。所在公司是该领域中最大的企业之一，国外业务颇具规模，在创新研究方面享有盛誉。

管理者B为科班出身的工程师，是一家从事研发工作和精密工业与国防技术产品生产的企业的总裁。这家公司在第二次世界大战后不久便成立了，B是当时的元老之一。研究时他已任总裁两年。研究期间公司成长迅速，一是收购业绩斐然，二是销售业绩从1959年的不足1 000万美元飙升到了6 000万～7 000万美元。

管理者C是市区一家大型重点医院的院长,自1951年实习起便在此工作。研究时他担任执行理事已有5年，当时可算是“少年得志”。以善于管理医院而出名，出版过不少关于医学技术和医院管理方面的书籍和文章。他所在的医院历史悠久，在全球医学教学和研究领域都享有很高的盛誉。研究期间，医院的年度支出总计3 100万美元。

管理者D是一家消费品生产企业的总裁。他们这个领域尤为错综复杂、竞争激烈。进行研究时，他从营销部升任总裁已经8年了。这家公司自20世纪50年代就已成为本行业的霸主，但在他接手的那段时期却正遭遇困境。他带领企业渡过了难关，研究时公司的销售额超过了1亿美元。

管理者E是一个大型郊区学校系统的督学。同管理者C一样，他也是从基层（教师）做起，但其后年纪轻轻就成了当家人（还在业余时间取得了教育学博士学位）。他这个组织以勇于创新、工作水平高而闻名。研究时，这个学校系统已经辖有33所中学和1所大专院校，在校生18 000名，年预算1 500万美元。

当时他们还有4个共同的基本特点。

- 他们的地位：均为本组织名副其实的首席执行官。
- 基本的组织情况：都有大量的一线和参谋性质的人员向他们负责，董事会都很活跃。
- 组织都很成功：企业组织利润丰厚、成长迅速，都是业界翘楚。医院和学校系统也都是处于全美一流水平。5个组织都活跃在现代科技发展的前沿，其中4个（组织D除外）都有顶尖学术机构作为支撑。

✱ 个人背景：5 个人都是经验丰富的首席执行官，就任首席执行官之前都在本组织工作过，均受过高等教育（但只有一位受过正式管理培训——管理者 D 拥有 MBA 学位）。

研究成果

观察每人一周，其间共计收到邮件 659 封，发出 231 封，口头联系 368 次。邮件记录和联系记录总计 1 258 项，已按照不同方法加以归类。本节将一一描述对各管理者的观察结果，各人的情况分别制成表格，最后进行综述。

时序记录

表 B-4 为时序记录分析的结果。第一组数据是总计，5 周 202 个工作小时中共进行活动 547 项。

接下来是 5 种主要活动类型。注意，“案头工作”指在办公室内单独或与秘书一起的工作时间。这部分工作占用的时间只占全部时间的 22%，且大多用于预定的活动和对文件的处理（邮件分选和处理、阅读和修改各种报告、回信、签发信函、写发言词等）。“巡视”仅指管理者用于相对无特定目的的活动的时间——在组织内闲逛、在大厅与人寒暄等。这部分活动占去 3% 的时间。

平均来看，这些管理者每天有 7 个时间段用于案头工作，其间约处理 36 封邮件，此外有 5 次简短的电话、4 个预定会议（占用 59% 的时间）、4 个临时会议和 1 次巡视。时序记录的最后部分分别注明各项活动的持续时间。观察到的活动大多持续时间不足 9 分钟，超过 60 分钟者仅占 10%。

表 B-4 **时序记录的分析**（根据 5 周的观察）

类别	总计	管理者 A	管理者 B	管理者 C	管理者 D	管理者 E
工作时间总计（小时）	202	28[a]	36	45	53	40
参加外部会议途中时间（排除）（小时）	18	5.4	7.1	4.5	0.3	0.3
晚间会议时间（包括）（小时）	24	—	3	3	7	11
邮件总数（份）	890	161	165	230	222	112[b]
日均邮件处理量（份）	36	32	33	46	44	22[b]
活动总数	547	101	86	96	160	104
案头工作						
时间段数	179	36	31	25	54	33
案头工作时间（小时）	44	10.6	8.3	8.3	10.7	6.4
平均持续时间（分钟）	15	18	16	20[c]	12	12
时间比例	22%	38%	23%	18%	20%	16%
电话[d]						
电话数	133	27	27	30	22	27
电话用时（小时）	13	2.4	3.2	3.0	1.9	2.4
平均持续时间（分钟）	6	5	7	6	5	5
时间比例	6%	9%	9%	7%	4%	6%
预定会议						
会议次数	105	16	14	27	18	30
会议时间（小时）	120	10.6	20.6	29.1	29.5	29.8

续前表

类别	总计	管理者 A	管理者 B	管理者 C	管理者 D	管理者 E
平均持续时间（分钟）	68	40	88	65	98	60
时间比例	59%	38%	57%	65%	55%	75%
临时会议						
会议次数	101	10	14	10	55	12
会议时间（小时）	20	1.7	3.5	4.0	9.6	1.2
平均持续时间（分钟）	12	10	15	24	10	6
时间比例	10%	6%	10%	9%	18%	3%
巡视						
巡视次数	29	12	—	4	11	2
巡视时间（小时）	5	2.9	—	0.5	1.5	0.2
平均持续时间（分钟）	11	14	—	8	8	6
时间比例	3%	10%	0%	1%	3%	1%
少于 9 分钟的活动所占比例	49%	44%	40%	45%	56%	51%
多于 60 分钟的活动所占比例	10%	5%	12%	13%	9%	12%

注：a. 排除管理者 A 去华盛顿参加国会听证会途中所用的 7 个小时。

b. 管理者 E 说观察期内邮件较往常少得多，因为当时是学期的最后一周。

c. 管理者 C 把大部分邮件集中在周六处理。当时他基本未受干扰，用了两段时间，分别为 3.1 小时和 0.7 小时。除了这些之外，他的案头工作时段的平均持续时间为 12 分钟。

d. 被秘书挡掉的电话及秘书打进的电话不计。

邮件记录

表 B-5 和表 B-6 是对邮件记录的分析结果。表 B-5 中把收到的邮件按照格式、关注度、发送者和目的进行了归类。**请注意，61% 的邮件是由外部人员发送的，内部人员的只占 39%**。在下面的讨论中会看到，我们无法将内部人员进一步归类，只好将他们全部统称为"下属"[①]。表 B-6 是管理者所发出的邮件。在这 5 周内，只有 25 份发送的邮件是由管理者自发撰写的（即不是对收件的回复）。管理者共收到 659 份邮件，却只对 1/3 的邮件做了确认收悉或回复，或交由下属办理。还有，在 5 周的观察期内，下属发送的邮件虽然在管理者所收到的总邮件中只占 39%，但在管理者所回复的总邮件中却占到了 55%（大多数为转发邮件）。董事所发送的邮件数仅为 7 封，收到的也只有 5 封。**这表明这些管理者有一个强大的文本信息网络，各种来源的信息滚滚流入**。此外，这些管理者在信息的内外流动中起到了过滤器的作用。

表 B-5　　**邮件记录的分析：收件**（根据 5 周的观察）

分类	总计	管理者 A	管理者 B	管理者 C	管理者 D	管理者 E
收件数	659	112	142	164	172	69
收件形式（%）						
信件	29%	28	15	40	26	43
备忘录	10%	14	1	9	14	13
报告	25%	12	28	32	23	28
期刊[a]	16%	13	41	6	14	3
信件复印件	9%	16	6	7	8	9
备忘录复印件	6%	11	4	2	10	2
剪报	4%	5	4	3	5	2
书籍	1%	1	1	1	1	—
关注度（%）						
浏览	31%	32	63	34	13	6
阅读	63%	65	33	57	80	94

① 这种叫法虽不理想，但也找不出更好的来替代。

续前表

分类	总计	管理者 A	管理者 B	管理者 C	管理者 D	管理者 E
研究	6%	4	4	9	7	—
发送者（%）						
下属	39%	49	21	30	47	62
董事	1%	1	1	2	1	1
同级 [b]	16%	17	9	31	12	6
行业组织	9%	2	10	20	2	6
客户 [c]	5%	11	9	1	3	3
供应商或业务伙伴	8%	2	14	4	13	4
独立人士 [d]	6%	6	1	6	10	3
出版商	11%	10	27	2	13	3
政府	5%	3	9	4	2	12
信件目的（%）						
致谢	5%	7	2	7	6	4
身份请求	12%	10	5	15	8	30
邀约	5%	4	9	3	5	3
申请批准	5%	3	3	4	3	12
请求总数	21%	17	18	23	16	45
参考信息	14%	8	11	20	17	9
综合报告	8%	6	5	18	5	1
定期新闻	15%	12	42	5	12	3
事件	8%	4	6	12	8	7
运营报告	18%	30	12	8	25	12
现状建议	6%	7	2	3	6	14
问题和压力	2%	4	1	3	2	3
想法	2%	4	1	2	2	1
总信息条数	74%	76	80	70	78	51

注：a. 管理者在家中收到和阅读的期刊不包括在内。

b. 指与这些管理者所在组织没有直接关系的组织中的管理者（如，私人关系、竞争对手、外部董事会中的联合董事等）。

c. 包括购买商品或服务的人、医院患者、学生家长。

d. 与组织分支无关的个人（如，求职者、做研究的学生、一般公众）。

表 B-6　　　　　　邮件记录的分析：发件（根据 5 周的观察）

分类	总计	管理者 A	管理者 B	管理者 C	管理者 D	管理者 E
回复数	206	34	20	65	49	38
始发数	25	15	3	1	1	5
发送总数	231	49	23	66	50	43
回复比例	35%	44	16	40	29	62
始发比例	11%	31%	13%	2%	2%	12%
发件形式（%）						
信件	47%	53	39	56	30	51
备忘录	19%	14	22	9	30	26
报告	2%	4	9	—	—	2
转发信件	18%	22	30	8	28	9
转发备忘录	5%	2	—	9	4	5
转发剪报、报告、期刊和书籍	9%	4	—	18	8	7
收件人（%）						
下属	55%	41	57	45	68	67
董事	2%	6	4	—	—	2
同级	17%	22	22	24	12	2
行业组织	5%	—	—	12	6	—
客户	7%	22	4	3	—	5
供应商或业务伙伴	3%	4	4	—	8	—
独立人士	5%	2	4	9	6	—
政府	7%	2	4	6	—	23
信件目的（%）						
确认收到	12%	12	9	17	10	7
回复请求	33%	20	39	33	26	51
回复收到的信息	10%	4	4	14	18	7
将信息转发下属	23%	24	13	27	34	9
将请求转发下属[a]	7%	2	13	8	6	12
就收件写给第三方	3%	6	9	—	4	2

续前表

分类	总计	管理者 A	管理者 B	管理者 C	管理者 D	管理者 E
确认或回复口头联系	6%	18	4	—	—	9
写报告	2%	4	9	—	—	2
写信或备忘录	3%	8	—	1	2	1

注：a. 即将任务交由下属处理。

我们研究的关键就是对目的的归类。它展现了管理工作的核心内容（粗略显现了这 5 位管理者在做些什么），并最终促进了角色理论的发展。收件按目的划为 13 类，接下来我们要一一详细讨论：

1. 致谢。对于访问、帮助、所收到的信息、完成的工作等正式表示感谢的信件，在收件中占了 5%。这种正式信件大多写给同级别的外部人员，也有一部分会转发给下属。

2. 身份请求。1/8 的收件是些无关紧要的要求，完全是因为管理者所处的地位才发给他们的。共有 3 种类型：

- 这种要求中有一半来自同级，请求管理者讲话、发送信息和捐款等。
- 下属呈交的请管理者签字的信件与报告占了 1/3。一些是礼节性的（如，管理者 E 签署了所有的教师任命书），一些是为了显示郑重（管理者 A 被要求在一封写给客户的信件上签字），还有一些是出于法律规定（管理者 E 批准了一份支出报告）。
- 最后，独立人士也提出了一些请求：有位在电视上看到管理者 C 的女孩问为什么她当不成护士，管理者 D 收到了很多索取免费赠品的来信。出人意料的是，管理者们对这些信几乎全都有所反应，这部分回复信件占去了发送信件的近 1/3。

3. 邀约。邀约的情况同身份请求差不多。1/3 的请求来自行业组织、大学和顾问，邀请组织参加研讨会；另外 1/3 来自制造商、律师和出版商等，向他们推销产品或服务；有 1/5 来自求职者。在所收到的 33 份邀约中，只有两份比较重要，一份是要向医院出售临近的一块地皮，另一份是提供融资的提议。管理者对这类信件的回复率也很高。对这些邀约和身份请求的反应总共占去了发件数量的 40%。

4. 申请批准。管理者平均每天都要收到一份下属的书面报批申请寻求常规运营程序之外的特许（把组织的内部报告拿给客户看、教师请假），为新项目或程序寻求支持（批准新的薪酬标准），为报告或决定寻求认可，通常要牵扯到资源分配或政策问题（批准工程开工或引进顾问）。大体上，管理者只有一个选择，即“同意”或是“不同意”。可以想见，这部分邮件大都得到了回复，其中很多是当即批准。

5. 参考信息。很大一部分邮件（7 份中便有 1 份）是提供参考信息的。有些来自组织内部，如会议议程、新员工的简历等。另一大部分来自组织以外，实质上是发给组织而不是管理者本人的，如客户的年报、地址变更通知、行业组织的产业政策说明等。最后，行业组织和外部董事会也会发来关于日程安排的信件。管理者对参考邮件都是粗略看过便罢，只有 1/5 会给予回复。

6. 综合报告。平均每天每位管理者会收到两份一般性的报告、剪报或图书。超过 1/3 来自下属，与管理者曾表示过兴趣的主题有关。剩下的 2/3 并不涉及直接或间接的要求。有些来自内部，比如有份内部报告，下属觉得应该给管理者看看；有些来自外部，比如某位外部人员认为自己手上的报告应该也给管理者或他所在的组织发一份（来自行业组织关于护理人员工资的报告、关于最佳广告支出方式的介绍）。管理者会浏览半数的此类信息，并对其中的 19% 进行深入研究。5 份中有 1 份会得到回应，通常都是转发给下属。

7. 定期新闻。很多邮件是来自行业组织和私营服务组织的杂志和商业通信。分类如下：一般新闻（《纽约时报》），管理杂志和通信（美国管理协会的《管理评论》），行业杂志和通信（《马萨诸塞州医院协会通信》），商务和金融信息（《华尔街日报》），政治新闻（《华盛顿环境保护报道》，技术杂志（《公共卫生》），内部刊物。这些多以例行常规的方式处理，一般不做深入研究，浏览其中的 2/3，5 周内所收到的 102 份此类邮件中，只有 4 份得到了反应。

8. 事件。下属、行业组织和各种各样的熟人每天大约都要发送两封邮件，向管理者报告周围环境中发生的事件。一些邮件是关于组织与其周围环境的关系的（一篇提及了管理者所在组织的剪报），一些是预告行业组织即将举办的活动，还有一大部分是来自私人联系人（一位朋友接受新任命的通知）、竞争对手（一份讨论竞争对手的新研究成果的剪报、行业组织宣告某医院工会成立），最后一部分是向管理者通报一些政治事件（州代表团呈给华盛顿的报告）。从这些例子可以看出，此类信息形式多样，有些是直接的信件和备忘录，有些是下属转发的函件，有些是报告和剪报。部分信息会被转发给下属。

9. 运营报告。关于组织运营情况的邮件在总收件中占了 18%。定期的内部报告平均每天 2 份（公司医药中心的年报、账目复印件），关于具体项目的专门报告差不多平均每天 3 份（客户联系进展情况、诉讼情况、新社会研究单位的组建情况报告）。另外，管理者经常还会收到客户和独立人士主动发来的对服务的评价（称赞一项咨询报告、投诉某位销售员、对电视广告的反应）。尽管这最后一类只是简单地注明发给“总裁”，但管理者还是看得很认真。

运营报告所引起的关注度不一，有少数得到了深入研究，大多数是一般性的阅读，或草草浏览一下。奇怪的是，在收到的40份例行报告中，管理者只有两次对所读到的内容做出公开反应。关于进展情况的专门报告得到反应的机会相对较大（65份中有7份），客户评价也经常能得到反应（11份中有4份）。反应的形式通常是将信息转发给下属或是回信致谢。

10. 现状建议。管理者会请下属和一些专门聘请的专家针对当前的状况提出建议。建议通常包括从调查中得来的背景资料、可选方案、分析以及具体建议。例如，关于展开合作事宜的备忘录，上附评语“我认为目前尚没有直接参与的途径”；一份关于在海外建立合资企业的报告、一份关于在夏季继续开放操场的费用报告。这些邮件得到了仔细的处理，全部被阅读，其中大部分信息在战略制定会议上被提出来。

11. 问题和压力。还有一类邮件数量虽少，但却很重要。它们清楚地界定了问题、要求和压力。这些信件来自下属和外部关键组织，如客户和供应商等。对于此类邮件，管理者经常会做出回应，或亲自回复，或转发下属处理。这类例子很多：慈善组织询问企业为什么不捐款；客户要求对已经完成的工作进行改动；部门经理要求成立新委员会的陈述报告；一张竞争对手所打广告的剪报，并附有一封信，说明其侵犯了版权；一位家长要求对学校重新分区以便自己的孩子能就近入学的请求信。

12. 想法。差不多平均每周两次，会不时冒出一封主动出主意的信。有些来自下属，有些来自熟人，还有一些来自希望自己想法能得到重视的独立人士。这些想法并没有被忽视，大多数都得到了感谢或是回复，或被转发给相关人员。管理者A曾接到一位朋友的来信，告诉他一个大型学校系统有一项咨询业务；管理者B接到一封顾问来信，谈及一次可能的收购；管理者D也得知了一项新发明。

13. 主动发送的邮件。管理者平均每人每天只主动发送一封邮件，而且往往都涉及一些无关紧要的事情，比如感谢对方的访问、发言或口头请求，或预约会面。其中稍微重要一点的就是催促下属完成延误的工作，按名单通知董事参加会议（首席执行官将在会上做年度陈述），把不久前出差的情况向下属通报。

联系记录

表 B-7 是对 368 项联系记录的分析结果。表中的大部分数据以两种方法记录——频率和占用时间比例，如，电话联系占了所有联系的 36%、口头联系则占 8%。数据依次按照媒介、参与人数、发起方式、地点和目的进行进一步的细分。

管理者一天中有大量短暂的、非正式的两人联系（电话和临时会议），以及相对较少但却占用时间最多的预定会议。下属占用了约一半的联系时间，参与了所有联系的 2/3。还有一部分联系是与各种外部人员打交道，大多是同级、业务伙伴的人员和外部董事会的联合董事。管理者主动发起的联系占所有联系的比例不到 1/3，只有 5% 是例行的。简短的联系大多在管理者的办公室里进行，而长时间的交流通常发生在会议室或组织之外。

在这方面，主要结论也是从目的归类中得出的。下面我们要详细讨论 13 个类别，其中少部分与邮件分析中的项目相似。7 个讨论了次要活动和要求，4 个涉及信息流，2 个讨论了决策问题。这些资料就构成了对 5 位首席执行官在观察期内所从事工作的基本描述。

表 B-7 **联系记录的分析（根据 5 天的观察）**

分类	总计	管理者 A	管理者 B	管理者 C	管理者 D	管理者 E
口头联系总时数（小时）	158	17	28	37	42	34
口头联系总次数	368	65	55	71	106	71
媒介：联系百分比 / 时间百分比						
电话	36%/8%[a]	42/14	49/12	42/8	21/5	38/7
预定会议	29%/76%	25/60	25/75	38/79	17/69	42/88
临时会议	27%/13%	15/10	25/13	14/11	52/23	17/4
巡视	8%/3%	18/16	-/-	6/1	11/4	3/1
规模：预定会议 / 临时会议 / 巡视						
2 人比例	44%/92%/77%	37/100/67	29/93/-	61/100/67	28/88/89	48/100/100
3 人比例	14%/4%/12%	25/-/25	14/-/-	4/-/-	22/4/-	11/-/-
4 人比例	9%/3%/4%	13/-/-	14/7/-	4/-/-	11/3/11	7/-/-
超过 4 人比例[b]	34/%/1%/8%	25/-/8	43/-/-	32/-/33	39/2/-	33/-/-
参与者：联系比例 / 时间比例						
下属	64%/48%	66/60	59/34	54/50	77/39	65/61
董事	6%/7%	6/2	4/5	14/10	-/-	11/17
联合董事	5%/5%	9/19	14/12	3/3	1/0.2	1/0.3
同级和行业组织	3%/11%	-/-	-/-	10/28[c]	2/16	3/1
客户	2%/3%	8/9	-/-	-/-	-/-	6/10

续前表

分类	总计	管理者 A	管理者 B	管理者 C	管理者 D	管理者 E
供应商和业务伙伴	9%/17%	8/6	20/48	1/0.3	9/24	10/9
独立人士等	9%/8%	3/3	4/1	18/8	12/21	4/2
发起方式：占全部联系的比例						
管理者	32%	52	25	27	27	30
对方	57%	43	66	58	64	52
相互	5%	2	5	-	6	10
定时	7%	3	4	15	3	8
地点：联系比例 / 时间比例						
管理者办公室	75%/39%	97/39	86/38	66/41	75/38	85/47
下属办公室	10%/8%	22/18	11/11	8/6	10/9	1/0.3
大厅或工厂	3%/1%	3/3	2/1	7/1	4/1	-/-
会议室或董事会会议室	3%/14%	3/19	5/28	8/16	4/10	1/4
组织以外	8%/38%	5/21	7/23	10/36	8/43	13/48
联系目的：联系比例 / 时间比例						
组织工作	3%/2%	2/17	-/-	-/-	-/-	-/-
日程安排	15%/3%	14/5	18/3	12/1	22/4	11/1
仪式	6%/12%	9/12	-/-	4/5	5/15	10/25[d]
外部董事会工作	2%/5%	6/19	7/13	1/3	-/-	-/-

续前表

分类	总计	管理者 A	管理者 B	管理者 C	管理者 D	管理者 E
次要事务总计	23%/21%	31/53	25/16	17/9	27/19	21/26
身份请求和邀约	5%/1%	5/3	4/1	11/2	3/0.5	4/1
行动要求	17%/12%	8/3	20/9	25/22	13/5	20/16
管理者要求	12%/5%	12/7	11/3	10/6	14/9	10/2
要求和请求总数	34%/18%	25/13	35/13	45/30	30/15	34/19
观察式巡视	2%/1%	6/4	-/-	1/0	3/1	-/-
接收信息	14%/16%	9/4	7/5	10/22	24/29	11/7
发送信息	10%/8%	14/8	9/3	14/13	4/5	13/9
深度讨论	10%/16%	11/10	5/3	13/25	10/22	8/11
信息总计	36%/40%	40/26	21/11	37/60	41/57	32/27
战略	6%/13%	5/8	13/24	1/2	3/8	10/22
谈判	1%/8%	-/-	5/36	-/-	-/-	3/5
决策总数	7%/21%	5/8	18/60	1/2	3/8	13/27

注：a. 意为所有口头联系次数的 36% 和所有口头联系时间的 8% 是通过电话交流。

b. 绝大多数超过 8 人。

c. 包括一次长达 7 小时会议。

d. 包括一些年终会餐。

1. 非管理工作。仅有一次，有一位管理者做了一项被认为是不属于管理范畴的工作——参与组织的具体工作。在这个特例中，他之所以参与具体工作是由于他的管理技能。管理者 A 被要求“扮演”一家公司董事的角色，为一份即将提交的报告做个初审。这项工作是顾问合同的一部分，所以他的工时也计入了客户的账单。尽管此时的管理者 A 还是在扮演一个管理者，但实质上做的却是顾问的工作。

2. 日程安排。为安排时间而进行的短暂非正式联系（电话和临时会议）相当频繁。大多数都与下属有关，管理者主动发起的不足一半，地点通常在管理者的办公桌前。

3. 仪式。管理者 1/8 的时间用于各种礼仪事务，通常是预先安排好的，参加者众多，时间很长。这类例子很多：老师的迎新会或欢送会、给退休员工颁发勋章、向访问医院的团体做演讲、参加某员工哥哥的葬礼。这种场合大多有下属参加，也涉及各种外部人员。绝大多数由下属安排，但有一些如退休和葬礼等是按照钟点安排的。为了参加这些仪式，管理者通常要离开办公室去一些指定的地点。

4. 外部董事会工作。管理者还要参与其他一些组织的董事会工作。除了参加董事会议以外，还要与其他董事时不时地就董事会事务进行联系。这种工作次数不多，但持续的时间却很长，通常，管理者都得离开办公室，这是与同级交流的机会。加入一个董事会后，管理者根本无法控制参加外部董事会的时间。

5. 身份请求和邀约。平均每天都会有一个同级、供应商或其他外部人员想请管理者帮个小忙（通常是通过电话联系）。这些请求大部分和管理者的身份有关，包括出席某个典礼或者在典礼上发言、参加委员会、发送文件，或者联系某个人之类的活动。管理者C接到了不少个人和相关专业人员的电话，要求给在其医院里的朋友以特殊关照。有一次，有个人告诉管理者秘书说自己是管理者的“老朋友”，并在秘书那里定好了时间跟他见面。但实际上，他是想向管理者兜售擦洗医院地板的肥皂。

6. 行动要求。更重要、更常见、更耗时的是对管理者的各种“行动”要求：（a）1/3是下属的授权请求，请管理者审批一个新项目或一项新政策，或是对现行政策做一次例外处理。（b）另有42%是信息要求：管理者所掌握的最新信息、特殊的组织信息（如计划、政策或成本）、主张和价值观、对个人问题的建议。（c）有10%是让管理者做一些事。如管理者C能否在妇女会上阐述一些观点？（d）最后18%是施加影响力，即试图影响管理者对于未决问题的决策。管理者B接到了一些员工电话，他们对一个空缺职位提出各种建议和要求（如，“从咱们公司内部提拔一位”）。管理者E碰到了一位投诉一名老师的家长、两位投诉没有得到升迁的校长。这些要求通常是以电话和临时会议的形式出现，平均要耗时18分钟，占去管理者联系时间的1/8。

7. 管理者要求。管理者12%的联系是在向对方提要求。也就是说，管理者提出的要求是别人对他们要求的一半。他们提要求的速度很快，平均每次只有11分钟。半数的管理者要求都是以电话方式提出的，但也经常会采用巡视和预定以及临时会议的方式。管理者的要求分三种类型：

- 其中一半是向下属询问信息或意见。“你需要工程师吗？我有个朋友正在找工作。”“你知道日内瓦广告展的情况吗？”
- 另外40%是管理者要求对方帮助自己针对一个问题采取行动，或对当前的利害关系提出意见（也就是管理者下放任务）。
- 其余要求都是对以前要求的后续追踪。

8. 观察式巡视。管理者有时也会短时地离开办公室，去大厅迎接某个人，去看一些自己感兴趣的事情，或者就在组织各处溜达溜达。

9. 接收信息。管理者总联系时间的 16% 被用于接收各种信息。超过 1/3 的时间是即时沟通——通过电话或非正式会议传到管理者耳中的最新消息。这种“即时沟通”中极少是众所周知、清晰明确或事实性的信息，而往往是些闲谈、传言和主观看法。这种信息流似乎对管理者来说非常重要。另有 28% 的信息以简报形式传递，通常是在预定会议中由下属或外聘的专家顾问等提供。管理者 D 的高级管理层就参加了一位市场研究顾问所做的消费者对新产品反应的介绍会；管理者 E 收到了一份关于继续开放体育馆设施的分析简报。在其余案例中，管理者通过对未来员工的面试、参加会议、倾听下属的建议和各种评价等获得信息。

10. 提供信息。联系时间中有 8% 用于单纯地给对方提供信息。这里所花的时间是管理者单纯接受信息所花时间的一半。提供信息平均每次持续 20 分钟，而接受信息则为 30 分钟。“提供信息”的情况可分为以下几类：最大一部分占去了 43% 的时间，就是管理者向对方进行即时沟通。例如，管理者 A 走到一名员工的办公室，把他在一个委员会上听到的关于一份可能合同的信息告诉对方。管理者口头提供的信息类型可以大致分为几大块：计划和政策（管理者 B 在销售人员会议上宣布将执行一项新的销售政策）、建议（管理者 B 建议下属如何进行一场收购谈判）和其他类型（通知对方去国外出差）。这种口头沟通大多是面向下属，有时也面向相关人士、主管和其他一些人。这种信息的提供通常由管理者发起的，在管理者办公室中以电话方式进行（一半的案例都是如此）。

11. 深度讨论。管理者总计有 16% 的时间都用于深度讨论。这是一种讨论话题广泛、清晰的双向交流。深度讨论持续的时间往往很长，平均可达40分钟，通常是定时进行，近一半的这类讨论在管理者办公室中进行，大致可分为6种不同类型：

（1）1/3可称做“副手深度讨论”。一些关系比较密切的下属会定期与首席执行官讨论一些双方都认为很重要的最新问题，以他们的话来说，他们会面是为了“重新清零”或看看“有什么火烧眉毛的事情”。这种情形会定期出现，在其中一方离开较长一段时间后也会进行。

管理者经常会暗中把一个下属作为自己的副手，可与之讨论所有重要事件和问题，对所有的战略进行测试，并与对方进行紧要的即时沟通，尤其是关乎组织工作的沟通。大多数与副手的会谈都是开放性的、综合性的，而与其他人的会谈则往往带有具体的目的（提出要求、提供信息、接收信息）。

副手的深度讨论会尽管有规律性，但很少会明确安排日程，地点也不确定，在双方的办公室中都有可能进行。

管理实践

有个例子可以说明这种活动。副手（总裁）首先向管理者A（主席）通报了自己所参加的一次会议的情况，然后对组织应有的规划职能提出自己的见解，最后谈到了不久以后要召开的会议议程，提出了一些建议。管理者A同意他的意见。接着他们谈到了国外合资公司的谈判，两人讨论了一番日程安排问题。管理者A给总裁看了一封客户表扬信的复印件，而后话题又转回到外国合资公司的问题上。管理者A问副手是否认为投资收益率会比预计的要高，副手说他不这么认为，但成立这个合资公司有利于在该地区拓展关系。之后，话题转到国会听证会上，管理者向总裁诉说了自己的担忧，副手提了些建议。

在一次副手深度讨论时段中，管理者 E 和一位高层管理者在 18 分钟的会面时间里讨论了 15 个不同的问题。

（2）超过 1/3 的深度讨论属于第二种类型，“职能深度讨论”。这种深度讨论通常以预定会议的方式进行，参加人数众多，对组织运营中的某一职能领域进行深入讨论。例如，那家医院每周都要开几次专门的员工周例会；在管理者 D 的组织里，借着 IBM 新任代表来访的机会对数据处理业务的各个方面展开了研讨。这些深度讨论有着各种各样的目的——管理者接收信息、提供信息、别人向他提出授权要求，或者表达价值判断。此外，管理者还要进行工作下放，做出战略决定。实际上，这种深度讨论往往融合了前后文中很多不同目的，尽管接收和提供信息仍占据主要地位。

（3）还有三种出现频率不太高的深度讨论会类型。在联系性深度讨论中，管理者通常是在社交场合中和熟人，比如老员工、同级、竞争者，一起讨论行业内的事件和问题。有一位首席执行官曾在这样一次会面前说道：“我们会交换传言。”

（4）新人加入组织后会积累下许多问题，比如组织程序、自己所需的特殊安排等。在新人深度讨论中，高层管理者会和新来的高级下属碰面，澄清这些问题，并对需要特殊关注的要求做出决定。此外他们还会讨论新人所掌管的部门的问题与未来。

（5）会后深度讨论中，管理者经常会和另外一名与会者，通常是其副手，花一点时间回顾一下会议情况。这种深度讨论经常会随着其他话题的引入而变成副手深度讨论。

（6）最后我们还观察到两种深度讨论。这两个类型的讨论是以组织董事会议的形式进行的。这些会议都是在董事会会议室里进行的大型会议。通常都是事先安排好的定期会议。这种会议都有很清晰的模式。首先，首席执行官做报告，报告内容包括当前的信息（如情况通报），对组织未来展望的报告，以及关于运营业绩和特殊项目成果的简报。接着，首席执行官请董事会批准一系列的正式事务——通过某位新任高层管理者的任命、修改一份退休计划等。然后讨论一些特殊问题，董事会成员表达自己的观点，做出决定。最后，董事们利用“新鲜事”时间向首席执行官询问各种问题，并且提出新的问题以供讨论。

我们发现董事会会议有两个值得注意的特征。董事会的焦点在首席执行官身上，他知道信息，了解问题，董事会的职责也是授予他的。董事会成员所扮演的角色是相当被动的，大部分时间仅仅是接收首席执行官的信息而已。这种场合很大程度是形式性的，尤其是在管理者要求授权的时候，根本没经过什么郑重的讨论，走过场而已。

12. 战略。在5周的观察中，共有21场会议事关战略问题（重大的组织决策）。由于这些会议都特别长，因此要花管理者13%的联系时间。战略会议有多种类型。

- 有些是对即将展开的组织项目做出关键性决策、解决特定问题或抓住某个机遇。例如，管理者A召集了几名高层管理者，讨论是否继续推进在国外开办合资企业。
- 在部分会议中，管理者处理了一些特殊危机，如两名下属间的严重冲突。
- 也有少数一些情况下，进行的是运营规划（预算、资源分配或目标制定）。例如，管理者D会见负责市场营销的高级经理，确定年度销售目标。
- 最后，还有仅有的一次战略规划会议。管理者E会见了一批教师（他经常这么做）。他把他们当作智囊团，思考一些具有普遍意义的问题，讨论新的机遇。

通常，管理者是和下属一起制定战略，有时也和董事或外部专家一起商定。这种会议的参与人数一般都超过 4 人，通常是事先安排的。这种会议很少由管理者发起，地点也不固定。

有两点值得注意。第一，战略决策与很多其他活动（接收和发送信息、授权要求、进度安排）纠缠在一起。第二，通过对战略会议的观察，我们发现若干特征：重大决策被分割为很多小的分决策、危机期间总是管理者一人拍板、管理者同时处理大量战略问题、重大决策通常由管理者而非团队做出、时机和拖延是此类决策中的关键因素。

13. 谈判。管理者偶尔会参加谈判。也就是说，管理者会见外部人员，试图在两个组织间达成共识。管理者 B 曾花时间与他的组织希望收购的公司进行谈判，管理者 E 也曾和一家咨询机构的两名成员讨论一笔费用纠纷。所有的谈判都费时良久，平均超过两小时，双方的参加者众多，通常在某位下属的办公室、董事会会议室，或者会议大厅中进行。

5 位首席执行官的工作差异

我对 5 位首席执行官的工作差异也进行了分析。虽然样本太小，不足以得出强有力的结论，但也还是得出了一些有趣的、带点推测性的研究成果。正是这些成果引出了第 5 章中谈到的一些假说。5 位管理者的特征描述如下：

管理者 A。与其他 4 位相比，管理者 A（咨询公司的）对自己活动的控制权更大，巡视更多（12∶4）[①]，主动发出的邮件和联系也更多（31%∶6% 和 52%∶28%）。此外，他用于外部联系上的时间更多，尤其是与客户（9%∶2%）和自己所参与的外部董事会中的其他董事（19%∶3%），写信给客户也更频繁（发送邮件 22%∶3%）。

① 这些数字都是该管理者与其他 4 位的平均值的对比。实际数据见表 B-4 至表 B-7。

分析差异时有3个因素需要考虑：咨询公司的联系需求、管理者A的声望，而且他是主席兼首席执行官，手下还有一位总裁向他负责。这位总裁很可能主要侧重于内部事务，所以首席执行官才有更多时间做自己的事情，拿出更多的时间进行巡视，发展、维护和利用自己的联系系统。管理者A在外部董事会上很活跃，对很多邀约都做出了反应，声望也得到了提高。他作为政府战略评论家的角色显然与这最后一点不无关系。他的声望对于他争取业务也很有帮助。一些潜在的客户会找上门来，一些重要的信件需要他的签字才能发出，这也让他所在的组织受益匪浅。

至于管理者A工作中其他方面的差异，很明显他喜欢简短的交流。他的预定会议都很短（40分钟：74分钟），各项活动中很少有超过60分钟的（5%∶11%）。他这么风风火火只是一种个人风格，从研究一开始，他的秘书就这样告诉我们。管理者A收到的关于内部运营的邮件更多（34封：21封）。这是因为他对有自己亲自参与的几个合同事宜保持着密切的关注。另一方面，作为一家咨询公司，他们对于正规性、分析性的内部沟通（运营报告、项目的阶段性简报等）自然也是格外看重。

管理者B。管理者B是一家工业技术产品制造公司的总裁，他的工作侧重于战略和谈判（联系时间的60%∶13%），很多时间都花在了讨论这些问题的大型会议上，经常是与供应商和业务伙伴在一起。实际上，在研究期间，该公司正全力投入一个扩张项目，这位总裁也将大量的时间用于：（1）同参谋人员一起制定收购和谈判战略；（2）同他人商谈收购事宜；（3）就加强融资、支持组织的扩张做出相关安排。

管理者B不做内部巡视，不参加仪式，极少把自己收到的邮件转发给组织内的其他人员，基本不会花时间专门进行口头信息交流。这些可能有一部分是因为他忙于扩展项目而无暇顾及其他。但是，考虑到他难得收到下属的邮件，可以推断该组织对内部的正式沟通相对不太重视。

外部沟通情况就大不相同了。他收到了很多供应商和业务伙伴的邮件（20封:8封），其中大部分都是关于收购的，同时也收到了不少政府信件（13封:5封）。由于这个行业的技术特性，政府是他们的一个重要客户，并且直接参与公司事务。管理者B收到了大量的期刊（58:12），这可能也是行业性质所致：技术变革的速度很快，总裁必须紧紧跟上。最后，他与自己所参加的董事会中的董事们保持着高频率的联系（14%:3%），这是因为，他还担任着当地商会的执行理事。

管理者C。身处医院系统，管理者C有很多与众不同之处，但通过进一步的观察可以发现，这些不同可以归为三类。

1. 因为这家医院和其理事在医药领域享有很高声誉，管理者C必须与同级和行业组织进行频繁交流（10%:1%）。

他收到了很多邀约（口头联系的11%:3%），还有许多行业出版物也送他审阅（行业组织邮件20%:5%）。毫无疑问，所有的医院管理者都会收到当地社区人员的大量邀约。此外，医院中的沟通体系似乎很完善，尤其在检查报告传递方面。管理者C和他的医院的威望都证明了这些特征。

2. 该组织的内部工作实现了高度的民主（各家医院肯定都一样）。

专业员工都经过很好的训练、收入很高，很多事情都是他们自己说了算。这里的办公室政治盛行，甚至影响到了首席执行官的工作。他的临时会议耗时较长（24分钟:11分钟），无论谁都可以走进来发表一通见解。可想而知，在这种环境下，文字信息流较少，而口头信息流更为自由。与组织政策相关的信息极少形成书面文件，因此管理者在大厅里和人会谈的频率很高（7%:2%），两个人的（面对面）预定会议的频率也很高（61%:45%），管理者C把大量的口头联系时间用于信息处理（60%:34%），涉及内部运营的邮件很少见（8%:21%）。

3. 医院和学校系统在某些方面很相似，如定期会议和与董事进行联络的频率等。

这表明企业和公共服务组织有所不同。管理者 E 的部分中将对此进行讨论。

管理者 D。置身消费品生产企业，管理者 D 参与了很多出于信息传递目的的非正式活动（临时会议 55∶12）。在我研究的 5 个组织中，这一家所遭遇的竞争环境大概是最激烈的了。他们必须时时监控竞争对手的行动，捕捉行动的蛛丝马迹：新的广告节目、新产品的上市、降价，这些都是即将进行战略调整的信号。

因此，该组织的显著特征就是灵活性和非正式性，组织的首席执行官花大量时间接收信息（联系时间 29%∶11%），尤其是进行即时沟通。很多信息都是由与首席执行官保持着畅通的非正式联系的下属以临时会议的方式传递的。此外，管理者 D 的巡视次数更多（11∶5）。他一边巡视，一边发送信息，并且拿出很多时间与外部联系人接触，彼此交换最新的业界信息。

在这个组织里，人们对于非正式已经习以为常。临时会议召开得很频繁，即使某些信息并不需要立即传递。例如，有好几次，一位下属想出了一个主意，马上就闯到总裁办公室去汇报，这种情况很多。他不会召开预定会议或是以备忘录的形式传递信息。

在这个组织中，我们看到了非正式性造成的一种很有意思的情况：首席执行官的很多联系都是用于敲定活动的时间安排（22%∶8%）。这与那两家公共服务组织的管理者形成了鲜明对比。他们参加的定期会议要多得多（15% 和 8%，而管理者 D 只有 3%），很少花时间来安排活动日程（1%∶4%）。因此，管理者 D 也为这种非正式性付出了代价：必须花更多时间协调自己与手下的高层管理者的工作。

还有两点也值得一提。研究期间，该公司缺少一位分管营销的副总裁，于是总裁自己补了这个缺。也许这就可以解释，为什么管理者 D 的工作时间那么长（53 小时 :37 小时）。其中很多时间都用于浏览营销报告。最后，预定会议的长度（98 分钟 :62 分钟）也反映出管理者 D 对讨论的喜好和随时随地搜寻信息的习惯。

管理者 E。在公立学校系统工作的管理者 E 的活动正好和管理者 D 形成鲜明对比。他的工作非常强调正式性，例如预定会议和定期会议的频率都很高（与管理者 D 相比分别为 30∶18 和 6∶3），很多都在晚上举行。管理者 E 的会议参加者大多是理事和客户（和其他人相比为 11%∶5% 和 6%∶1%），很多会议是仪式性和战略决策性的（全部联系 10%∶5% 和 10%∶5%）。此外，管理者 E 接到了大量以邮件形式发送的邀约和授权请求（30%∶10% 和 12%∶4%）。

公共组织之所以采取这样的正规化行为模式，可能是因为环境的错综复杂。管理者 D 可能需要时不时地向股东汇报，而管理者 E 却要随时在市长和其他市府机关、国家教育部门、学校委员会、家长教师协会、家长和居民之间周旋。有些非正式行为方式可能会导致沟通障碍，而正式的行为则不会有这种问题。因此，管理者 E 的工作中有着更多的预定会议、定期会议、正式授权请求和打印出来的分析报告。管理者 E 收到的身份请求更多，他将大量时间给了客户（即家长），因为他必须让外部人员可以很容易地找到自己。在医院这种半公共组织中，管理者 C 的工作也有相同的趋势，特别是书面的身份请求和预定，以及定期会议的出现频率。

管理者 C 和管理者 E 与组织理事的联系都相对比较频繁。看来公共组织中的理事角色更看重工作监督及其与员工意愿的结合。在企业中，除了定义明确的所有者和员工群体之外，很少有人直接关心他们在战略上是否犯了严重的错误。相反，对于那家医院，本市的社会大众、对这家著名医院心存敬意的医疗界和当地的医学院，都从各自角度关注着它的各项决策。在学校系统中，这种关注就更明显了。市府官员、家长、州政府官员以及其他各色人等都在盯着管理者E。管理者E在组织中所做的决策会影响到整个地区的学生的教育质量，而对于绝大多数学生来说，这种正规教育是“只此一家，别无分号”。学校委员会（或医院的理事会）力图能够体现各方面的心声，因此，学校委员会与这位首席执行官的交流尤为频繁。

管理者E的工作中还有一些值得关注的特点。他说邮件数量少（69封:148封）是因为观察期是学年的最后一周。他还参加了许多年终庆典活动（联系时间25%:8%）。最后，我们可以留意一下管理者与政府部门沟通的邮件量（所有邮件16%:4%）。对于研究和运营经费来自于联邦和州各个政府部门的学校系统，与政府的邮件往来多一些也在情理之中。

当然，这个分析还不是很完整。我的研究并不是为了对管理者工作的类型进行比较或归类，但是分析还是表明有一些因素在影响着管理者的工作，例如：

- **行业性质：**咨询业强调“联络官”角色的重要性、竞争激烈的行业需要更高的非正式性、精密技术领域的管理者要阅读行业杂志。
- **组织性质：**声誉很高的医院收到了许多身份请求、公共组织或半公共组织与理事和客户间的联系更加正式而频繁。有的组织偏好简短的正式交流，而有的则是政治气氛浓厚。
- **个人风格：**管理者A喜欢当联络官，将组织交给总裁打理；管理者D则喜欢长时间的讨论。
- **当时需要：**组织B的收购战略、组织E的年终会餐。

第5章中谈到的权变理论有一部分就是源自于这几个结论。

图 B-1 展示的是本书理论的发展。

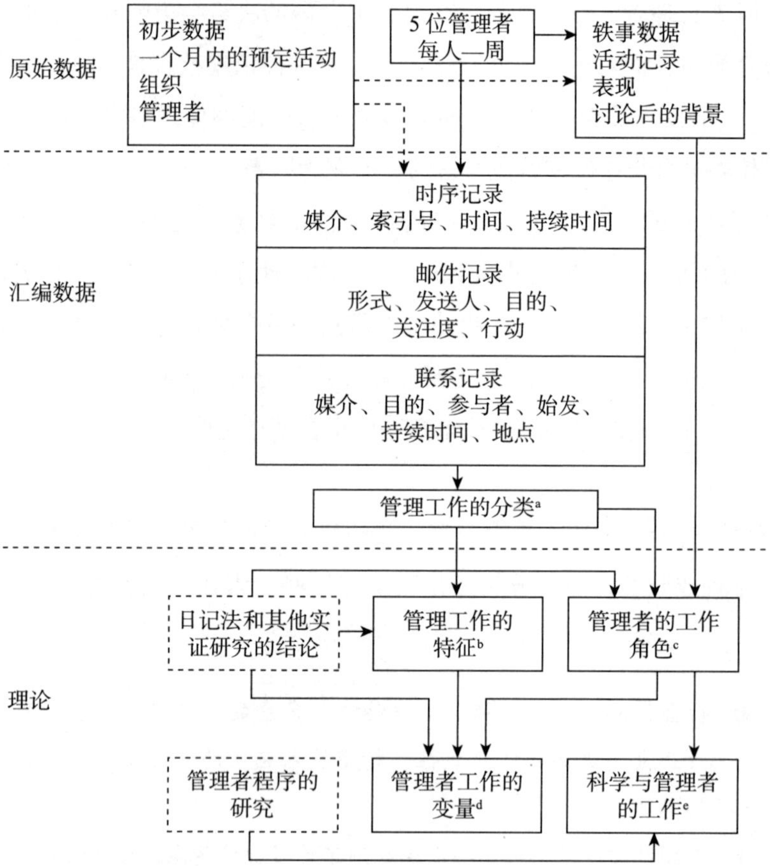

图 B-1　分析概要

注：a. 见表 B-5 至 B-7。
b. 见第 3 章。
c. 见第 4 章。
d. 见第 5 章。
e. 见第 6 章。

湛庐文化 Cheers Publishing
a mindstyle business 与思想有关

湛庐，与思想有关……

如何阅读商业图书

商业图书与其他类型的图书，由于阅读目的和方式的不同，因此有其特定的阅读原则和阅读方法，先从一本书开始尝试，再熟练应用。

阅读原则1 二八原则

对商业图书来说，80% 的精华价值可能仅占 20% 的页码。要根据自己的阅读能力，进行阅读时间的分配。

阅读原则2 集中优势精力原则

在一个特定的时间段内，集中突破 20% 的精华内容。也可以在一个时间段内，集中攻克一个主题的阅读。

阅读原则3 递进原则

高效率的阅读并不一定要按照页码顺序展开，可以挑选自己感兴趣的部分阅读，再从兴趣点扩展到其他部分。阅读商业图书切忌贪多，从一个小主题开始，先培养自己的阅读能力，了解文字风格、观点阐述以及案例描述的方法，目的在于对方法的掌握，这才是最重要的。

阅读原则4 好为人师原则

在朋友圈中主导、控制话题，引导话题向自己设计的方向去发展，可以让读书收获更加扎实、实用、有效。

阅读方法与阅读习惯的养成

（1）回想。阅读商业图书常常不会一口气读完，第二次拿起书时，至少用 15 分钟回想上次阅读的内容，不要翻看，实在想不起来再翻看。严格训练自己，一定要回想，坚持 50 次，会逐渐养成习惯。

（2）做笔记。不要试图让笔记具有很强的逻辑性和系统性，不需要有深刻的见解和思想，只要是文字，就是对大脑的锻炼。在空白处多写多画，随笔、符号、涂色、书签、便签、折页，甚至拆书都可以。

（3）读后感和 PPT。坚持写读后感可以大幅度提高阅读能力，做 PPT 可以提高逻辑分析能力。从写读后感开始，写上 5 篇以后，再尝试做 PPT。连续做上 5 个 PPT，再重复写三次读后感。如此坚持，阅读能力将会大幅度提高。

（4）思想的超越。要养成上述阅读习惯，通常需要 6 个月的严格训练，至少完成 4 本书的阅读。你会慢慢发现，自己的思想开始跳脱出来，开始有了超越作者的感觉。比拟作者、超越作者、试图凌驾于作者之上思考问题，是阅读能力提高的必然结果。

扫码关注湛庐文化，
回复“阅读”
这5种方法，让读过的书变成你的影子

[特别感谢：营销及销售行为专家 孙路弘 智慧支持！]

我们出版的所有图书，封底和前勒口都有“湛庐文化”的标志

湛庐文化 Cheers Publishing

a mindstyle business 与思想有关

并归于两个品牌

财富汇　　心视界

找“小红帽”

为了便于读者在浩如烟海的书架陈列中清楚地找到湛庐，我们在每本图书的封面左上角，以及书脊上部 47mm 处，以红色作为标记——称之为**“小红帽”**。同时，封面左上角标记**“湛庐文化 Slogan”**，书脊上标记**“湛庐文化 Logo”**，且下方标注图书所属品牌。

湛庐文化主力打造两个品牌：**财富汇**，致力于为商界人士提供国内外优秀的经济管理类图书；**心视界**，旨在通过心理学大师、心灵导师的专业指导为读者提供改善生活和心境的通路。

阅读的最大成本

读者在选购图书的时候，往往把成本支出的焦点放在书价上，其实不然。

时间才是读者付出的最大阅读成本。

阅读的时间成本=选择花费的时间+阅读花费的时间+误读浪费的时间

湛庐希望成为一个“与思想有关”的组织，成为中国与世界思想交汇的聚集地。通过我们的工作和努力，潜移默化地改变中国人、商业组织的思维方式，与世界先进的理念接轨，帮助国内的企业和经理人，融入世界，这是我们的使命和价值。

我们知道，这项工作就像跑马拉松，是极其漫长和艰苦的。但是我们有决心和毅力去不断推动，在朝着我们目标前进的道路上，所有人都是同行者和推动者。希望更多的专家、学者、读者一起来加入我们的队伍，在当下改变未来。

湛庐文化获奖书目

《大数据时代》

国家图书馆"第九届文津奖"十本获奖图书之一
CCTV"2013中国好书"25本获奖图书之一
《光明日报》2013年度《光明书榜》入选图书
《第一财经日报》2013年第一财经金融价值榜"推荐财经图书奖"
2013年度和讯华文财经图书大奖
2013亚马逊年度图书排行榜经济管理类图书榜首
《中国企业家》年度好书经管类TOP10
《创业家》"5年来最值得创业者读的10本书"
《商学院》"2013经理人阅读趣味年报·科技和社会发展趋势类最受关注图书"
《中国新闻出版报》2013年度好书20本之一
2013百道网·中国好书榜·财经类TOP100榜首
2013蓝狮子·腾讯文学十大最佳商业图书和最受欢迎的数字阅读出版物
2013京东经管图书年度畅销榜上榜图书，综合排名第一，经济类榜榜首

《牛奶可乐经济学》

国家图书馆"第四届文津奖"十本获奖图书之一
搜狐、《第一财经日报》2008年十本最佳商业图书

《影响力》（经典版）

《商学院》"2013经理人阅读趣味年报·心理学和行为科学类最受关注图书"
2013亚马逊年度图书分类榜心理励志图书第八名
《财富》鼎力推荐的75本商业必读书之一

《人人时代》（原名《未来是湿的》）

CCTV《子午书简》·《中国图书商报》2009年度最值得一读的30本好书之"年度最佳财经图书"
《第一财经周刊》· 蓝狮子读书会·新浪网2009年度十佳商业图书TOP5

《认知盈余》

《商学院》"2013经理人阅读趣味年报·科技和社会发展趋势类最受关注图书"
2011年度和讯华文财经图书大奖

《大而不倒》

《金融时报》· 高盛2010年度最佳商业图书入选作品
美国《外交政策》杂志评选的全球思想家正在阅读的20本书之一
蓝狮子·新浪2010年度十大最佳商业图书，《智囊悦读》2010年度十大最具价值经管图书

《第一大亨》

普利策传记奖，美国国家图书奖
2013中国好书榜·财经类TOP100

《真实的幸福》

《第一财经周刊》2014年度商业图书TOP10
《职场》2010年度最具阅读价值的10本职场书籍

《星际穿越》

国家图书馆"第十一届文津奖"十本奖获奖图书之一
2015年全国优秀科普作品三等奖
《环球科学》2015最美科学阅读TOP10

《翻转课堂的可汗学院》

《中国教师报》2014年度"影响教师的100本书"TOP10
《第一财经周刊》2014年度商业图书TOP10

湛庐文化获奖书目

《爱哭鬼小隼》
国家图书馆"第九届文津奖"十本获奖图书之一
《新京报》2013年度童书
《中国教育报》2013年度教师推荐的10大童书
新阅读研究所"2013年度最佳童书"

《群体性孤独》
国家图书馆"第十届文津奖"十本获奖图书之一
2014"腾讯网•啖书局"TMT十大最佳图书

《用心教养》
国家新闻出版广电总局2014年度"大众喜爱的50种图书"生活与科普类TOP6

《正能量》
《新智囊》2012年经管类十大图书，京东2012好书榜年度新书

《正义之心》
《第一财经周刊》2014年度商业图书TOP10

《神话的力量》
《心理月刊》2011年度最佳图书奖

《当音乐停止之后》
《中欧商业评论》2014年度经管好书榜•经济金融类

《富足》
《哈佛商业评论》2015年最值得读的八本好书
2014"腾讯网•啖书局"TMT十大最佳图书

《稀缺》
《第一财经周刊》2014年度商业图书TOP10
《中欧商业评论》2014年度经管好书榜•企业管理类

《大爆炸式创新》
《中欧商业评论》2014年度经管好书榜•企业管理类

《技术的本质》
2014"腾讯网•啖书局"TMT十大最佳图书

《社交网络改变世界》
新华网、中国出版传媒2013年度中国影响力图书

《孵化Twitter》
2013年11月亚马逊(美国)月度最佳图书
《第一财经周刊》2014年度商业图书TOP10

《谁是谷歌想要的人才？》
《出版商务周报》2013年度风云图书•励志类上榜书籍

《卡普新生儿安抚法》《最快乐的宝宝1•0~1岁》
2013新浪"养育有道"年度论坛养育类图书推荐奖

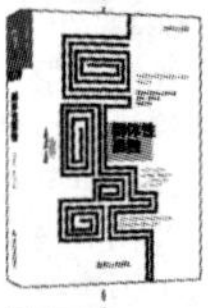

湛庐文化 Cheers Publishing

a mindstyle business 与思想有关

延伸阅读

沃伦 · 本尼斯经典四部曲

扫码直达本书购买链接

◎ 沃伦 · 本尼斯被称为领导力之父，组织发展理论先驱。以关于领导艺术的著作而闻名，经典四部曲《领导者》《成为领导者》《七个天才团队的故事》《经营梦想》，对我们了解近代西方领导力思想、认识现代组织的领导力真、迎接当下和未来的领导力挑战具有重要的意义。

◎ 沃伦 · 本尼斯使领导学成为一门学科，为领导学建立学术规则。他打破陈见，率先指出以人为本、更加民主的领导者更适合应对复杂多变的当代环境。

《卓有成效的组织》（珍藏版）

扫码直达本书购买链接

◎《卓有成效的组织》是亨利 · 明茨伯格最得意的著作，展现并整合了所有关于“如何设计一个有效的组织”的研究。

◎ 在书中作者解释了何为组织结构——将工作拆分成若干不同的任务，再协调整合起来以实现工作目标的各种方法的总和。

◎ 作者指出了组织的 5 大组成部分、5 大协调机制、9 大设计参数、4 组情景因素，揭示出管理工作的本质。

《战略中心型组织》（经典版）

扫码直达本书购买链接

◎《战略中心型组织》由两位备受尊敬的管理大师罗伯特 · 卡普兰和戴维 · 诺顿博士合著，他们所创立的平衡计分卡是有史以来最强大的绩效衡量体系。

◎ 本书通过案例及大量图表，一步一步详细讲解了以平衡积分卡为框架的管理理念和方法，内容全面，指导性很强，将给中国企业提升战略执行能力和核心竞争能力带来更多的启示。

《企业文化生存与变革指南》

扫码直达本书购买链接

◎“企业文化理论之父”组织心理学的开创者和奠基人埃德加 · 沙因的经典作品，是继得到广泛好评的《组织文化与领导力》之后的又一力作。

◎ 想要成功的企业管理者可以在本书中找到解决企业生存与发展等关键问题的启示，想要成长的企业员工通过理解企业文化，可以从此书中找到提升职业素养和促进职业生涯发展的契机。

图书在版编目（CIP）数据

管理工作的本质（经典版）/（加）明茨伯格著；方海萍等译．—杭州：浙江人民出版社，2017.1

ISBN 978-7-213-07795-1

Ⅰ．①管…　Ⅱ．①明…　②方…　Ⅲ．①管理学　Ⅳ．①C93

中国版本图书馆 CIP 数据核字（2016）第 325059 号

浙江省版权局
著作权合同登记章
图字：11-2016-470号

上架指导：管理经典 / 企业管理

管理工作的本质（经典版）

［加］亨利·明茨伯格　著

方海萍 等　译

出版发行：浙江人民出版社（杭州体育场路347号　邮编　310006）
市场部电话：（0571）85061682　85176516

集团网址：浙江出版联合集团　http://www.zjcb.com

责任编辑：蔡玲平

责任校对：张谷年

印　　刷：北京鹏润伟业印刷有限公司

开　　本：720mm × 965mm　1/16　　　印　　张：20.25

字　　数：245千字　　　插　　页：2

版　　次：2017 年 1 月第 1 版　　　印　　次：2017 年 1 月第 1 次印刷

书　　号：ISBN 978-7-213-07795-1

定　　价：79.90 元

如发现印装质量问题，影响阅读，请与市场部联系调换。